高等学校房地产开发与管理系列教材

房地产开发与经营管理

曾德珩　刘贵文　主编

中国建筑工业出版社

图书在版编目（CIP）数据

房地产开发与经营管理 / 曾德珩，刘贵文主编. —北京：中国建筑工业出版社，2022.10
高等学校房地产开发与管理系列教材
ISBN 978-7-112-27469-7

Ⅰ.①房… Ⅱ.①曾… ②刘… Ⅲ.①房地产开发-高等学校-教材②房地产管理-高等学校-教材 Ⅳ.①F293.3

中国版本图书馆CIP数据核字（2022）第097064号

本书共分为10章，主要内容为概论、房地产开发与经营基础理论、房地产企业、房地产开发程序、土地的取得、房地产市场调研与分析、房地产投资、房地产融资、房地产市场营销及物业管理与运营。本书的一大特色是关联知识与案例穿插在各章内容中，全书也安排了房地产开发与经营的知识贴士与实际案例，涵盖房地产开发与经营的各个环节，使本书更具实践性和操作性。

本书适合广大房地产开发与管理专业的高校师生阅读使用。

责任编辑：张伯熙　杨　允
责任校对：党　蕾

高等学校房地产开发与管理系列教材
房地产开发与经营管理
曾德珩　刘贵文　主编

*

中国建筑工业出版社出版、发行（北京海淀三里河路9号）
各地新华书店、建筑书店经销
北京鸿文瀚海文化传媒有限公司制版
廊坊市海涛印刷有限公司印刷

*

开本：787毫米×1092毫米　1/16　印张：13¾　字数：339千字
2022年7月第一版　　2022年7月第一次印刷
定价：30.00元
ISBN 978-7-112-27469-7
（36392）

版权所有　翻印必究
如有印装质量问题，可寄本社图书出版中心退换
（邮政编码100037）

前　言

　　随着经济进入新常态，中国房地产业在经过二十余年高速发展后，正经历着深刻的变革。无论是"房子是用来住的，不是用来炒的"基本定位，还是房地产长效机制的逐步建立，都使得房地产行业面临诸多前所未有的挑战与机遇。行业集中度越来越高，产业链更加复合多元，开发产品更为精准，开发成本控制越发严苛，这些变化对房地产专业的人才培养提出了新的要求。传统的以住宅房地产开发业为主的人才培养模式，正逐步向以开发、投资、运营等复合型方向为主的人才培养模式转变。以住宅开发经营与管理为主的人才需求，也正逐渐向住宅、商业地产和其他收益型物业的多类型物业领域转移。

　　房地产开发与经营管理作为房地产开发与管理专业教学的核心课程之一，贯穿房地产开发与经营的全过程，是一门理论性与实践性高度结合的课程。作为编者，唯有将国内外房地产领域前人丰硕的著述，结合当前我国房地产开发与经营现状及未来发展趋势，向读者传达贴近市场的信息。因此，本书在注重理论知识传达的同时，特别注意以实践中具体的操作和翔实的案例展示房地产开发经营与管理工作的实景，使读者可以对房地产开发经营与管理的工作实践有更多的了解。本书可作为各大专院校房地产开发与管理专业、工程管理专业、工程造价专业、土木工程类专业及其他相关专业的本科生教材，也可作为房地产开发、工程建设、咨询等领域工作人员的参考用书。

　　本书的出版得到重庆大学优质课程建设项目及重庆大学管理科学与房地产学院系列教材建设的经费支持。刘洪玉、任宏、吕萍、谭术魁、周小平等国内专家的相关教材为本书的编著提供了有益的借鉴与素材，特表示感谢。同时，在书稿编著过程中，马智利、叶晓甦、周滔、赵艳玲、陈春江、董茜月、徐盼盼、单艳等同志提供了大量的建议与帮助，在此，对各位的努力与无私深表谢意。

　　在本书编写过程中，国内房地产业正经历向高质量发展模式的转型升级过程，新的现象与新的问题不断涌现，新的方法与新的经验也正不断呈现。因此，本书难免有所遗漏，望读者斧正，以期完善。

目 录

第1章 概论 ··· 1

  1.1 房地产开发与经营的含义与特点 ··· 1

    1.1.1 房地产开发 ··· 1

    1.1.2 房地产经营 ··· 2

    1.1.3 房地产开发与经营的关系 ·· 2

    1.1.4 房地产开发与经营的特点 ·· 2

  1.2 房地产开发与经营的类型与内容 ··· 4

    1.2.1 房地产开发的类型与内容 ·· 4

    1.2.2 房地产经营的类型与内容 ·· 4

  1.3 房地产开发与经营课程简介 ··· 5

    1.3.1 房地产开发与经营课程的发展状况 ···································· 5

    1.3.2 房地产开发与经营课程的学习目标与方法 ······························ 7

  复习思考题 ··· 7

第2章 房地产开发与经营基础理论 ··· 8

  2.1 房地产与房地产业 ··· 8

    2.1.1 房地产的含义 ··· 8

    2.1.2 房地产业概述 ··· 10

  2.2 房地产市场 ·· 12

    2.2.1 房地产市场概述 ··· 12

    2.2.2 房地产市场结构与细分 ·· 14

  2.3 房地产市场的特征与规律 ··· 16

    2.3.1 房地产市场的特点 ··· 16

    2.3.2 房地产市场的运行规律 ·· 18

    2.3.3 房地产市场周期 ··· 19

    2.3.4 房地产市场指标 ··· 23

  复习思考题 ·· 27

第3章 房地产企业 ··· 28

  3.1 房地产企业的概念与类型 ··· 28

  3.1.1　房地产企业的概念 28
  3.1.2　房地产企业的类型 30
 3.2　房地产开发企业的设立与资质管理 31
 3.3　房地产开发企业的组织 33
 3.4　房地产开发企业的目标与计划 36
  3.4.1　房地产开发企业的目标 36
  3.4.2　房地产开发企业的计划 38
 复习思考题 39

第4章　房地产开发程序 41
 4.1　房地产开发程序概述 41
 4.2　房地产开发程序的主要内容 45
  4.2.1　投资机会选择与决策分析 45
  4.2.2　前期工作 46
  4.2.3　建设阶段 49
  4.2.4　经营与物业服务阶段 57
 复习思考题 58

第5章　土地的取得 60
 5.1　土地储备与土地开发 60
 5.2　土地出让 63
  5.2.1　土地出让概述 63
  5.2.2　土地出让计划的编制与公布 65
  5.2.3　土地出让的流程 66
  5.2.4　土地使用权的到期与收回 68
  5.2.5　房地产企业的土地竞买 69
 5.3　土地使用权转让 71
  5.3.1　土地使用权转让的流程 71
  5.3.2　在建项目收购与项目公司入股 72
 复习思考题 75

第6章　房地产市场调研与分析 76
 6.1　房地产市场调研与分析概述 76
  6.1.1　房地产市场调研与分析的内涵 76
  6.1.2　房地产市场调研与分析的原则 77
  6.1.3　房地产市场调研与分析的特点 78
  6.1.4　房地产市场调研的分类 78

6.2 房地产市场调查的内容 ·· 79
6.2.1 市场宏观环境 ··· 79
6.2.2 区域环境调查 ··· 80
6.2.3 供给与需求分析 ·· 80
6.2.4 区位条件分析 ··· 81
6.2.5 竞争性物业状况分析 ·· 81
6.2.6 消费者行为分析 ·· 82
6.3 房地产市场调研与分析的方法与程序 ··· 83
6.3.1 房地产市场调研与分析的方法 ·· 83
6.3.2 房地产市场调研与分析程序 ··· 95
复习思考题 ··· 104

第7章 房地产投资 ·· 105
7.1 投资与房地产投资 ··· 105
7.1.1 投资概述 ··· 105
7.1.2 房地产投资概述 ·· 108
7.1.3 房地产投资风险 ·· 111
7.2 房地产开发项目投资与收入估算 ··· 115
7.2.1 房地产开发项目投资估算 ·· 115
7.2.2 房地产开发项目收入估算 ·· 120
7.3 房地产投资分析技术 ·· 123
7.3.1 投资分析的基本概念 ·· 123
7.3.2 现值与现值的计算 ··· 125
7.3.3 房地产投资分析评价指标 ·· 127
复习思考题 ··· 132

第8章 房地产融资 ·· 133
8.1 房地产融资概述 ·· 133
8.1.1 房地产融资的相关概念 ··· 133
8.1.2 房地产融资的意义与原则 ·· 136
8.1.3 房地产融资的分类 ··· 137
8.1.4 房地产融资的特点 ··· 142
8.2 房地产融资资金来源 ·· 143
8.2.1 房地产企业一般性资金来源 ··· 143
8.2.2 房地产其他资金来源 ·· 145
8.3 房地产融资方式 ·· 146
8.3.1 银行贷款融资 ··· 146

  8.3.2　股票融资 ··· 148
  8.3.3　房地产债券融资 ··· 150
  8.3.4　房地产信托与私募基金融资 ···························· 152
  8.3.5　房地产投资信托基金 ···································· 153
 复习思考题 ··· 155

第9章　房地产市场营销 ··· 156
 9.1　房地产市场营销的概念 ··· 156
  9.1.1　房地产市场营销概述 ···································· 156
  9.1.2　房地产市场营销的基本理论 ···························· 158
  9.1.3　房地产市场营销理念的发展 ···························· 160
 9.2　房地产市场定位 ··· 162
  9.2.1　房地产市场细分 ·· 162
  9.2.2　选择目标市场 ··· 168
 9.3　房地产产品定价 ··· 172
  9.3.1　定价策略 ·· 172
  9.3.2　定价方法 ·· 174
  9.3.3　房地产价格策略 ·· 176
  9.3.4　价格制定的程序 ·· 177
 9.4　房地产营销渠道 ··· 178
  9.4.1　营销渠道的内涵 ·· 178
  9.4.2　房地产营销的营销渠道 ·································· 178
  9.4.3　房地产营销渠道的选择 ·································· 179
 9.5　房地产促销策略 ··· 180
  9.5.1　房地产人员推销策略 ···································· 180
  9.5.2　房地产广告策略 ·· 181
  9.5.3　房地产营业推广策略 ···································· 183
  9.5.4　房地产公共关系策略 ···································· 184
 复习思考题 ··· 185

第10章　物业管理与运营 ··· 186
 10.1　物业服务管理 ··· 186
  10.1.1　早期介入与承接查验 ··································· 187
  10.1.2　入住与装修管理 ·· 190
  10.1.3　房屋及设施设备管理 ··································· 192
  10.1.4　物业环境管理 ··· 193
  10.1.5　公共秩序管理服务 ····································· 195

10.2 物业经营管理概述 195
10.2.1 物业经营管理的概念 195
10.2.2 物业经营管理的常规工作 197
10.3 写字楼物业经营管理 199
10.3.1 写字楼经营的目标与内容 200
10.3.2 写字楼经营的租赁管理 201
10.4 零售商业物业经营管理 203
10.4.1 零售商业物业的概念与类别 203
10.4.2 零售商业物业的管理内容 205
10.4.3 零售商业物业的租赁管理 205
复习思考题 207

参考文献 208

第 1 章 概论

本章内容提要

本章系统地对房地产开发、房地产经营的概念、内容、关系等基本知识进行阐述,并介绍了国内外房地产开发与经营课程的发展现状及相关学习方法。本章是学习房地产开发与经营课程的基础章节,通过本章的学习,学生应当能够较为专业地掌握以下专业知识:

房地产开发、房地产经营的含义、特点及其关系

房地产开发与经营的类型与内容

房地产开发与经营课程的国内外现状

房地产开发与经营的学习目标与方法

1.1 房地产开发与经营的含义与特点

1.1.1 房地产开发

开发的本意是指生产者或经营者为了实现一定的经济和社会目的,对森林、土地、水等自然资源进行整理或改造,以达到一定的经济或社会目的的行为。将开发延伸到房地产领域中,就是房地产开发。广义上,国土开发、区域开发、城市开发等活动都与房地产开发活动有着密切的关系。其中,国土开发与区域开发主要侧重于宏观意义上对土地的开发和利用,城市开发则包括城市土地及地上建筑物的开发、改造、更新等活动,可视为成片性的房地产开发。因此,从某种意义上讲,这些开发都可以视为广义的房地产开发。

根据《中华人民共和国城市房地产管理法》第二条规定:"本法所称房地产开发,是指在依据本法取得国有土地使用权的土地上进行基础设施、房屋建设的行为。"因此,狭义的房地产开发是指具有相应资质的房地产开发企业依据相关法律、法规或政策,根据城市发展和建设的总体规划,通过对各类资源的优化组合利用,充分考虑经济效益、社会发展的要求所进行的投资、建设和管理的行为。狭义的房地产开发在开发主体、开发对象与开发环境上有其特殊性。在开发主体方面,房地产开发被认为是房地产企业的生产和再生产过程。由于我国对房地产企业实施的资质管理等特殊要求,使得房地产开发具有与其他基础设施项目不同的主体性。在开发对象方面,房地产开发必须是在依法取得国有土地使用权的土地上,在特定地段进行的建设活动。在开发环境方面,房地产开发涉及社会生产生活的方方面面,开发步骤乃至每一道工序都受到政府的高度重视,都必须在《中华人民共和国城市房地产管理法》《中华人民共和国土地管理法》《中华人民共和国城乡规划法》《中华人民共和国建筑法》《中华人民共和国消防法》等法律法规框架内运作实施。本书以狭义的角度来定义房地产开发。

1.1.2　房地产经营

经营的概念来源于企业管理，原意是指经营者为了达到企业目标而有意识、有计划地进行的活动。随着市场经济的发展，经营的内涵和外延不断加深，涉及企业的生产、组织、销售、财务以及原材料供应等各个领域，逐步成为指导企业以最少投入获得最大收益的一种计划决策、组织与实施的综合行为。经营是市场经济的一个重要范畴，是商品生产者以市场为对象，以商品生产和商品交换为手段，为实现企业的目标，使企业的生产技术经济活动与企业的外部环境达成动态均衡的一系列有组织的活动。

广义上，一切以房地产市场为背景的企业经营活动均可视作房地产经营活动。这一类活动包括房屋的建造、买卖、营销、中介、信托、抵押、交换、维修、装饰，以及土地使用权出让、转让等按价值规律所进行的有目标、有组织的经济活动，活动范围贯穿了房地产生产、流通和消费的全部过程。而狭义的房地产经营是指房地产经营者对房屋和建筑地的销售、租赁及售后服务管理等活动，活动范围主要是局限于流通领域。本书将从狭义的角度来定义房地产经营。

1.1.3　房地产开发与经营的关系

房地产开发与经营是指房地产开发企业进行的房屋、基础设施建设等开发，以及转让房地产开发项目或者销售、出租房屋等活动。它们是一个既独立又统一的系统过程，是使房地产商品从投资决策、土地获取、规划设计、建设施工到竣工验收，并进入市场销售、流通、运营、管理，最终实现房地产商品价值的复杂过程。

从狭义上理解，开发与经营两个概念是相对独立的。房地产经营反映的是在一定社会经济环境下房屋与土地的价值关系，这种关系通常是通过市场交换来实现的。而房地产开发更多表现为一种投资、建设和劳动的过程，虽然企业亦用经营的观念指导开发行为，以期用最少的投入换取最大的经济效益，但开发活动本身并不反映上述社会经济关系。

从广义上看，开发与经营是一个统一的过程，区别在于其侧重点不同。房地产开发是企业为了获得一定的经济效益而对土地及建筑物进行投资、建设、管理的行为，而这种通过一定的劳动获得经济报酬的活动实质就是经营。房地产开发可视为一种以经营为核心的经济行为。由于房地产规模大、投资建设周期长、风险性高，掌握市场需求成为现代房地产开发能否达到预期目的的关键，所以首先有了房地产市场的经营活动与市场行为，然后才有开发行为，房地产开发必须以经营为核心。反之，经营作为一种在设定目标之后采取一系列使得目标能够得以实现的管理行为，其目标的实现依赖于房地产开发行为的实施，只有真正形成一定的房地产产品后，房地产经营才有所依凭，否则就是空中楼阁。

1.1.4　房地产开发与经营的特点

房地产商品不属于一般商品，其价值量巨大，形成周期长，需要通过多次投入，采取预售、出租、抵押、信托等形式分期实现其价值，以实现投资延续性和增值性。这大大增加了房地产开发与经营的复杂性和难度。同时，开发与经营过程具有范围广、涉及环节多等特点。因而房地产开发与经营过程会表现出难度大、风险大，以及受政策等因素影响大等特点。

（1）开发与经营的复杂性

由于房地产业的关联产业较多，房地产开发经营活动需要将众多的资源进行优化组合，涉及大量的参与单位、利益相关者和管理部门，从而使得房地产开发经营活动所需要协调的关系、程序极为复杂。同时，房地产开发经营包括生产、流通和消费三个基本环节，每一个环节都包含许多工作内容，每项工作都具有较强的专业性，需要由专业人员完成，而且各个项目所面对的个别因素、市场因素、宏观环境等各项影响因素均不相同。这都使得房地产开发经营项目操作起来较为复杂，需要房地产开发经营主体针对具体情况，认真地进行综合分析，统筹安排，制定完善的开发经营方案。

(2) 开发与经营的风险性

房地产开发经营活动的运行周期长，少则两三年，多则四五年。较长的开发与运行周期使房地产业资金垫付时间长，与生产周期短的行业相比，无疑要承担更大的时间价值风险。房地产资金投入量大，需要运用较高的财务杠杆，因此要承担的风险也大。同时，房地产开发与经营所涉环节较多，每一个环节都影响着整个开发经营活动的正常运转，无形中也增加了房地产经营的风险。除此之外，房地产开发经营还受到社会、政治、经济、消费心理、市政建设等各种外在因素的影响，从而比一般商品经营具有更大的风险性。

(3) 开发与经营的收益性

随着我国房地产开发投资规模不断扩张和投资结构不断完善，以房地产开发企业为主体的房地产开发投资体系迅速扩大，商品房开发的施工面积、竣工面积和销售面积大幅提高。同时，随着经济的发展与居民收入水平的提高，人们对居住条件的要求也越来越高，对房地产产品的质量也提出了更多、更高的要求，房地产也是我国居民的重要投资渠道。在这样的背景之下，房地产产品需求量大，价格高，虽然也受到国内外经济环境与政策变化的影响，但总体看，房地产开发的回报率相比于其他行业仍处于较高的水平。

(4) 开发与经营的地域性

房地产是不可移动的，因而房地产开发经营市场是一个区域性的市场，而不是一个全国性的统一市场。从宏观层面看，房地产开发的地域性主要表现在投资地区的社会经济发展水平、城市化水平、国民收入状况、历史文化背景，以及房地产政策等特征对项目的影响。这些特征的不同导致各地区房地产的投资环境、开发类型结构、市场需求状况、人口结构和消费行为存在明显差异。从微观来看，开发项目受区位，或者说受地段的影响非常大，因为地段决定了交通、购物、环境（生态与人文）、升值潜力等很多重要因素，因此开发商对项目的选址尤需谨慎。同时，其自身的自然条件、规划设计条件等个体因素与区位因素相结合，会对房地产开发经营项目的效益产生决定性的影响。

(5) 开发与经营的政策性

房地产业的特点、地位和作用决定了房地产开发与经营的政策性强，或者说受政策的影响比较大。房地产业是国民经济的重要支柱产业，房地产资源的分配使用，房地产商品的生产、流通与分配，直接关系到国计民生。为了使房地产业纳入社会主义市场经济轨道，除了强调运用市场机制指导房地产运作以外，更要强调政府宏观调控作用，并通过立法、制定政策等措施，使房地产企业坚持正确的经营方向，力求在经营活动的各个环节、各个方面都自觉遵守国家现有的政策法令、规章制度。

1.2 房地产开发与经营的类型与内容

1.2.1 房地产开发的类型与内容

按照开发内容的不同，房地产开发可以分为土地开发和房屋开发。土地开发是指土地开发企业以获得土地使用权的土地为对象，通过农村集体土地征收与城市房屋征收的方式，将土地开发成供水、排水、供电、供热、供气、电信和道路畅通、场地平整的建筑场地，达到"七通一平"的土地，然后通过协议、招标或拍卖的方式，将其使用权有偿转让给各类房地产开发企业或投资建设部门进行房屋建设的一种经营方式。房屋开发是指房地产开发企业依法获得土地使用权之后，按规划的统一要求组织建设场地的房屋建设，开发各类符合规划要求的房地产产品，如住宅、写字楼、工业厂房、商业娱乐设施等。一般来讲，城市开发是先开发土地，再进行土地使用权的有偿转让。当房地产开发企业购得土地使用权后，建造住宅、公共设施、购物中心、绿地等房屋及其配套设施。房屋开发需按照城市规划建设要求，并依据预售许可制度和市场行情来决定建造销售速度。房屋开发企业也可以参与土地开发，即在政府主持的土地征收过程中，房地产企业可以通过PPP、BOT、BT等多种方式，参与土地整治与转让的活动，获取利润。

按照开发阶段的不同，可以分为初次开发和再次开发。房地产初次开发是指对尚未利用的土地进行开发和利用的过程。随着人类社会的发展，虽然由于现有科学技术的限制，仍有一些土地目前无法被利用，有待以后被开发，然而没有被利用的土地已经非常有限。房地产的再次开发是指对已开发利用的土地或房地产项目追加投资，进行投资替代开发，转变土地用途等的过程。通常所讨论的房地产开发一般是指房地产的再次开发。就城市房地产开发来讲，包括城市新区开发和城市已建成区的再次开发。新区开发是土地用途从"非建设用地"向"建设用地"转化的过程，是政府按照城市发展和城市总体规划的要求征收土地，进行基础设施建设及房地产建设的活动。已建成区域原有建设用地的再开发，根据开发改造的程度，可以划分为改造、部分改建、重建等不同程度的开发，目前通常所说的"城市更新"也属于这一类。

1.2.2 房地产经营的类型与内容

房地产经营可以分为地产经营与房产经营。广义的地产经营是发生在土地生产过程、流通过程、消费使用过程中所有经济活动的总称，是指利用各种方式和手段进行土地的开发利用，以获取经济收益的活动。狭义的地产经营主要指流通过程的经营活动，即地产的出让、转让、出租、抵押等有偿流转过程，实质是土地产权经营。在我国，土地的社会主义公有制度决定了地产的经营只能是使用权，而不是所有权。地产的经营方式只能采取使用权出让、转让、租赁和抵押等形式，不能采取买卖形式。根据土地使用权的不同，其类型包括农村土地经营与城市土地经营。农村土地经营，主要是指农村宅基地的流转、农村集体建设用地的租赁、入股等形式。随着《中华人民共和国土地管理法》的修订，经依法登记的集体经营性建设用地入市，可以通过出让、出租等方式交由单位或者个人使用，将进一步拓宽农村土地经营的渠道。城市地产经营可以分为两个层次，一是以土地出让为主的一级土地市场层次，二是以土地使用权转让、出租及抵押为主的二级土地市场层次。土地出让是指各级政府以土地所有者身份，将土地使用权在一定年限内让与土地使用者，由土地使用者一次性向国家支付土地出让金的行为。这是土地产权的纵向流通，其实质是土地所有权与使用权分离，是国家与土地使用者之间发生的土地使用权有偿出让关系。一级土地市场是国家垄断型市场。土地出让采用的主要形式有协议、招标、挂牌和拍卖。土地使用权转让是指土地使用者将土地使用权再转移的行为，包括出售、交换、入股和赠与等行为。土地出租是指土地使用者作为出租人将土地使用权随同地上建筑物、其他附着物租赁给承租人使用的行为。土地抵押是指土地使用者将其土地使用权向资金持有人抵押以取得贷款的行为。这三种土地流转方式构成二级土地市场的主要内容。二级土地市场是垄断竞争型市场，其经营特征是在国家控制和调节下的竞争性经营。在一级土地市场存量土地太多的情况下，为保证土地开发的收益，作为土地所有者的政府在土地出让之前，也可以采取出租方式，即以较短时期、多次性让渡土地使用权的方式，使那些无力一次性支付巨额出让金的土地使用者多一条可行的获取可转让土地使用权的途径，也使土地所有者在经济繁荣时期有可能获得高于一次出让的土地收益。

房产经营的主要形式有出售、出租及抵押等。由于房和地的不可分离性，房产地产交易通常是同时作为整体发生的，这里强调的房产交易分类是针对房、地产权的特性及在实际经营处理中的方式的差别而提出的。房屋作为商品出售是使其进入流通领域，实现价值的基本形式。房屋出售可因交货时间期限的不同，分为现房经营和期房经营两种形式。房屋出租是指房屋所有者将商品房使用权出租给承租者使用，承租者定期向出租者缴纳租金的行为。对于商铺、写字楼、厂房等收益性物业为投资标的的企业或个人，房屋租金是其实现长期收益的主要途径。当房地产市场发展到一定阶段，在开工面积逐渐减少的背景下，房屋出租经营，无论现在还是将来都会成为一种重要的经营形式。房产抵押类似土地抵押，是指房屋所有人将其房产所有权向资金持有人抵押以取得贷款的行为。

围绕房地产经营的相关服务活动也是房地产经营的重要内容，包括房地产业在开发建设、经营过程、对房地产的使用过程中提供的一系列经营性和服务性的活动，如对房地产开发进行的投资咨询、价值评估、拆迁安置服务，使用过程提供的房屋装饰、物业服务、设备管理、资产运营等。房地产经营服务将贯穿于房地产开发全过程的始终，从目标决策开始，到建设施工，一直到最后的物业管理都属于房地产经营服务活动范畴。

1.3 房地产开发与经营课程简介

1.3.1 房地产开发与经营课程的发展状况

房地产开发与管理专业本科的培养目标是培养具备相关的经济、管理、法律和土木工程技术基础知识，具备房地产项目投资、策划、项目管理、评估、营销和物业管理等方面的专业知识、专业技能和综合技能，具备较强专业综合素质与能力、实践能力、创新能力，具备健康的个性品质和良好的社会适应能力，能够在房地产开发与经营管理领域从事相关工作的高素质、复合型人才。"房地产开发与经营管理"课程作为该专业的专业核心类课程，在培养目标中定位于学生对房地产开发与经营流程的掌握，即通过课程学习使学生明确地知道房地产项目建设从地块获取一直到物业管理的整个内外部流程，并对关键节点所需要掌握的知识与技能有初步的学习。本门课程是其后的专业课程的重要基础，只有在此基础上学生才能够知道其他各门课程的作用领域与专业技能重点。

根据原全国高等学校房地产开发与管理和物业管理专业指导委员会统计，截至2013年9月，全国46所开设"房地产开发与管理"高校中将"房地产开发与经营"（或称房地产开发经营与管理、房地产开发经营管理、房地产开发与经营、房地产开发经营、房地产开发与管理、房地产开发、房地产开发与实务、房地产经营管理、房地产经营与管理等名称）列为专业核心课程的高校有32所。在高等学校房地产开发与管理和物业管理专业指导委员会的课程重要性评价中，该课程与"城市与房地产经济学""房地产投资分析与决策"并列为专业课程重要性一档课程，评分4.8分（满分5分）。同时，根据《高等学校房地产开发与管理本科指导性专业规范》，本课程为该专业学生必须学习的专业知识点与知识领域课程。

国外高校中，本门课程名称为"Real Estate Property Development"或"Real Estate Development and Management"。根据"Defining the Real Estate Body of Knowledge：A Survey Approach"（房地产知识体调查）的统计，在美国开设房地产专业（Major）、方向（Concentration）、辅修专业（Minor）前20位学校中，均开设本门课程。原英联邦国家中，包括剑桥大学、里丁大学、西悉尼大学、新加坡国立大学等知名院校，均将其作为专业核心课程设置。此外，该课程还被作为部分国外院校的板块系列课程名称，下设Dynamics of the Property Development Process（房地产开发流程）、Real Estate Valuation（房地产估价）、Real Estate Law（房地产法规）等子课程。从知识结构看，在Black & Rabianski对国际30所房地产专业本科院校的知识结构重要性评级前20位中（表1-1），本门课程所涉及的多项知识领域，"风险及回报分析""物业市场供给与需求分析""房地产市场周期与预测""政策对房地产的影响""租赁分析""区位特征分析"等均在专业知识重要性排名中位居于前列。

房地产专业本科院校的知识结构重要性评级　　　　表1-1

知识领域	重要性排名	知识领域	重要性排名
风险及回报分析	1	租赁分析	11
现金流量折现分析	2	区位特征分析	12
物业市场供给与需求分析	3	商业物业选址理论	13
收益的计算与预测	4	商业物业选址分析	14
房地产市场周期与预测	5	土地利用管制	15
政策对房地产的影响	6	投资组合分析与多样化管理	16
评估方法与技术	7	物业征税	17
宏观经济周期与预测	8	证券化	18
金融市场周期与预测	9	伦理与道德	19
城市发展与增长分析	10	住房可支付性/房屋价格	20

综合来看，国内外房地产专业教育均认可房地产开发与经营是应用现代经营管理原理讨论房地产业运动规律，并探讨以较小代价取得较好房地产开发利用效益或效果的科学经营方法的重要专业课程，是管理学科的一个分支领域。

1.3.2 房地产开发与经营课程的学习目标与方法

房地产开发与经营作为一门综合性应用课程，首先应注重以经济学理论和现代经营管理理论为基础和指导思想。在充分理解这些理论的基础上，注意汲取各学科精华，并将其灵活应用于房地产开发与经营活动中。例如，效益成本是经济学强调的基本原理，也是贯穿房地产开发与经营活动的重要原则，特别强调的是在房地产开发与经营活动中要考虑可以货币化的成本和效益，同时也要考虑难以货币化和量化的成本效益。

其次，在对房地产开发与经营进行定性研究的同时，还要注重定量分析。如现代经营管理数量学派强调，"管理科学"的出发点是可以用数学模型和程序来表示与解决经营管理中的计划、组织、决策、控制等问题，并以经济效果最优为目的，求得数学解答问题的答案。

最后，房地产开发与经营也应注重将理论应用于房地产实务，分析研究房地产开发与经营过程的特点和运动规律，并逐步建立一套完整的房地产开发与经营理论和方法体系。通过对房地产开发经营过程的分解，逐一细化到开发经营的每个环节，以案例、手册等方式，将学生置身于模拟现实的复杂环境之中，模拟房地产项目的整个开发运行周期，从宏观环境分析、市场调查、土地竞买、项目定位、投融资计划、设计、施工招标、施工建设到市场销售的整个开发流程都能够在学习中得到体现。例如，可行性分析是为工程建设项目前期进行项目决策时提供决策依据的重要方法，房地产开发项目的可行性分析不仅要利用可行性分析一般的原理及方法，也要考虑房地产项目的特点，在指标的选择与参数的确定上要体现房地产项目的特殊要求，这样才能进行正确的分析，为决策提供准确的依据。同样，房地产广告也不完全与一般商品的广告相同，在媒体的选择与广告诉求等方面都要结合房地产的特点。只有如此，才能学以致用。

复习思考题

1. 简述房地产开发与经营的含义。
2. 简述房地产开发与经营的内容。
3. 根据知识领域的重要性排名，讨论如何学好房地产开发与经营课程。

第 2 章　房地产开发与经营基础理论

本章内容提要

本章系统地对房地产与房地产业的概念、类型、特征等知识进行描述，并阐述了房地产市场的运行规律及其周期，最后对房地产开发与经营涉及的相关基础理论予以总结。本章作为本门课程的理论储备章节，是指导后续章节开展的理论基础，通过本章的学习，应掌握以下专业知识点：

房地产的概念、类型、内容与特征

房地产业的概念、特点与类型

房地产市场的结构

房地产市场的运行规律与周期

房地产市场的供给、需求与交易指标

2.1　房地产与房地产业

2.1.1　房地产的含义

从物的层面看，房地产是房产与地产的总称。严格地说，房地产是土地及其之上的建筑物、构筑物和其他附属物的总称。土地是地球表面具有固定位置的空间客体，一般是指地面、地面以上和地面以下的一定空间范围。建筑物是指人工建筑而成，由建筑材料、建筑构配件和设备等组成的整体物。在现实生活中，有时狭隘地将建筑物特指为房屋。构筑物则是除房屋以外的工程建筑，人们一般不直接在内进行生产和生活，如水塔、堤坝、烟囱等。其他附属物是指为提高房地产的使用价值或功能而建造的附属物体，包括人工建造的假山、抽水井、埋设在地下的管线、设施等附属物体。

从法律层面看，通常说拥有房地产是指人们对土地房屋拥有的权利，这些权利是由法律赋予的房屋财产和土地财产权利的总称。房地产权利一般包括所有权及其衍生的使用权、租赁权、抵押权、地役权、典当权等。这些权利由法律赋予并保护，同时在使用时也会受到法律的约束。

综合上述两个方面的内容，可以将房地产定义为土地、建筑物、构筑物和其他附属物以及由这些实物所衍生出的各种财产权利。所以，房地产包括土地、建筑物及附属物三者之间的四种组合方式（表 2-1）及其所衍生的法律权利。同时也表明，房地产包括其物化的实体和无形的权利。

房地产的概念与通常讲的不动产和物业的概念有紧密的联系。不动产一词译自英语 Real Estate 或 Real Property。在英语中，Real Estate 具体是指土地及附着在土地上的房屋等建筑物和构筑物。Real Property 具体是指 Real Estate 及其附带的各种权益。房地产

房地产的四种组合方式　　　　　　　　　　表 2-1

组合种类	土地	建筑物	附属物
Ⅰ	√		
Ⅱ	√	√	
Ⅲ	√		√
Ⅳ	√	√	√

由于其位置固定、不可移动，通常也被称为不动产。房地产概念倾向于表明这种财产是以房屋和土地作为物质载体的，而不动产概念则侧重于表明这种财产本身具有不可移动的属性。物业一般是指一个单项具体的房地产单位（如单项的房产、地产），而房地产则强调一个国家、地区或城镇所拥有的房产和地产，即二者的组合。因此，在宏观和中观层面上，一般用房地产，不用物业。在微观层面上，两者常常是可以通用的。一般而言，房地产是经济法、行政法及商业实务中较常用的称谓，不动产是民法中惯常使用的词汇，而物业仅仅是房地产领域中单元性房地产概念的别称。

房地产与其他经济物品相比，有许多不同点。

(1) 房地产位置的固定性

从房地产的定义中就可以看出，房地产产品必须附着在一定的土地上，因而具有空间上的不可移动性，这使得房地产的利用具有鲜明的地域特点。每一处房地产所处的位置直接关系到其利用价值。这里的位置不仅指房地产的自然区位，也指房地产所处的经济与社会关系的网络。如生活中常见的轨道房、学区房均是这一特征的体现。因此，任何房地产都是独一无二的，这也是产生异质性与价值差异的重要原因。

(2) 房地产使用的耐久性

一般的物品在使用过程中会较快地产生磨损、消耗，但房地产的使用则具有长期性，一经建成，房地产就可以在数十年乃至上百年的时间段内，持续不断地为使用者提供效用，直至其灭失（因为地震火灾等意外事故损毁，或者被人为拆除）。物业的各种特性并非在使用期间始终保持不变，物业可能会发生老化和损坏，也可能被修缮或改建。因此，房地产的物质使用价值相对其他商品具有耐久性。

(3) 房地产的异质性

由于房地产位置固定加上不同区位的自然、社会、经济条件各不相同，建筑物的式样、朝向、规模、装饰、设备等方面千差万别，使用过程中的老化或翻新改造所造成的特征变化不同，使房地产成为一种典型的异质商品或差异化商品。可以说，世界上没有两宗完全相同的房地产，这也是房地产评估研究的重要内容。

(4) 房地产投资与消费的双重性

房地产作为一种生产要素用于生产消费（如厂房），也可以用于生活消费（如住宅）。但房地产的固定性、耐久性及稀缺性也使之成为一种重要的投资品。虽然房地产的变现能力较差，流动性较低，但在通货膨胀的情况下，投资房地产比投资其他资产更具有保值功能。

(5) 房地产的易受限制性

政府对房地产的限制一般通过下列四种特权来实现。

管制权。政府为增进公众安全、健康、道德和一般福利，可以直接限制土地和房屋的使用范畴，如通过城市规划对土地用途、建筑高度、容积率、建筑密度和绿地率作出规定等。

征收权。政府为了社会公共利益的需要，如修公路、建学校等，可以强行征收单位和个人的房地产，但是政府需要给予被征收方相应的补偿。

征税权。政府为了提高财政收入或调控房地产市场，可以对房地产进行征税或提高房地产开发与交易税率。

充公权。政府可以在房地产业主死亡或消失而无继承人或亲属的情况下，无偿地收回房地产。

(6) 房地产的难以变现性

房地产由于价值巨大，加上不可移动性和独特性，使得同一宗房地产的买卖并不频繁，如需要买卖，要花费相当长的时间来寻找合适的买者和进行讨价还价。所以，当有资金需求或有其他特殊情况需要变现时，难以在短期内实现交易。如果需要快速变现，只能降价或者以其他优惠条件吸引买家。

此外，房地产还可以依据多种标准对其进行划分。

(1) 按其用途划分可分为居住房地产、商业房地产、工业房地产、旅游房地产、养老房地产、特殊用途房地产等。

(2) 按经营使用方式划分可分为自用型房地产、营业型房地产、出租型房地产、出售型房地产等。

(3) 按其是否产生收益划分可分为收益性房地产与非收益性房地产。

(4) 从物质形态上划分，房地产主要分为土地、在建工程、建成后的物业。值得注意的是在建工程与建成后物业的区别。在建工程是指已经开始工程建设但尚未竣工投入使用的房地产，是房地产开发建设过程中的一种中间形态。建成后的物业是指通常所说的已通过竣工验收、可投入正常使用的建筑物及其附属物。是否通过竣工验收是在建工程与建成后物业的一个本质区别。

(5) 土地依据所处状态不同分为熟地、毛地或生地。熟地，指具备开发建设条件（达到"七通一平"，指通给水、通排水、通电、通路、通气、通信、通热、场地平整），立即可以开始建设的土地。毛地，指不具备开发建设条件的城市国有土地。生地，指不具备开发建设条件的农村集体土地。毛地和生地都不具备开发建设条件，但土地的所有权归属不同，毛地是城市国有土地，而生地是农村集体土地。

2.1.2 房地产业概述

联合国在2008年修订的《所有经济活动的国际标准行业分类》（ISIC4）中，把所有经济活动分为A-U共21类，房地产业属于第L类"房地产活动"。在美国的产业分类标准中，房地产业包括五个子行业：房地产经营（除去开发商）、租赁房屋经纪人、拍卖和管理者、房地产产权服务公司、分区规划分类和开发自建自卖的建筑商。在我国《国民经济行业分类》GB/T 4754—2017中，把经济活动分为20个门类和97个大类，房地产业被列为第70类。其中，房地产业由房地产开发经营、物业管理、房地产中介服务、房地产租赁经营、其他房地产业5个中类组成。其中，房地产开发经营指房地产开发企业进行的房屋、基础设施建设等开发，以及转让房地产开发项目或者销售房屋等活动；物业管理指物业服务企业按照合同约定，对房屋及配套的设施设备和相关场地进行维修、养护、管理，维护环境卫生和相关秩序的活动；房地产中介服务指房地产咨询、房地产价格评估、房地产经纪等活动；房地产租赁经营指各类单位和居民住户的营利性房地产租赁活动，以及房地产管理部门和企事业单位、机关提供的非营利性租赁服务，包括体育场地租赁服务。

房地产业作为国民经济中一个重要产业，是进行房地产投资、开发、经营、管理和服务的行业。国内外都确认建筑业属于第二产业，房地产业属于第三产业。在行业分类中，房地产业和建筑业分属两个独立的产业，这两个产业既存在着密切的联系，又有实质性的区别。一方面，二者在活动范围、产业归属、投入内容及提供方式等方面，都存在着较大的差异。建筑业是直接从事房屋生产和其他建筑物建造、改造、装修、安装等的物质生产部门，而房地产业则是从事房地产的投资、开发、经营、管理和服务，主要在流通领域活动的产业部门。另一方面，在现代市场经济条件下，二者又是相互渗透和交叉的。这是因为它们开发建设或作用的对象都是房屋等建筑物。在开发活动中，房地产业和建筑业通常作为建设方和施工方存在，形成非常密切的发包方和承包方的合作关系。无论是国内还是国外，建筑业和房地产业相互交叉经营的现象都较为普遍。

房地产业作为一个独立的产业部门，有其自身的产业特征，可概括为以下几点。

（1）基础性。人们的生产、生活，各行各业的存在和运转，都离不开栖身之地和庇护场所。因而，房地产业连同建筑业，在国民经济中具有基础性，仅次于为人类提供衣食之源的农业。

（2）先导性。房地产业与建筑业、林业、原料工业、自来水生产供应业、交通运输业、邮电业、燃气生产供应业、园林、化工、商业、服务业等有着密切的关系。房地产业的发展可以带动这些行业的发展。这意味着这些行业的再生产和扩大再生产都要以房地产业的发展为前提条件。同时，房地产业的发展也依赖于这些行业的发展。

（3）金融依赖性。一方面，房地产的高价值，往往要求在开发、购置土地时投入巨额资金，仅依靠自有资金是难以为继的，从而导致对金融业不同程度的依赖性。另一方面，金融市场上对于房地产投资较高的回报率和抵押物易估值性较为青睐。房地产业与金融业的关联性远高于其他行业。

（4）高回报性。在特定地区的特定时间段，房地产会出现供不应求的情况，受到投资等因素影响，其价值在较长的时间段内会持续上升，表现出较高甚至于畸高的投资回报率。这会导致资金对房地产的持续投入，直至投资回报率回落至社会平均回报率为止。

（5）高风险性。风险即遭受损失的可能性，任何投资都有风险，房地产投资由于数额大、周转慢、变现能力差，因此风险更大。房地产市场同其他资本市场一样，存在繁荣与衰落的周期。例如，20世纪90年代日本的房地产泡沫破裂、2008年的美国次贷危机等，都导致了相当数量的房地产企业破产。所以，应加强风险意识，谨慎地从事房地产业。

按照房地产业的活动领域划分，包括开发、经营、中介、服务等诸多类别。

（1）土地开发和再开发，主要指将农用地开发为建设用地，以及将旧城区通过拆迁和基础设施建设改造成新的建设用地。

（2）房屋开发，包括居住用房、商业用房、工业用房等的开发。

（3）地产经营，主要指土地使用权的出让、转让、租赁及抵押。

(4) 房地产经营，包括房产（含土地使用权）买卖、租赁、抵押及典当等。

(5) 房地产中介服务，包括房地产信息服务、咨询服务、房地产估价、土地和房屋测量、房地产法律、房地产经纪和房地产公证等。

(6) 物业管理，包括提供的房屋及配套设施维修养护、保安、绿化、卫生等基本服务，以及其他为业主提供的专项及特约服务。

(7) 房地产金融，包括房地产信贷、房地产保险和房地产金融资产投资（股票、债券、房地产证券化）。

2.2 房地产市场

2.2.1 房地产市场概述

市场是社会分工和商品交易的产物，是经济主体进行经济活动的场所，是维系商品经济的纽带。市场有狭义和广义之分。狭义的市场是买卖双方就某种商品最终进行交易的场所，如超市、商场、证券交易所、期货交易所等。广义的市场是指经济主体之间的交易活动及其经济关系的总和。

在市场经济条件下，虽然土地和地上建筑物不能移动，但房地产可以被某个人或机构拥有，并为其带来利益，其商品性毋庸置疑，因此就产生了房地产交易行为。房地产市场也具有狭义和广义之分。狭义的房地产市场是指房地产商品需求者和地产商品供给者之间进行交易活动的有形场所，如房地产交易中心等。广义的房地产市场是指经济主体之间进行房地产交易活动及其在活动中所形成的经济关系和作用机制。房地产开发经营及管理活动中涉及的房地产市场，则采用了房地产经济学中对房地产市场的定义，指潜在的房地产买者和卖者，以及当前的房地产交易活动。

房地产市场的运行受到房地产市场内外各种因素的影响。在整个市场经济体系中，房地产市场并不是孤立存在的，它时刻受到社会经济体系中各方面因素的影响，同时也会对这些因素产生反作用。按照这些影响因素的性质，可以将房地产市场的运行环境分为社会环境、政治环境、经济环境、金融环境、法律制度环境、技术环境、资源环境和国际环境。

(1) 社会环境，是指一定时期和一定范围内人口的数量及其文化、教育、职业、性别、年龄等结构，家庭的数量及其结构，各地的风俗习惯和民族特点等。

(2) 政治环境，是指政治体制、政局稳定性、政府能力、政策连续性以及政府和公众对待外贸的态度等，它涉及资本的安全性，是投资者最敏感的问题。

(3) 经济环境，是指在整个经济系统内，存在于房地产业之外，而又对房地产市场有影响的经济因素和经济活动。例如，城市或区域总体经济发展水平、就业、支付能力、产业与结构布局、基础设施状况、利率和通货膨胀等。

(4) 金融环境，是指房地产业所处的金融体系和支持房地产业发展的金融资源，这种支持主要指所能提供的金融服务、金融支持的力度和状况等。

(5) 法律制度环境，是指与房地产业有关的正式规则，包括现行法律与相关政策。

(6) 技术环境，是指一个国家和地区的技术水平、技术政策、新产品开发能力及技术发展动向等。

(7) 资源环境，是指影响房地产市场发展的土地、能源、生态等自然资源条件。

(8) 国际环境，是指国外发生的事情、状况和关系。国际环境是一种动态的过程，是国家以外的结构体系对一国的影响和一国对国家以外的结构体系的影响所作出的反应，两者之间是相互作用、相互渗透和相互影响的一个互动过程。

房地产市场主要由市场中的交易双方以及为其提供支持和服务的人或机构组成。这些参与者分别涉及房地产的开发建设过程、交易过程和使用过程。每个过程内的每一项工作或活动，都是由一系列不同的参与者来分别完成的。下面按照在房地产开发建设、交易和使用过程中所涉及角色的大致顺序，逐一介绍。

1. 政府

政府在参与房地产开发与经营过程中，既有制定规则的权力，又具有监督管理的职能，有些部门还会提供有关服务。其主要职能有以下三个方面：

(1) 通过经济手段、法律手段、行政手段对房地产业进行宏观调控。

(2) 通过土地一级市场对房地产开发与经营活动进行市场供给调控。

(3) 通过发改、规划与自然资源、住建、市场监督等政府各类管理部门对房地产开发经营活动及其主体进行监督管理。

作为公众利益代表者，政府在参与房地产市场的同时，也对房地产市场其他参与者的行为发生着影响。由于与房地产有关的土地出让和税费收入数额巨大，是地方政府财政收入的一个重要来源，因此，房地产业常常被政府用来作为经济稳定器与调节器，需要不时地"加速"或"制动"。

2. 房地产开发主体

房地产开发主体包括房地产开发企业和开发个人（又称为开发商或建设单位）。房地产开发主体参与并控制从策划到建造产品、销售、提供售后服务的全部过程，是项目的出资者、组织者、管理者与协调者，是房地产开发全部工作的直接决策人、受益人和责任人。房地产开发主体开发房地产产品的目的是：在兼顾社会效益和环境效益的前提下，通过实施开发过程来获取直接的经济利益。

开发商所承担的开发项目类型也有很大差别。有些开发商专注于某些特定的物业类型（如写字楼或住宅）或在某一特定的地区进行开发；另外一些开发商则可能宁愿将其开发风险分散到不同的物业类型和地点上；还有些开发商所开发的物业类型单一，但地域分布却很广，甚至是国际性的。不同开发商根据自己的特点、实力和经验，所选择的经营方针有很大差别，经营管理风格也有较大差异。例如，有些开发商从规划设计到房屋租售以及物业管理，均聘请专业顾问机构提供服务，而有些开发商则均由自己负责。

3. 土地使用权人

土地是房地产开发经营的基础，房地产开发经营活动必须首先获得土地使用权。房地产开发经营活动中的土地征收必然要涉及原土地使用权人。房地产开发主体通过二级市场购置土地使用权或与原土地使用权人进行合作也涉及原土地使用权人。因此，土地使用权人的态度和行为直接决定着房地产经营活动的程序与成果。

在我国，城市土地属于国家所有，地方政府作为国有土地所有者，是其辖区范围内的唯一土地供给者，垄断了国有土地使用权出让市场。各地政府土地出让的数量、时序、结构和空间分布，极大地影响着当地土地市场和房地产市场。由于政府借助土地储备制度同时控制了土地征收和开发活动，土地使用者的影响更多地局限于土地收购、征收和土地开发过程。

4. 金融机构

金融机构是房地产金融市场中重要的资金供给者，不仅为房地产开发经营活动提供资金支持，而且为房地产消费者提供消费信贷资金支持。房地产开发过程中需要两类资金，即用于支付开发费用的中短期资金或建设贷款，以及项目建成后用于支持消费者与置业投资者购买房地产的长期资金或抵押贷款。房地产的生产过程和消费过程均需大量资金支持，没有金融机构参与并提供融资服务，房地产市场就很难正常运转。

5. 建筑承包单位

房地产开发商往往需要将其建设过程的工程施工发包给建筑承包单位。但承包单位也能将其承包建安工程的业务扩展，并同时承担附加的一些开发风险，如取得建设用地使用权、参与项目的资金筹措和市场营销等。但承包单位仅负责建造时，其利润仅与建造成本及施工周期有关，承担的风险相对较少。如果承包单位将其业务扩展到整个开发过程并承担与之相应的风险时，它就要求有一个更高的收益水平。但即便承包单位同时承担开发商的角色，其对房地产开发项目利润水平的要求也相对较低，因为其承担工程建设工作也能为企业带来一定的收益。目前，房地产开发中普遍采用由建筑承包单位垫资建设施工的方式，这就使得建筑承包单位在房地产开发中发挥着一定融资功能的作用。

6. 专业顾问

由于房地产开发经营过程相对复杂，房地产开发经营中的参与者不可能有足够经验和技能来处理房地产生产、交易、运营过程中遇到的所有问题。因此，房地产开发经营参与者有必要在不同阶段聘请专业顾问人员为其提供咨询服务。这些专业顾问人员包括：建筑师、工程师、会计师、造价工程师或经济师、房地产估价师及房地产经纪人、律师、营销与策划人员。正是由于存在对这些专业顾问人员的巨大需求，从而推动了房地产业以及相关领域里勘察设计、中介咨询机构的迅速发展。

7. 消费者

每一个人和单位都是房地产市场上现实或潜在的消费者。因为人人都需要住房，每个单位都需要建筑空间从事生产经营活动，而不管这些房屋是买来的还是租来的。消费者在房地产市场交易中的取向是"物有所值"，即用适当的资金换取拥有或使用房地产的满足感或效用。但如果说市场上的买家，则主要包括自用型购买者和投资型购买者两种。购买能力是对自用型购买者的主要约束条件，而对投资型购买者来说，其拥有物业后所能获取的预期收益的大小，往往决定了其愿意支付的价格水平。

2.2.2 房地产市场结构与细分

从宏观上说，房地产市场结构包括总量结构、区域结构、产品结构、供求结构和投资结构。要实现房地产市场总量基本平衡、结构基本合理、价格基本稳定的市场目标，保持房地产业与社会经济及相关产业协调发展，必须准确把握房地产市场上的这些主要结构关系。

（1）总量结构：从房地产市场整体出发，分析开发和销售之间的数量结构关系，考察房地产供求之间的总量差距。

（2）区域结构：分析在全国不同地区之间，房地产市场发育情况的差异和特点，考察不同区域或城市之间，房地产市场的开发规模、主要物业类型、房价水平和政策措施的差异。

（3）产品结构：从经济发展阶段出发，考察房地产市场中住宅、写字楼和商业用房等不同物业类型之间的投资比例关系，分析其产品结构布局的合理程度。

（4）供求结构：针对某一物业类型，分析其市场内部不同档次物业的供求关系；并从市场发展的实际情况出发，判别供给档次和需求水平之间是否处于错位的状态。

（5）投资结构：根据投资者参与市场的不同投资目的和投资方式，具体分析不同投资方式的适用空间，以及彼此之间的动态协调关系。

从识别和把握房地产宏观市场环境的角度出发，可以按照地域范围、房地产类型、增量存量、交易形式等标准，对房地产市场进行细分。

1. 按地域细分

房地产的不可移动性，表明其受地区性需求的依赖程度很大，这决定了房地产市场是地区性市场，人们认识和把握房地产市场的状况，也多从地域概念开始，因此按地域范围对房地产市场进行划分，是房地产市场划分的主要方式。地域所包括的范围可大可小，由于房地产市场主要集中在城市化地区，所以最常见的是按城市划分，例如，北京市房地产市场、上海市房地产市场、深圳市房地产市场等。对于比较大的城市，其城市内部各区域间的房地产市场往往存在较大差异，因此常常还要按照城市内的某一个具体区域划分，如上海浦东新区房地产市场、北京亚运村地区房地产市场、深圳市罗湖区房地产市场等。从把握某一更大范围房地产市场状况的角度，除按城市划分外，还可以按省或自治区所辖的地域划分，如海南省房地产市场、广西壮族自治区房地产市场等。当然，还可以说中国华北地区房地产市场、美国房地产市场、东南亚地区房地产市场、亚洲房地产市场、世界房地产市场等。但一般来说，市场所包括的地域范围越大，其研究的深度就越浅，研究成果对房地产投资者的实际意义也就越小。

2. 按房地产用途细分

由于不同类型房地产在投资决策、规划设计、工程建设、产品功能、面向客户的类型等方面均存在较大差异，因此，需要按照房地产的用途，将其分解为若干子市场。如居住物业市场（含普通住宅、别墅、公寓市场等），商业物业市场（写字楼、零售商场或店铺、休闲旅游设施、酒店市场等），工业物业市场（标准工业厂房、高新技术产业用房、研究与发展用房、工业写字楼、仓储用房市场等），特殊物业市场。

3. 按存量增量细分

通常将房地产市场划分为三级市场：一级市场（土地使用权出让市场），二级市场（土地使用权转让、新建商品房租售市场），三级市场（存量房地产交易市场）。而更加清晰的划分是按照增量存量的方式，将土地划分为一级土地市场和二级土地市场，将房屋划分为一级房屋市场（增量市场或一手房市场）和二级房屋市场（存量市场或二手房市场）。房地产增量和存量市场之间是一种互动关系，存量市场的活跃，不仅有利于存量房地产资源的有效配置，而且由于房地产市场中存在的"过滤"现象，能促进增量市场的发展。

4. 按交易形式细分

房地产交易包括房地产买卖、租赁和抵押。由于同一时期、同一地域范围内某种特定类型房地产的不同交易形式，均有其明显的特殊性，因此依不同房地产交易形式对市场进行划分也就成为必然。土地的交易包括土地买卖、租赁和抵押等子市场,由于我国城市土地所有权属于国家,因此土地交易实质是土地使用权的交易;新建成的房地产产品交易,存在着销售(含预售)、租赁(含预租)和抵押等子市场;面向存量房屋的交易,则存在着租赁、转让、抵押、保险等子市场。

5. 按目标市场细分

从市场营销的角度出发,可以按照市场营销过程中的目标市场来细分房地产市场。在通常情况下,可以将某种物业类型按其建造标准或价格水平,细分为低档、中低档、中档、中高档和高档物业市场,例如,甲级写字楼市场、高档住宅市场、普通住宅市场等;也可以按照目标市场的群体特征进行细分,例如,老年住宅市场、青年公寓市场等。

上述五种划分方法是相互独立的,不同的市场参与者通常关注不同的子市场。根据研究或投资决策的需要,可以将五种划分方式叠加在一起,得到更细的子市场。

2.3 房地产市场的特征与规律

2.3.1 房地产市场的特点

房地产市场作为市场体系的基本组成部分,具有市场的一般规律性,如受价值规律、竞争规律、供求规律等的制约。由于房地产商品本身具有区别于其他商品的独特属性,房地产业在国民经济中又具有特殊重要的地位,这就导致了房地产市场具有一系列区别于一般市场的基本特性。

1. 市场供给的特点

由于房地产商品的供给在短期内很难有较大的增减,因此市场供给缺乏弹性;由于房地产的位置、环境、数量、档次的差异,市场供给具有非同质性;由于土地的有限性、不可再生性,以及房地产投资规模巨大,使房地产市场具有高度的垄断性,从而导致房地产市场供给主体间的竞争不充分。

由于房地产的位置固定,其中包括了自然地理位置的不动性和区位关系的不动性,它对房地产所处周围的交通、基础设施都加以限制。其次,土地是一种稀缺资源,因此一个国家能够供给城市使用的土地数量总是有限的。另外,使用价值的不可替代性和开发建设周期长的特点,使得无论市场需求量有多大,价格有多高,市场供给量不可能在短时间内发生较大变化。

房地产市场的供给和需求具有高度的层次性和差别性,由于人口、环境、文化、教育、经济等因素的影响,房地产市场在各个区域间的需求情况各不相同,房地产市场供给和需求的影响所及往往限于局部地区,所以会造成一个地区及一个城市的不同分区,不同分区内房产类型存在差异,同一分区内建筑档次也有不同程度的差异。

房地产市场竞争不充分,更容易形成垄断。在一个城市范围内,由于房地产是位置不能移动的产品,它只能和相邻的房地产存在竞争。从房地产产品的角度来看,因为只有少数房地产开发商进行竞争,所以房地产市场具有寡头垄断市场的明显特征。再加之房地产市场的信息不充分,对于消费者而言,由于房地产位置及其位置派生出的一系列属性和消费者的偏好匹配,使一宗房地产对特定的消费者具有唯一的吸引力,那么换句话说就是这一宗房地产的垄断性很强。

房地产市场供求关系的不平衡状态经常发生。虽然价格和供求等市场机制会产生调整供求之间的非均衡态的作用,但随着诸多市场因素的发展变化,原有的均衡态将不断被打破,因此,房地产市场供求之间的不平衡性将长时期存在,而均衡始终只能是相对的。

2. 市场需求的特点

房地产是人类生存、享受、发展的基本物质条件,是一种基本需求,市场的需求首先具有广泛性。与市场供给的非同质性相吻合,需求者购置房地产时通常有不同的目的和设想,因而需求具有多样性。同时,购置房地产的开支巨大,通常需要借助金融信贷机构来进行融资。

房地产市场需求的广泛性主要表现在两个方面:第一,住宅是人类生存最基本的生活资料,人的衣食住行需求与生俱来,只要有人类的地方就有对各式各样住房的需求。第二,房地产是一切社会经济活动的物质基础,房地产遍及人们的日常生活和社会经济活动的各个领域,是人类生存、发展和享受的基本物质条件。

由于不同消费者的收入水平、文化程度、职业、年龄和生活习惯等不同,自然会形成各式各样的兴趣和爱好,因此对于房地产区位、房型、功能的要求自然也就会有差异,这种差异也就形成了房地产需求的多样性。由于房地产可以保值、增值,有良好地吸纳通货膨胀的能力,因而其作为消费品的同时也可用作投资品。

另一方面,消费者的心理因素也是不可忽视的。心理因素是指人们对房地产价格变化的心理承受能力,或对价格的心理评估。主要是指消费者对于未来政局和经济前景的信心施加于房地产市场的心理作用,从而对房地产价格造成影响。

3. 市场交易的特点

由于房地产市场上的商品本身不能移动,交易是房地产产权的流转及其再界定。房地产交易通常需要经过复杂和严密的法律程序,耗费时间比较长,交易费用通常也比较多。加之市场信息的缺乏,市场交易通常需要估价师或物业代理等专业人员提供服务。

房地产市场的交易对象是不动产,在交换中转移的只是房地产权属,这就意味着它与一般商品的交易不同,不能像一般商品那样采用一手交钱、一手交货、钱货两清的方式完成交易。事实上,房地产产品既不能转至特定的交易场所进行交易,成交后也不能携带和移动。房屋的流通和土地使用权的有偿转让,其交易过程只是货币与房地产产权的交换,而没有物质实体的"物流"。因此,在现实中,房地产市场的交易活动,通过签订房地产交易合同来进行,并发生相应的房地产产权变更。

房地产市场上进行交易的商品不仅有各种各样的、不同用途的建筑物,还包括与其相关的各种权利和义务关系。交易方式不仅有买卖、租赁,还有抵押、典当及其他的让渡方式。房地产交易应遵循以下规则:房地产转让、抵押时,房屋所有权和该房屋占用范围内的土地使用权同时转让、抵押。实行房地产价格评估,实行房地产成交价格申报。房地产转让、抵押当事人应当依法办理权属变更或抵押登记,房屋租赁当事人应当依法办理租赁登记备案。

4. 市场价格的特点

房地产商品的不可移动性,使房地产价格与其所处的地理位置与金融环境关系极大。其次,由于人口的不断增长和经济社会的不断发展,房地产价格总体呈向上波动的趋势。但现实成交价格是个别交易集合形成的,因此也不容忽视涉及交易主体的个别因素的影响。

影响房地产价格的一个重要因素就是地理位置和其周围的基础设施的价值。房屋的价值和周边基础设施的价值是相互渗透的。房价不仅受地区经济的束缚，还受到周围环境的影响，房地产不能脱离周围环境而单独存在。比如，置业投资者通过商铺租赁想获得稳定的经常性收益，那么一定会考虑的因素是这个地区的客流量如何，该地区客户的收入水平和消费能力怎么样，周边交通是否方便，以及政府对于这里未来的规划等。另一方面，政府对于土地的利用规划也会影响房价。当政府把某一片土地规划为城市新区，这片土地的价格就上升，特别是潜在收益最高区域的土地价格更是急剧上升。

2.3.2　房地产市场的运行规律

市场的基本特征就是交换，商品是交换行为的最基本客体，而市场是与它的客体同时产生的。市场从其最初意义上讲就是商品市场，商品所有者是市场的原生主体，它表现为不同的角色。因此，商品的规律反映到市场经济中，就形成了市场经济的内在机制，这些机制，如价格机制、供求机制、竞争机制、决策机制等就是市场经济发展的一般规律。房地产属于一种耐用品，兼有消费品和投资品的双重特征，房地产经济发展有其自身的运行机制和必然规律。

首先，在房地产空间市场上，房地产为家庭和企业提供生活和生产的空间。对于家庭，空间是其消费的商品之一；对于企业，空间是生产要素之一。它既可以通过租赁房地产，也可以通过拥有房地产来获得空间带给它们的效用，相应地需要支付租金或住房所有权成本（住房价格在拥有年限中各年的摊销值，可看作等效租金）。空间市场上的需求者是需要使用房地产空间的家庭和企业，供给则来源于房地产资产市场，即目前所存在的房地产资产的数量。

在房地产资产市场上，房地产作为一种资产被家庭和企业持有与交易，其目的是获取投资收益。投资收益包含两部分：一是在拥有房地产期间内每单位时间（例如每年）所获得的租金（或等效租金），二是在转售时所实现的增值收益。要想获得房地产所带来的投资收益，必须拥有房地产，这一点与空间市场是不同的。房地产资产市场中的需求者是希望通过拥有房地产而获取收益的家庭和机构投资者，新增供给的来源则是新建的建筑物。

房地产空间市场和资产市场是紧密联系在一起的。空间市场的供求关系决定了房地产租金的水平，该租金水平同时决定了房地产资产的收益水平，从而影响资产市场中的需求；同时，空间市场上的供给又是由资产市场决定的。房地产市场存在着一种均衡状态，在这种状态下，租金和价格都不发生变化，价格与重置成本相同，新增量和灭失量相等，房地产资产存量保持不变。这种均衡状态是转瞬即逝的，在大部分时间里，市场都处于一种不均衡的状态，但总是在向均衡状态恢复，围绕均衡状态进行上下波动。

例如，当人口增长或收入水平提高时，居民对空间的需求就会上升，而空间市场上的供给并不能迅速增加，供不应求导致租金上升。租金的上升使房地产资产市场的收益水平提高，房地产资产的价格也随之提高，从而刺激房地产开发活动的活跃，使开发量超过灭失量，资产存量增加，从而满足空间市场新增的需求，这就达到了一个新的均衡状态。

房地产空间市场和资产市场是对房地产市场进行划分的一种人为方式。房地产空间市场更强调房地产市场的物理属性及其使用功能,房地产资产市场是从投资房地产的角度下的定义。两者的联系体现在:空间市场的供求变化影响资产市场的需求,如房地产租金越高,则资产市场中的需求越旺盛;反过来,资产市场又决定空间市场的供给,如资产市场新建房地产越多,则空间市场的供给越充裕。两者的区别在于:房地产空间市场的存在形式有租赁房地产或拥有房地产两种途径,而房地产空间市场的存在形式不一定非要拥有产权;房地产资产市场存在形式只能是通过拥有房地产这一条途径。

由于房地产不能严格满足完全竞争的条件和理性人假设,而出现所谓的"市场失灵"。传统的市场经济理论认为造成市场失灵的主要原因有:垄断、外部性、信息不对称、市场不完全、公共品、失业、通货膨胀及失衡、再分配和优效品等。

我国房地产市场经过几十年的发展,已经取得长足进步,但仍然存在一些问题。住房金融层面,货币超发助推房价上涨,变动频繁的信贷政策不利于市场稳定;土地供应方面,人地分离、供需错配,地方政府对"土地财政"过度依赖;住房保障方面,供给不连续,保障精准度有待提升;住房供应方面,重购买轻租赁,住房租赁制度不完善、市场不成熟。对此,长期以来,我国政府主要通过土地供应、金融、住房保障、城市规划、房地产税收、租金控制等政策干预房地产市场,正逐步建立多主体供给、多渠道保障、租购并举的房地产长效机制。

2.3.3 房地产市场周期

房地产市场周期是指房地产行业发展水平起伏波动、周期循环的经济现象,表现为房地产业在经济运行过程中交替出现扩张与收缩两大阶段,包括循环往复的复苏、扩张、收缩、衰退四个环节。

房地产市场周期应当从三个方面理解:第一,长度不同、振幅不等的房地产市场周期,具有相似的波动模式,即都表现为扩张与收缩交替循环,复苏、扩张、收缩、衰退往来运行的周期性波动形态,或者说房地产市场周期具有相同的展开过程,由此形成房地产市场周期的规律。第二,具有相似波动模式的房地产市场周期,虽然具有引发波动的具体原因和波动路径各不相同的表现形式,但在本质上仍然具有相似的波动传导机制,大体上都可以从外部冲击与内部传导两个方面进行分析。第三,具有相似波动机制和展开过程的房地产市场周期,在波动的持续时间、振动频率、波动幅度等方面存在明显的差异,从而形成各具特色、千差万别的波动形态,由此构成房地产市场周期波动的特殊性。

> **学习小贴士**
>
> 对经济周期的研究由来已久。不同行业所面临的周期不尽相同,目前公认的周期类型包括基钦库存周期(36~40个月)、朱格拉资本投资周期(约10年)、库兹涅茨建筑业与房地产市场周期(约15~25年)、康德拉季耶夫周期(45~60年)。其中,库兹涅茨周期理论是一种从生产和价格的长期运动中揭示主要资本主义国家经济周期的理论。库兹涅茨认为经济中存在长度为15~25年的长期波动。这种波动在美国的许多经济活动中,尤其在建筑业中表现得特别明显,所以库兹涅茨周期也称为建筑业周期、房地产价格周期。例如,第二次世界大战以后,美国房地产市场三个低点分别是1974年、1992年、2010年。

> 与经济周期的波动形态一样，房地产市场周期也可分为扩张与收缩两大过程，或者进一步细分为复苏、扩张、收缩、衰退四个阶段（图2-1）。

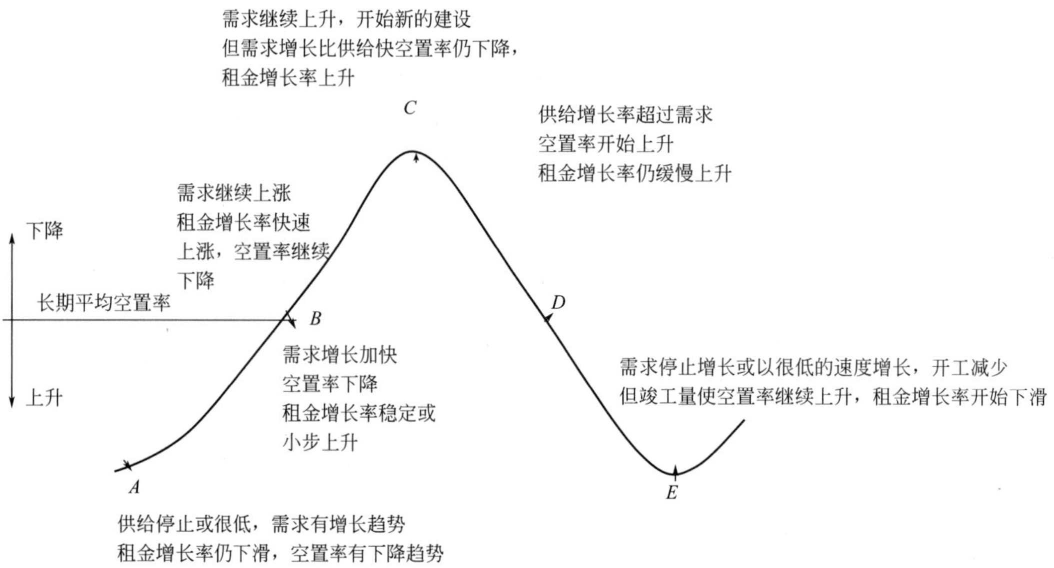

图 2-1 房地产市场周期

图中标注：
- A点：供给停止或很低，需求有增长趋势；租金增长率仍下滑，空置率有下降趋势
- B点：需求增长加快，空置率下降，租金增长率稳定或小步上升
- C点：需求继续上升，开始新的建设，但需求增长比供给快空置率仍下降，租金增长率上升
- C到D之间：需求继续上涨，租金增长率快速上涨，空置率继续下降
- D点：供给增长率超过需求，空置率开始上升，租金增长率仍缓慢上升
- E点：需求停止增长或以很低的速度增长，开工减少，但竣工量使空置率继续上升，租金增长率开始下滑
- 纵轴标注：下降、长期平均空置率、上升

（1）复苏阶段。在图2-1中的表现为曲线 A 到 B 段。其中 A 是周期波动的谷底，空置率达到了顶峰，供给严重过剩。在收缩和衰退阶段被压制的需求开始缓慢增长，市场供给新增量基本为零或者极少，市场租金增长率继续下滑。随着需求对市场空置房屋的消化，空置率开始下降，房地产租金逐步从稳定状态向上涨状态转变。随着市场复苏的继续，房地产市场预期开始谨慎地变得乐观，市场租金及供给开始上涨，最终使空置率达到自然空置率水平，市场供需也达到了均衡状态。

（2）扩张阶段。在图2-1中表现为曲线 B 到 C 段。其中 B 点是市场均衡点，市场空置率达到自然空置率水平，但这个时间很短暂。由于市场的持续复苏，造成市场预期发生深刻变化，市场主体开始变得积极、乐观。

（3）收缩阶段。在图2-1中的表现为曲线 C 到 D 段。扩张阶段造成房地产价格疯狂上涨，最终脱离了市场所能承受的范围，将市场主体中的最终使用者排斥出了市场，仅靠投机资金支撑。同时，政府收缩政策的作用逐步显现，房地产市场周期开始由盛转衰。

（4）衰退阶段。在图2-1中的表现为曲线 D 到 E 段。在衰退阶段，房地产市场状况开始恶化，会严重打击房地产市场主体的信心。

随着房地产市场周期的变化，投资于房地产市场上的资金流也相应呈现出周期性变化，形成投资周期。当房地产市场周期处在谷底并开始向复苏阶段运动时，很少有资本向存量房地产投资，更没有资本投入新项目的开发建设。这段时间，市场上只有可以承受高风险的投资者。由于租金和经营现金流已经降到最低水平，存量房地产的价格达到或接近了最低点。承受不住财务压力的业主或开发商会忍痛抛售，大量不能归还抵押贷款的物业会被抵押权人收回拍卖。

随着房地产市场周期通过复苏阶段，投资者对投资回报的预期随着租金的回升而提高，部分投资者开始小心翼翼地回到市场当中来，寻找以低于重置成本的价格购买存量房地产的机会。这类资本的流入使房地产市场通过平衡点，并逐渐使租金达到投资者有利可图的水平。在房地产市场周期扩张阶段的后半段，由于投资者不断购买存量房地产和投入新项目开发，资本流量显著增加。

当房地产市场周期到达其峰值并进入收缩阶段时，由于空置率低于平衡点水平，投资者继续购买存量房地产并继续开发新项目。由于资本不断流向存量房地产和新开发的项目，所以此时房地产市场的流动性很高。当投资者最终认识到市场转向下滑时，就会降低对新项目投资的回报预期，同时也降低购买存量房地产时的出价。而存量房地产的业主并没有像投资者那样很快地看到了未来市场会进一步下滑的风险，所以其叫价仍然很高，以致投资者难以接受，导致房地产市场流动性大大下降，房地产市场周期进入衰退阶段。投资周期在复苏阶段和扩张阶段初期滞后于房地产市场周期的变化，在其他阶段则超前于房地产市场周期的变化。

对于房地产投资周期的认识，也可以从信贷与管制周期来理解。强劲增长的经济倾向于增加资产价值和增加未来收入流量，两者都是评估信用时所依靠的指标。在信贷扩张反身性过程的早期阶段，所涉及的信用金额相对不大，对抵押品估价的影响是可以忽略不计的，这也是为什么这一过程在最初阶段显得很稳健的缘故。可是，随着负债总额的累积，信贷总额的权重增加，并开始对抵押品价值产生了增值的效应。这个过程一再持续，直到总信贷的增加无法继续刺激经济为止。此时，抵押价值已经变得过度地依赖于新增贷款的刺激作用，而由于新贷款未能加速增长，抵押品价值就开始下降。抵押价值的侵蚀对经济活动产生了抑制的作用，反过来又加强了对抵押品价值的侵蚀。到了那个阶段，抵押品已经用到极限了，轻微的下跌就可能引发清偿贷款的要求，这又会进一步加剧经济的衰退。这就是对一个典型的繁荣萧条循环过程的剖析。

房地产市场周期存在的主要原因包括宏观经济周期波动、供需因素、市场信息不对称、市场主体心理因素、政策因素、制度因素等。房地产市场周期的产生不是由某一个因素独立造成的，而是在下列但不限于下列的多种因素组合作用下而产生的。

（1）宏观经济周期波动。房地产市场周期和经济周期有密切的关系，宏观经济从市场供给和需求两个方面对房地产市场产生影响，宏观经济周期波动自然就会造成房地产市场周期波动。如果不考虑房地产市场的时滞，宏观经济周期与房地产市场周期基本同步波动。

（2）供需因素。供需因素不仅包括房地产商品自身的供给和需求，还包括房地产关联行业所提供商品的供给与需求。特别是金融业，信贷扩张与紧缩是政府对宏观经济或相关行业调整的一种重要调控手段，一般也与宏观经济周期波动一样存在周期性，这种周期性会通过金融资金的供给变化传导给房地产市场。

（3）市场信息不对称。房地产商品的特性造成房地产市场是一个不能充分竞争的市场，供需双方对市场信息掌握的程度存在着不对称。在我国，由于市场经济尚在完善之中，房地产需求方对市场信息的获取能力远弱于供给方，其准确程度更不能与供给方相比。由于市场信息的不对称，供需双方对同一信息的获取时间必然不同，两者对市场预期的调整、投资建设与消费量的调整均存在时间上的不均衡，加之时滞的存在，往往造成房地产市场的周期波动。

（4）市场主体心理因素。在经济学上，一般将市场主体都假设为理性人，但在实际市场中，市场主体不可能是一个完全的理性人，会受市场信息的影响而变得非理性，这主要表现在对市场预期判断上，最典型的是追涨杀跌和羊群效应。这就会造成市场需求非理性增长，市场供给随后疯狂增加，直到市场需求无法消化市场供给，随后，市场主体对市场预期有非理性的悲观，产生疯狂抛售行为，市场价格飞速下跌，房地产市场新增建设基本停滞。

（5）政策因素。政策因素是多方面的，如城市规划的调整、土地征收方式与补偿标准的变化、小城镇建设政策的出台与完善等，这些都将影响到房地产的需求和供给。比如，小城镇建设政策的出台，会促使大量的农村人口进入小城镇，进而使得房地产需求增长。城市规划中控制容积率的增加，会使得房地产供给发生变化。

（6）制度因素。制度因素包括国家的政治制度以及房地产市场制度，其中房地产市场制度更直接地影响到房地产市场变动，包括预售制度、价格管制制度、课税制度、中介制度、交易申报制度等。比如，预售制度的调整，会促使市场主体对房地产市场预期产生变化。在我国预售制度没有规范前，出现了20世纪90年代的海南、北海等地区炒楼花、炒图纸的疯狂市场表现，随着预售制度的完善，市场主体因预售制度所产生的市场预期逐步恢复理性。

如果在房地产市场周期循环的上升阶段，投机性行为没有被有效抑制（包括市场规则和政府政策），市场信息的不透明程度较高，且开发商的财务杠杆也比较高，那么开发商做出非理性预期的可能性就比较大，且消费者投机行为容易迅速蔓延。在这种情况下，房地产泡沫比较容易产生，同时会伴随过度开发、银行资产过多地向房地产行业集中等现象。

"实际价格与理论价格之比""房地产价格增长率与实际GDP增长率之比""房地产价格指数与居民消费价格指数之比""房价收入比""个人住房抵押贷款增长率与居民平均家庭收入增长率之比""房地产投资需求与房地产使用需求之比"等指标，都从某一个侧面反映了房地产泡沫的程度。国际上通常用综合上述指标构造出的房地产泡沫指数，反映房地产市场价格泡沫的程度，减少了主观因素对有关结论的影响。由于房地产投机引起的房地产市场价格与使用价值严重背离，脱离了实际使用者支撑而持续上涨的过程及状态，是一种价格现象，是房地产行业内外因素，特别是投机性因素作用的结果。

一般来说，房地产泡沫的成因，主要有三个方面：首先，土地的有限性和稀缺性是房地产泡沫产生的基础。由于土地的有限性，从而使人们对房地产价格的上涨历来就存在着很乐观的预期。当经济发展处于繁荣时期，人们对经济前景看好，大量企业与投资者进入房地产市场，通过抵押借贷等形式通过财务杠杆以期获取超额回报，使房地产价格出现快速上涨。其次，投机需求膨胀是房地产泡沫产生的直接诱因。对房地产出于投机目的的需求，与土地的稀缺性有关，即房屋脱离其居住属性，放大其金融属性，成为投机性群体行为，泡沫随之产生。最后，金融机构过度放贷是房地产泡沫产生的直接助燃剂。由于价格高的特点，房地产泡沫能否出现还取决于市场上是否有大量的资金存在。由于房地产是优良的抵押物，使银行部门认为此类贷款风险小，在利润的驱动下银行愿意向房地产投资者发放以房地产作为抵押的贷款。而房地产价格的上涨，使得银行部门乐观地估计抵押物的价值，从而加强了借款人投资于房地产的融资能力，进一步加剧了房地产价格的上涨和产业的扩张。

2.3.4 房地产市场指标

房地产市场的状况及其变动可以用一系列量化指标来描述，如价格，租金，租金增长率，交易额，空置率（居住率、吸纳率），投资回报率（收益率），房地产市场增长率等。这些量化指标是房地产市场景气与否的晴雨表，反映房地产市场的运行情况和在经济循环中所处的位置。房地产市场指标可以划分为供给指标、需求指标和交易指标。

1. 供给指标

（1）存量，指报告期期末（如某年或半年、季度、月，下同）已占用和空置的物业空间总量，单位为建筑面积或套数。在数值上，报告期存量＝上期存量＋报告期新竣工量－报告期灭失量，可按物业类型分别统计。

（2）新竣工量，指报告期内新竣工房屋的数量，单位为建筑面积或套数，可按物业类型分别统计。中国竣工量统计指标是竣工面积，指报告期内房屋建筑按照设计要求已全部完工，达到入住和使用条件，经验收鉴定合格（或达到竣工验收标准），可正式移交使用的各栋房屋建筑面积的总和。

（3）灭失量，指房屋存量在报告期内由于各种原因（毁损、拆迁等）灭失掉的部分。

（4）空置量，指报告期期末房屋存量中没有被占用的部分，可按物业类型分别统计。中国目前空置量的统计是不完整的，仅指报告期末已竣工的可供销售或出租的商品房屋建筑面积中，尚未销售或出租的商品房屋建筑面积，包括以前年度竣工和本期竣工的房屋面积，但不包括报告期已竣工的拆迁还建、统建代建、公共配套建筑、房地产公司自用及周转房等不可销售或出租的房屋面积。

（5）空置率，指报告期期末空置房屋占同期房屋存量的比例。在实际应用中，可以根据房屋的类型特征和空置特征分别进行统计，包括不同类型房屋空置率、新竣工房屋空置率、出租房屋空置率、自用房屋空置率等。

（6）可供租售量，指报告期可供销售或出租房屋的数量，单位为建筑面积或套数。可供租售量＝上期可供租售数量－上期吸纳量＋本期新竣工量。在实际统计过程中，可按销售或出租、存量房屋和新建房屋、不同物业类型等分别统计。因为并非所有的空置房屋都在等待出售或出租，所以某时点的空置量通常大于该时点可供租售数量。

（7）房屋施工面积，指报告期内施工的全部房屋建筑面积。包括本期新开工的面积和上年开工跨入本期继续施工的房屋面积，以及上期已停建，在本期恢复施工的房屋面积。本期竣工和本期施工后又停建缓建的房屋面积仍被包括在施工面积中，多层建筑应含各层建筑面积之和。

（8）房屋新开工面积，指在报告期内新开工建设的房屋面积，不包括上期跨入报告期继续施工的房屋面积和上期停建、缓建，而在本期恢复施工的房屋面积。房屋的开工应以房屋正式开始破土刨槽（地基处理或打永久桩）的日期为准。

（9）平均建设周期，指某种类型的房地产开发项目从开工到竣工交付使用所占用的时间长度。在数值上，平均建设周期＝房屋施工面积÷新竣工面积。

（10）竣工房屋价值，指在报告期内竣工房屋本身的建造价值。竣工房屋的价值一般按房屋设计和预算规定的内容计算。包括竣工房屋本身的基础、结构、屋面、装修以及水、电、卫等附属工程的建筑价值,也包括作为房屋建筑组成部分而列入房屋建筑工程预算内的设备(如电梯、通风设备等)的购置和安装费用;不包括厂房内的工艺设备、工艺管线的购置和安装、工艺设备基础的建造、办公和生活用家具的购置等费用,购置土地的费用,迁移补偿费和场地平整的费用及城市建设配套投资。竣工房屋价值一般按结算价格计算。

2. 需求指标

(1) 国内生产总值,是按市场价格计算的一个国家(或地区)所有常住单位在一定时期内生产活动的最终成果。国内生产总值有三种表现形态,即价值形态、收入形态和产品形态。从价值形态看,它是所有常住单位在一定时期内生产的全部货物和服务价值超过同期投入的全部非固定资产货物和服务价值的差额,即所有常住单位的增加值之和;从收入形态看,它是所有常住单位在一定时期内创造并分配给常住单位和非常住单位的初次收入之和;从产品形态看,它是所有常住单位在一定时期内最终使用的货物和服务价值减去货物和服务进口价值。在实际核算中,国内生产总值有三种计算方法,即生产法、收入法和支出法。三种方法分别从不同的方面反映国内生产总值及其构成。

(2) 人口数,是指一定时点、一定地区范围内有生命的个人总和,包括常住人口和现有人口。其中,常住人口是指经常居住在这个地区的人口,现有人口是指在规定的标准时点下,在这个地区居留的人口。常住人口与一个地区的社会经济关系更为密切。

(3) 城市家庭人口,指居住在一起,经济上在一起共同生活的家庭成员。凡计算为家庭人口的成员其全部收支都包括在本家庭中。

(4) 就业人员数量,指从事一定社会劳动并取得劳动报酬或经营收入的人员数量,包括在岗职工、再就业的离退休人员、私营业主、个体户主、私营和个体就业人员、乡镇企业就业人员、农村就业人员、其他就业人员(包括民办教师、宗教职业者、现役军人等)。这一指标反映了一定时期内全部劳动力资源的实际利用情况,是研究国家基本国情国力的重要指标。

(5) 就业分布。指按产业或职业分类的就业人员分布状况。

(6) 城镇登记失业率,指城镇登记失业人员与城镇单位就业人员(扣除使用的农村劳动力、聘用的离退休人员)、城镇单位中的不在岗职工,城镇私营业主,个体户主,城镇私营企业和个体就业人员,城镇登记失业人员之和的比。

(7) 城市家庭可支配收入,指家庭成员得到可用于最终消费支出和其他非义务性支出,以及储蓄的总和,即居民家庭可以用来自由支配的收入。它是家庭总收入扣除交纳的所得税、个人交纳的社会保障费和记账补贴后的收入。

(8) 城市家庭总支出,指除借贷支出以外的全部家庭支出,包括消费性支出、购房建房支出、转移性支出、财产性支出、社会保障支出。

(9) 房屋空间使用数量,指按使用者类型划分的正在使用中的房屋数量。

(10) 商品零售价格指数,是反映一定时期内城乡商品零售价格变动趋势和程度的相对数。商品零售物价的变动直接影响到城乡居民的生活支出和国家的财政收入,影响居民购买力和市场供需的平衡,影响到消费与积累的比例关系。

(11) 城市居民消费价格指数,是反映一定时期内城市居民家庭所购买的生活消费品价格和服务项目价格变动趋势和程度的相对数。该指数可以观察和分析消费品的零售价和服务项目价格变动对职工货币工资的影响，作为研究职工生活和确定工资政策的依据。

3. 市场交易指标

（1）销售量，指报告期内销售房屋的数量，单位为建筑面积或套数。在统计过程中，可按物业类型、存量房屋和新建房屋分别统计。我国房地产开发统计中采用的是实际销售面积，指报告期已竣工的房屋面积中已正式交付给购房者或已签订销售合同的商品房屋面积。不包括已签订预售合同正在建设的商品房屋面积，但包括报告期或报告期以前签订了预售合同，在报告期又竣工的商品房屋面积。

（2）出租量，指报告期内出租房屋的数量，单位为建筑面积或套数。在统计过程中，可按房屋类型和新建房屋分别统计。我国房地产开发统计中的出租面积是指在报告期期末房屋开发单位出租的商品房屋的全部面积。

（3）吸纳量，指报告期内销售和出租房屋的数量之和。在实际统计过程中，可按销售或出租、存量房屋和新建房屋、不同物业类型等分别统计。

（4）吸纳率，指报告期内吸纳量占同期可供租售量的比例，以百分数表示，有季度吸纳率、年吸纳率等。在实际计算过程中，可按销售或出租、存量房屋和新建房屋、不同物业类型等分别计算。

（5）吸纳周期，指按报告期内的吸纳速度（单位时间内的吸纳量）计算，同期可供租售量可以全部被市场吸纳所需要花费的时间，单位为年、季度或月，在数值上等于吸纳率的倒数。在计算过程中，可按销售或出租、存量房屋和新建房屋、不同物业类型等分别计算。在新建商品房销售市场，吸纳周期又称为销售周期。

（6）预售面积，指报告期末仍未竣工交付使用，但已签订预售合同的正在建设的商品房屋面积。

（7）房地产价格指数，是反映一定时期内房地产价格变动趋势和程度的相对数，包括房屋销售价格指数、房屋租赁价格指数和土地交易价格指数。典型的如由标准普尔公司编制的、基于独户住宅的重复销售数据的凯斯-席勒指数，即是反映美国房屋销售价格的重要指标。理想的价格指数应该是基于同质物业的价格指数。我国目前的各类房地产价格指数，通常基于平均价格。

（8）房地产价格，指报告期房地产市场中的价格水平，通常用不同类型房屋的中位数价格表示。中国现有房地产价格统计，是基于各类物业平均价格的统计。

（9）房地产租金，指报告期房地产市场中的租金水平，通常用不同类型房屋的中位数租金表示。中国现有房地产租金统计，是基于各类物业平均租金的统计。

> **学习小贴士：我国房地产市场常见相关指标**
>
> （1）新建商品住宅销售价格环比指数。该指标为本地新建商品住宅单位建筑面积销售价格月度环比变化率，反映新建商品住宅价格变动情况，按月公布。
>
> （2）二手房销售价格环比指数。该指标为本地二手住宅单位建筑面积成交价格月度环比变化率，反映二手住宅价格变动情况，按月公布。
>
> （3）住房租赁价格同比指数。该指标为本地租赁住房单位建筑面积租金月度同比变化率，反映住房租金水平变动情况以及市场住房的真实需求，按月公布。

(4) 城市住宅地价动态监测环比指数。该指标为住宅出售时伴随的土地招拍挂出让价格与上一季度的比值，即本地住宅地价季度环比变化率，反映住宅地价变动情况，按季发布。

(5) 新建商品住宅销售面积同比增长率。该指标为本地当月销售新建商品住宅的合同总面积同比增长率，反映新房市场当前成交情况和居民购房需求，按月发布。

(6) 二手住宅成交面积同比增长率。该指标为本地当月成交二手住宅的合同总面积同比增长率，反映二手房市场当前成交情况和居民购房需求，能够预测房价变化，按月发布。

(7) 商品住宅新开工面积同比增长率。该指标为本地房地产开发企业当月新开工建设的商品住宅面积同比增长率，反映房地产市场的潜在供应和开发企业对未来市场的信心，能够预判房价变化，按月发布。

(8) 土地储备去化周期。该指标为未开工土地面积与新开工土地面积的比值，反映房企现有土地储备去化速度，按月发布。

(9) 房地产开发投资增速。该指标为本地房地产开发投资额同比、环比增长率，反映开发企业对未来市场的信心和目前投资热度，按月发布。

(10) 新建商品住宅库存消化周期。该指标为新建商品住宅库存面积与最近12个月平均销售面积的比值。反映新建商品住宅现有的库存水平和去化速度，按月发布。

(11) 常住人口同比增长率。该指标为本地当年常住人口同比增长率，反映本地常住人口变化和潜在住房需求情况，按季发布。

(12) 新增个人住房贷款与住房成交金额的比值。该指标为本地金融机构新投放的个人住房贷款额与同期住房成交总金额的比值，反映居民购房资金杠杆水平，按月发布。

(13) 新增个人住房贷款同比增长率。该指标为本地金融机构当月新投放的个人住房贷款额同比增长率，反映金融机构对个人住房消费或投资的支持情况，能够预判房地产市场需求趋势，按月发布。

(14) 新增房地产开发投资贷款比。该指标为新增房地产开发贷款与同期新增房地产开发投资额的比值，反映房地产开发投资中贷款比例，监测房地产企业杠杆水平，对房地产金融风险进行预警，按月发布。

(15) 全社会固定资产投资中房地产开发占比。该指标为本地房地产开发投资额与全社会固定资产投资的比值，反映投资结构是否合理的基础性指标，按月发布。

(16) 金融机构人民币各项贷款余额中房地产占比。该指标为本地房地产贷款余额与本市金融机构人民币各项贷款余额的比值，反映贷款投向房地产市场情况，按月发布。

(17) 房地产相关税收占地方一般公共预算收入的比值。该指标为本地房地产相关税收与同期地方一般公共预算收入的比值，反映地方财政对房地产相关税收的依赖程度，按月发布。

(18) 商品住宅本地购房者比例。该指标为居住地或工作地在本市的购买新建商品住宅、二手住宅人群数（商品住宅本地购房人群数）占全部购买人群数的比例，反映房地产市场的本地需求与市外预期，按月发布。

(19) 新建商品住宅销售结构比。该指标为不同面积区段的新建商品住宅销售面积比，反映新建商品住宅以刚需、改善为分类的结构情况，按月发布。

(20) 房价收入比。该指标是每户住房总价与居民家庭可支配年收入的比值。衡量商品房销售价格偏离其真实价值程度的良好指标，也是预测商品房价格未来走势的重要指标依据，按季发布。

(21) 居民偿付收入比。该指标为个人住房贷款余额与城镇居民可支配收入的比值，反映居民房贷偿债能力，预判金融信贷风险，按季发布。

复习思考题

1. 简述房地产与不动产、物业的共性与区别。
2. 简述房地产业在国民经济中的重要性。
3. 什么是房地产市场？
4. 房地产市场的运行环境包括哪些方面？
5. 房地产市场结构可以从哪些方面划分？
6. 简述房地产市场细分的方式。
7. 为什么存在房地产市场周期循环的现象？
8. 分析房地产市场状况指标间的关系。

第 3 章 房地产企业

本章内容提要

本章对房地产企业的概念与类型进行了介绍,并就国内房地产开发企业的设立与资质管理的相关法律法规予以总结,讨论了房地产开发企业常见的组织形式,并就房地产开发企业的目标制定与计划执行予以说明。本章主要要求学生掌握房地产企业的建构与管理相关知识,主要知识点如下:

房地产企业的概念与类型
房地产开发企业的设立与资质管理
房地产开发企业的组织结构
房地产开发企业的经营目标
房地产开发企业的计划制订

3.1 房地产企业的概念与类型

3.1.1 房地产企业的概念

所谓房地产企业,是指从事房地产开发、经营、管理和服务活动,并以营利为目的进行自主经营、独立核算的经济组织。房地产企业对输入的土地、原材料、人力资源、资本、技术、信息等资源,开展各种生产、管理、运营、技术投入等经营活动,将各种输入的资源转换输出为股东满意的财务结果、客户满意的产品和服务、员工满意的人事结果以及社区满意的信息。房地产企业通过其有效的经营活动,为社会提供各种有形产品和无形产品。有形产品包括各类房屋、构筑物,无形产品包括房地产咨询服务、中介代理服务、估价服务、物业管理服务、相关的房地产延伸服务。

房地产企业是房地产经济运行体的组成部分之一。受所经营产品和服务特殊性的影响,同其他行业的企业相比较,房地产企业有下述几方面特征:

首先,不管是房地产开发企业、中介服务企业,还是物业管理企业,它们的经营对象都是不动产,具有固定性和不可移动性。这种特性使房地产企业在经营活动中受其影响巨大,受周围环境的影响较大,经营绩效与所处区位状况关系密切。因为一般商品属于动产,具有实体的流动性,可以随时在地区之间,甚至是不同国家之间进行流动,因而通常面对的市场竞争范围比较大,在不受一国对外贸易政策、国家安全等贸易壁垒影响的条件下,竞争范围是世界性的,企业要根据国际市场的情况进行决策,国际市场环境发生变化会对这类企业产生直接的影响。而对于房地产企业来说,不动产不具有实体的流动性,房地产企业提供的产品不可能移动,相关的房地产服务也附着于固定的房地产上面,因此,其面对的市场竞争范围较小,主要是本地市场,当地市场的供求关系及其变化趋势对房地产企业的经营绩效至关重要。此外，由于房地产产品的价值量大，资产转移需要经过较长时间，从而使市场竞争关系无法充分展开，受制于此，房地产企业经营成功的关键在于把握当地市场的需求。

其次，无论房地产开发企业、房地产中介咨询服务企业还是物业管理企业，从其业务活动的性质来看，主要是提供某种服务。对房地产开发企业来说，在房地产开发企业从事经营活动过程中，即征地拆迁、土地开发、土地出让转让、房屋开发、房屋出售、出租、转租、房地产抵押以及房地产建设过程中必然产生大量谈判、协调、筹划等劳务以及相应的法律事务，这些是房地产开发企业经营活动的主要内容。对于房地产中介服务和物业管理企业来说，其服务性的特性就更加明显。房地产中介企业就是围绕房地产产品而进行的一系列咨询、筹划、代理和服务活动，沟通与房地产产品相关的各类信息，撮合买卖双方，节约交易各方的交易成本，并从节约的成本中获取佣金。物业管理企业实际上就是对房地产物业及其设施和周边环境进行管理并提供各种保安、保洁、维修和保养服务的企业。这种特性决定了房地产企业的服务态度和服务质量至关重要。

再次，房地产企业的经营活动需要密集的资金和人才。房地产开发企业的每个经营项目蕴含的价值量极大，需要大量资金的运筹，是一种资金密集型的企业。例如，房地产开发前期的安置补偿费用、前期工作中的勘察设计费用、可行性研究费用、建筑安装工程费用、财务费用、销售费用等。通常，完全依靠自有资金进行房地产开发的企业微乎其微，往往要依赖各种金融工具和金融手段。房地产业与金融业的密切联系带来了两个方面的结果，一方面，房地产企业需要大量资金为银行等金融机构提供了一种优良的投资渠道；另一方面，二者结合使整体经济的抗风险能力下降，一旦房地产价格下跌或者房地产企业经营不善，可能会造成金融体系动荡，进而危及整个国民经济的安全。所谓人才密集型是指在房地产开发、中介咨询、代理、物业管理过程中，需要大量的各种各样的专业人才，如建筑工程类、经济分析类、金融类等。房地产开发企业在实际经营活动中涉及建筑安装方面的技术知识，也涉及市场调研、项目管理、各专业领域协调等知识和技能，往往只有借助各类专业人员的协同合作才能完成房地产开发。对于普通房地产需求者而言，消费者与不从事房地产行业的企业无法在短时间内掌握与房地产相关的专业知识，通常在交易过程中要依赖这些专业人士的协助，这样就为专业化的中介服务企业提供了经营空间。

最后，房地产企业存在专业化和综合化发展两个趋势。一个房地产产品的生产，必须经历取得土地、寻找资金、施工建设、销售管理、售后服务的全过程。一个综合性房地产企业可以独立完成全部环节，每一个环节也可以由专业化房地产企业完成产品和服务，如土地开发、房屋建筑、房地产销售、资金运营、物业管理等专业化企业。

案例：美国帕尔迪房地产公司

作为美国三大房地产公司之一的帕尔迪房地产公司，在21世纪初期，曾是我国房地产企业的对标企业。1956年，帕尔迪公司正式成立，它最初的开发主要集中在美国底特律郊区比较大型的住宅项目和一些商业地产上。20世纪60年代，帕尔迪公司在施工设计和技术方面拥有了几项"第一"，比如带有未完成的"bonus space"的住宅设计，并开始建设带有它显著特色的"样板房"，奠定了帕尔迪公司房地产设计行业的领导地位。

1985年，帕尔迪公司实施了领先品质指标等一系列具有行业先导性的创新。截至2006年，该公司保持了40余年连续盈利的记录。

帕尔迪一直致力于形成低成本、高品质、大规模的建筑模式。帕尔迪学习丰田汽车的生产方式，力求提高自己的工厂化住宅生产水平；帕尔迪学习沃尔玛的供应链管理，致力于提高自己的大规模采购建筑材料和住宅设备的能力，与制造商密切合作；帕尔迪学习丽嘉酒店的客户服务，努力提高自己的客户服务水平，在住宅售前、售中和售后过程中赢得客户的满意。

帕尔迪在客户管理方面推行极致化、全覆盖的客户细分模型管理，把客户分为首次置业、首次换房、二次换房和长者置房4类，随后又扩展为11类，每个人或者家庭都可以从这11种客户细分中找到自己的位置。帕尔迪公司宣称："让客户信任我们，让他们终生都在购买我们的住房！"帕尔迪在1993年建立了客户满意度监测系统，通过这个系统可以同每一个客户进行沟通，然后持续地改进工作流程，以确保满足客户的需要。同时，帕尔迪甚至让客户服务人员直接参与到建造、销售等各个环节，及时针对客户的要求提供高质量的服务，帕尔迪创造了独特的"七步流程"确保客户参与到住宅建设的每一个关键环节，实现客户对新家的构想，七步流程让整个开发交易过程更加顺利。

帕尔迪的经营模式也曾获得了巨大的成功。2005年，公司收入达到历史最高的147亿美元，净利润达到14.4亿美元，雇员超过11000人。2006年次贷危机开始显现，受到整体市场衰退、公司存量增加、土地储备过多、销售和管理费用等多方面原因影响，公司从2007年度开始出现亏损，2009年4月8日，帕尔迪收购桑达克斯，直到2012年才恢复盈利。

资料来源：

慕凤丽. 万科的榜样：美国帕尔迪公司[M]. 北京：当代中国出版社，2008.

金顺. 万科标杆——比尔·帕尔迪和他的公司 为什么又是比尔[J]. 新财经，2005（4）：36-37.

3.1.2 房地产企业的类型

房地产企业的类型可以从两个角度划分。

第一，从经营内容和经营方式的角度划分，对房地产企业可以划分为房地产开发企业、房地产中介服务企业和物业管理企业等。

房地产开发企业是以营利为目的，从事房地产开发和经营的企业。主要业务范围包括城镇土地开发、房屋营造、基础设施建设，以及房地产营销等经营活动。这类企业又被称为房地产开发经营企业。此类企业经营活动的主要业务有：①土地的开发与经营。企业将有偿获得的土地开发完成后，既可有偿转让给其他单位使用，也可自行组织建造房屋和其他设施，然后作为商品作价出售，还可以开展土地出租业务。②房屋的开发与经营。房屋的开发指房屋的建造，房屋的经营指房屋的销售与出租。企业可以在开发完成的土地上继续开发房屋，开发完成后，可作为商品作价出售或出租。企业开发的房屋，按用途可分为商品房、出租房、周转房、安置房和代建房等。③城市基础设施和公共配套设施的开发。④代建工程的开发。代建工程的开发是企业接受政府和其他单位委托，代为开发的工程。

房地产中介服务企业包括房地产咨询企业、房地产价格评估企业、房地产经纪企业等。房地产咨询是指接受客户的委托,为其提供信息、资料、建议,或为其提供房地产专项研究、市场调查与分析、项目策划、项目可行性研究等服务,并收取费用的一种有偿的中介活动。我国的房地产咨询业可以为房地产投资者提供包括政策咨询、决策咨询、工程咨询、管理咨询等在内的各种咨询服务,也可为房地产市场交易行为中的客户提供信息咨询、技术咨询等中介服务。房地产价格评估是指以房地产为对象,由专业估价人员,根据一定的估价目的,遵循估价原则,按照估价程序,选用适宜的估价方法,并在综合分析影响房地产价格因素的基础上,对房地产在估价时点的客观合理价格或价值进行测算和判定的经营活动。房地产经纪是由房地产经纪人(个人或机构,统称经纪人,又称物业顾问)完成的促进房地产市场交易,顺利实现一系列居间、代理、行纪等中介活动,是以提取佣金为经营特征,为房地产买卖、交换、租赁、置换等提供信息及信托劳务工作的中介服务。

物业管理企业指以住宅小区、商业楼宇、大中型企事业单位等大型物业管理为核心的经营服务型企业。这类企业的业务范围包括售后或租赁物业的维修保养、住宅小区的清洁绿化、治安保卫、房屋租赁、居室装修、商业服务、搬家服务以及其他经营服务等。物业管理服务实质是对业主共同事务进行管理的一种活动,带有公共产品的性质。在物业管理区域内,物业服务企业要依照全体业主的授权,约束个别业主的行为,以维护全体业主的利益和社会公共利益。物业服务企业素质及管理水平的高低,直接影响到业主的生活和工作环境。

第二,从经营范围的广度划分,房地产企业可以划分为房地产综合企业、房地产专营企业和房地产项目企业。房地产综合企业是指综合从事房地产开发、经营、管理和服务的企业。房地产专营企业是指长期专门从事如房地产开发、租售、中介服务以及物业管理等某一方面经营业务的企业。房地产项目企业是指针对某一特定房地产开发项目而设立的企业。许多合资经营和合作经营的房地产开发公司即属于这种类型。项目企业是在项目可行并确立的基础上设立的,其生命期从项目开始,当项目结束时企业终了,这种组织形式便于经营核算,是房地产开发企业常用的一种形式。通过建立项目公司,将项目融资的债务风险和经营风险大部分限制在项目公司中。由于项目公司具有独立的主体资格,如果因项目的开发经营不善而资不抵债,项目公司可以依法宣布破产清算,不会影响到其他项目或者整个公司,从而得以将财务风险控制在一定的范围内。同时,在项目公司股权式的经营中,如果有新的投资者加入项目,不必重新划分项目资产,只要项目公司发行新股票或转让原有项目公司股份即可实现。同样,要转让土地或项目时,只要转让项目公司的股权即可,规避了土地的招拍挂程序。

3.2 房地产开发企业的设立与资质管理

任何企业的设立均应满足一定的条件,我国《中华人民共和国民法通则》及其他法律、法规对此均有详细的规定。房地产开发企业也不例外。根据《中华人民共和国城市房地产管理法》和《城市房地产开发经营管理条例》的规定,设立房地产开发企业应当具备以下条件。

(1) 有自己的名称和组织机构。任何房地产开发企业都必须有自己的名称,这是一家房地产开发企业与其他企业相区别的重要标志，也是设立房地产开发企业的一个必要条件。设立房地产开发企业，首先应当确定企业的名称，没有名称就不能得到社会的承认。

房地产开发企业的组织机构是对内管理企业事务，对外代表企业从事民事活动的机构的总称，是使企业的房地产开发和经营业务活动正常运行的重要保证。房地产开发企业的组织机构应依其形态的不同而有差异。一般来说，房地产开发企业的组织机构主要包括：

1）股东会（股东大会）。股东会（股东大会）是房地产开发公司的决策机构，即形成企业的意志、决定企业重大事务的机构，它是企业的最高权力机关。

2）董事会、经理。董事会是房地产开发公司的执行机构，即负责贯彻执行决策机关的决议、指示；经理是受董事会聘用，具体管理企业日常业务活动的人员。

3）监事会。监事会是房地产开发公司的监督机构，即对企业执行机构的活动进行监督（在房地产开发有限公司，如股东人数较少和规模较小的，可以不设监事会，而只设1~2名监事）。

（2）有固定的经营场所。房地产开发企业和任何一个企业一样，需有固定的经营场所。首先，房地产开发企业要有自己的经营场所，包括自有的或租赁的经营场所。其次，企业必须拥有固定的经营场所，有企业法人的固定地址，不能是流动性地从事生产经营活动。

（3）有符合中华人民共和国国务院规定的注册资本。房地产开发企业进行房地产开发经营活动必须拥有资本。注册资本的多少在一定程度上反映了企业的经济实力。为保证投资开发房地产的能力，房地产开发企业的注册资本必须适应房地产开发的规模，不得低于最低限额。《城市房地产开发经营管理条例》第五条规定了房地产开发企业须有100万元以上的注册资本。

（4）有足够的专业技术人员。房地产开发企业必须有足够的、具有相当水平的会计、统计、财务、营销等方面的经济管理人员和规划、设计、施工等方面的工程技术人员。根据《城市房地产开发经营管理条例》第五条的规定了房地产开发企业须有4名以上持有资格证书的房地产专业、建筑工程专业的专职技术人员，2名以上持有资格证书的专职会计人员。

（5）法律、行政法规规定的其他条件。《中华人民共和国城市房地产管理法》在规定了设立房地产开发企业必须具备以上四项条件的同时，还规定了一项条件，即法律、行政法规规定的其他条件。这样规定的目的是同其他法律、行政法规相衔接，如《中华人民共和国公司法》和《中华人民共和国公司登记管理条例》等。

根据《房地产开发企业资质管理规定》，房地产开发企业应当按规定申请核定企业资质等级。未取得房地产开发资质等级证书（以下简称资质证书）的企业，不得从事房地产开发经营业务。国务院住房和城乡建设行政主管部门负责全国房地产开发企业的资质管理工作；县级以上地方人民政府房地产开发主管部门负责本行政区域内房地产开发企业的资质管理工作。

房地产开发企业按照企业条件分为一、二两个资质等级。

1. 一级资质

（1）从事房地产开发经营5年以上。

（2）近3年房屋建筑面积累计竣工30万 m^2 以上，或者累计完成与此相当的房地产开发投资额。

(3) 连续 5 年建筑工程质量合格率达 100%。

(4) 上一年房屋建筑施工面积 15 万 m^2 以上，或者完成与此相当的房地产开发投资额。

(5) 有职称的建筑、结构、财务、房地产及有关经济类的专业管理人员不少于 40 人，其中具有中级以上职称的管理人员不少于 20 人，专职会计人员不少于 4 人。

(6) 工程技术、财务、统计等业务负责人具有相应专业中级以上职称。

(7) 具有完善的质量保证体系，商品住宅销售中实行了《住宅质量保证书》和《住宅使用说明书》制度。

(8) 未发生过重大工程质量事故。

2. 二级资质

(1) 有职称的建筑、结构、财务、房地产及有关经济类的专业管理人员不少于 5 人，其中专职会计人员不少于 2 人。

(2) 工程技术负责人具有相应专业中级以上职称，财务负责人具有相应专业初级以上职称，配有统计人员。

(3) 具有完善的质量保证体系。

房地产开发企业资质等级实行分级审批。新设立的房地产开发企业应当自领取营业执照之日起 30 日内，在资质审批部门的网站或平台提出申请备案事项，提交营业执照、企业章程、专业技术人员资格证书和劳动合同的电子材料。一级资质由省、自治区、直辖市人民政府建设行政主管部门初审，报国务院建设行政主管部门审批。二级资质由省、自治区、直辖市人民政府住房和城乡建设主管部门或者其确定的设区的市级人民政府房地产开发主管部门审批。

一级资质的房地产开发企业承担房地产项目的建设规模不受限制。二级资质的房地产开发企业可以承担建筑面积 25 万 m^2 以下的开发建设项目，承担业务的具体范围由省、自治区、直辖市人民政府建设行政主管部门确定。各资质等级企业应当在规定的业务范围内从事房地产开发经营业务，不得越级承担任务。经资质审查合格的企业，由资质审批部门发给相应等级的资质证书。资质证书有效期为 3 年。房地产开发企业的资质实行年检制度。对于不符合原定资质条件或者有不良经营行为的企业，由原资质审批部门予以降级或者注销资质证书。

3.3 房地产开发企业的组织

房地产开发企业为了达到企业的经营目标必须建立科学合理的组织机构，配备精明强干的人员，以便开展工作。机构的设置，应充分考虑企业的任务、规模、经营方式和专业化协同程度，从而最终达到提高工作效率，实现经济效益的目的。机构设置的原则一般来说，应遵循统一领导、分级管理，分工合理、相互配合，以经营为中心、以市场为导向，有利于实现企业的经营目标的原则，体现精简、高效的目标。

常见的房地产开发企业组织结构包括以下类型：

1. 职能型结构

职能型结构，通过设立各个权责明确的职权部门，职能领导者配备相应的下属人员，以集权化的方式纵向控制企业各个层级，使企业得以有效地运转。该种模式是企业的基本组织结构，是企业初具规模后采用最为广泛的一种组织形式，在中小型企业内被普遍采用。图 3-1 是房地产开发企业的职能型组织结构图。

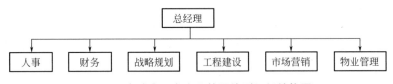

图 3-1 房地产开发企业的职能型组织结构图

职能型组织结构的优势在于：它鼓励职能部门内部形成规模经济，促进深层次技能提高，促进组织实现职能目标。以市场营销部门为例，该部门集合企业内部全部专业营销人员，在一起易于交流房地产营销知识和策划项目经验，同时根据公司整体规模、项目数量等配备部门策划总人数，发挥专业人员的最大效用。但是职能型组织结构存在的缺点也十分明显：各职能部门间缺乏横向沟通，跨部门的协作和沟通难度加大。例如，由于缺乏有效沟通，营销部门获得的一手市场资料不能转达给战略规划部门，导致战略规划部门明确的企业发展战略滞后于企业外部环境变化，阻碍企业发展；各职能部门专业分工，不利于从企业内部培养素质全面、能够领导整个企业的管理人才。

2. 矩阵型结构

矩阵型组织结构是将职能管理人员沿纵向排列，同时将负责独立项目的管理人员按横向排列，两者交叉形成矩阵架构。该种组织结构发展的推动力主要来自两个方面：一是房地产开发企业中的项目通常需要多个职能部门专家的合作，从节省人力成本角度而言，企业自然希望各个项目能够共享这些专家；二是企业中必须有一个机构或组织来负责整个项目的集成，能将人事、财务、工程建设、市场营销、物业管理等紧密结合起来，并且与客户保持密切的联系。矩阵型组织正是摆脱这种困境的一条途径，项目经理可以从相应的职能部门临时抽调所需的资源。图 3-2 是房地产开发企业矩阵型组织结构图。

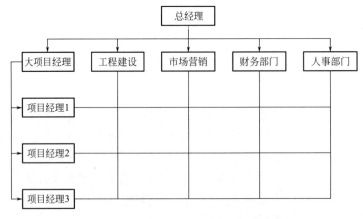

图 3-2 房地产开发企业矩阵型组织结构图

矩阵型组织结构的优点在于：①项目是工作的核心。由项目经理负责管理整个项目，负责在规定时间、预算范围内完成工作要求，可以克服缺乏领导者协调统一的缺陷。②项目人员是按照项目进度、项目规模从各职能部门临时抽调人员，大大减少了组织内部固定人员的数量，节约了人力资源成本。③当有多个项目同时进行时，房地产开发企业可以平衡资源，以保证各个项目都能完成其各自的进度及质量要求。企业可以在人员及进度上统筹安排，优化整个系统的效率，而不会以牺牲其他项目来满足个别项目的要求。当组织处于业务淡季时，也不会造成太多的人员浪费，承担过多的人力资源成本。

矩阵型组织结构的缺点在于：①人力资源在项目之间的流动虽然可以节约成本，但是却可能引起项目经理之间为了人才而进行斗争。人才是一个组织的基本保障，所以每个项目经理为了自己项目的成功都尽可能地挑选优秀的人才，特别是在同时进行多个项目时，人才战就不可避免了。②在实际操作过程中，项目经理很难区分自身与职能部门经理之间的职能分工。项目经理主管房地产建设项目的行政事务，职能部门经理主管项目的技术问题，但是对项目经理来说，在实际操作过程中，要将两者之间的职能区分清楚不是一件易事。如果一个项目经理不具备该种能力的话，那么项目的成功将遭到质疑。③项目部的成员至少有两个上级，即项目经理和部门经理，这违反了命令单一性原则。当两者之间的命令存在分歧时，会令执行者左右为难，无所适从。

3. 事业部组织结构

事业部组织结构是企业进一步发展、规模进一步扩大的产物，由美国通用汽车公司于20世纪20年代提出，被大型公司广泛采用。它的指导思想是集中指导下的分权管理，根据相对独立的市场、相对独立的利益给予相对独立的自主权。基本模式是依据所经营的产品的类型不同，把一个大型的公司划分为若干个独立的事业部门，每个部门根据产品实际情况制定发展战略，独立核算、自负盈亏。房地产开发企业的事业部组织结构图如图3-3所示。

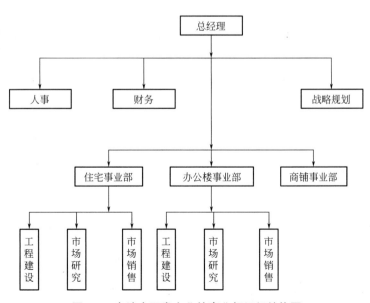

图3-3 房地产开发企业的事业部组织结构图

事业部组织结构是在职能型组织结构基础上扩展形成的，每个事业部内仍然是一个职能型组织结构。事业部组织结构的优点在于：①克服职能型组织结构部分不足。事业部经理负责领导一个自成系统、独立经营的企业，有利于内部培养全面发展的企业高级管理人才，为企业总部储备后备人才。②按照地产类型划分事业部，便于组织专业化管理，更好地发挥专业人员的特长，为顾客提供更高品质的地产。

事业部组织结构的缺点在于：①每个事业部都需要设置一套齐备的职能机构，导致机构重复、人员增多、费用增加，从而失去了职能部门内的规模经济。②各事业部独立核算、自负盈亏，往往只从本事业部角度考虑成本，忽视整个企业的利益，事业部和总部之间信息沟通不畅。

从以上的介绍可见几种组织结构各有优劣，企业必须根据实际情况选择适合的结构形式，不可以仅仅为了调整而调整。但当现行组织结构已经难以适应企业发展时，也要勇于改革，不能因循守旧，一成不变。

3.4 房地产开发企业的目标与计划

3.4.1 房地产开发企业的目标

经营目标是企业经营活动在一定时期内预期达到的成果，是企业经营发展策略的实际体现。对于房地产开发企业而言，其经营管理的重大问题之一，就是选择和确定企业的经营目标，使企业的一切经营活动都围绕经营目标开展。只有这样才能使开发企业的各项经营活动具有明确的目的性，使企业的经营具有主动性和自觉性，从而最终实现房地产开发企业经营活动的目的。

1. 房地产开发企业在制定其经营发展目标过程中，应考虑的一些因素

（1）企业经营的目的性。房地产开发企业的经营目标是企业经营目的的具体化，只有充分了解企业的经营目的，才能制定出企业完善的经营目标。房地产开发企业的经营目的一般反映在以下几方面：①满足社会对房地产产品的需求，具体包括：满足消费者对房屋产品的需求、为国家提供税收及就业机会、改善城市面貌与社会环境等社会方面的目的性。②满足企业经济方面的目的，具体包括：增加企业盈利、树立企业形象、促进企业的发展等。

（2）企业的经营能力。企业经营能力是房地产开发企业制定经营目标的先决条件。只有充分了解自身的长处和短处，方能扬长避短，制定出可行的经营目标。房地产开发企业的经营能力主要反映在以下几方面：①企业的生存能力，具体包括，企业的市场竞争能力（如销售额、市场占有率、企业信誉及产品质量等），市场应变能力（如信息反馈速度、决策能力等），盈利能力（如利润水平、劳动生产率的提高、管理水平的提高等）。②企业的发展能力，具体包括：企业的技术开发能力（如市场开拓、产品创新、管理技术的提高等能力），扩大再生产能力（如扩大企业经营规模的能力）。

除了企业经营的目的性、经营的能力之外，影响企业经营目标制定的因素还有企业所处的经营环境。其中既包括了企业所处的社会环境，也包括了经济环境，同时也存在一些气候、地理位置等自然环境的影响。因此，在制定企业经营目标过程中，应综合考虑上述各种因素的影响，制定出全面、完善、系统、科学的房地产开发企业经营目标体系。

2. 企业经营目标

与任何以盈利为目的的企业一样，房地产开发企业的经营目标也是要兼顾企业的经济效益、社会效益、环境效益，最大限度地利用企业人力、物力、财力，最终实现企业的营利。在这样一个企业经营的总目标前提下，企业经营的具体目标内容，可以细分为下述几方面：

（1）企业为社会的贡献目标。一般包括企业为社会提供的房屋数量、质量，提供的服务范围，以及提供的多种类型的服务项目等。

（2）企业成长目标。表明房地产开发企业进步和发展水平的目标，具体包括以下内容：销售额及其增长目标、资产总额及其增长目标、利润额及其增长目标、开发量及开发经营范围目标。

（3）企业竞争目标。表明房地产开发企业竞争能力、市场占有能力、开拓新市场能力的目标。具体包括以下内容：市场占有率目标、产品质量目标、服务能力及质量目标、产品价格目标。

（4）企业素质目标。表明经过培训、教育，企业员工的文化、技术业务素质的提高。包括人才开发目标、技术改造目标等。

3. 房地产开发企业经营目标的管理

房地产开发企业根据企业的外部环境及自身能力，制定出企业的经营目标，然后应进一步按照一定程序，将目标落实到企业内部横向和纵向的各个部门，通过各个部门的共同努力，最终实现企业的经营发展目标。

房地产开发企业的经营目标管理一般按照以下程序进行：

（1）经营目标的分解。企业经营目标的分解，就是把企业总体经营目标逐层分配给企业的各层次及其职能部门和项目部门，使其在一定期限内都有明确的发展目标，从而最终实现房地产开发企业的经营总目标。房地产开发企业的经营目标一般可按三个方面进行分解：其一是纵向分解，即将目标按企业决策层、中间管理层、作业层展开，使纵向各层次均有明确的任务。其二是横向分解，即将各种目标落实到各职能部门，使各职能部门均具有明确的任务。其三是时序展开，即按时间把企业经营目标分解为年度目标、季度目标和月度目标。总之，企业经营目标的分解，就是要把目标分解到企业内最小的可控单位和个人，以利于目标的执行、控制和实现。

（2）确定目标责任。企业经营总目标的分解，明确了企业各个层次、各个部门在一定时期希望达到的目的。为便于执行和落实目标，应进一步将目标落实到人，确定目标责任和目标责任人。由于在前述的目标内容中，每一系列的目标均有其重点（如企业成长目标系列的重点是利润目标），故而在落实目标责任过程中，应抓住重点管理对象，解决企业目标管理的重点问题。

（3）落实和执行企业各方面的目标。企业经营目标的分解及目标责任的确定，目的是便于企业各部门及相关的责任人落实和执行企业经营的总目标。在落实和执行企业的经营目标过程中，应注意落实各个层次目标管理责任制，明确目标的具体内容及检查标准，制定实现目标的措施和手段，从而使企业经营目标在各个管理层次和管理跨度上得以认真落实和执行。

（4）对目标实施结果进行考核。企业经营目标的考核与评价，是实现目标管理的一个重要环节。没有目标的考核和评价，企业的目标管理将流于形式，同时也不便于总结经验、比较差距，难以进一步提高企业的经营管理水平。进行企业经营目标实施结果的考核，应按部门、责任人各个层次制定出相应的考核标准。标准的制定应参考同行业先进的经营管理水平，以便各个部门和人员发现自身管理水平的不足以及自身的优势，从而进一步明确自己的奋斗目标。企业经营目标实施结果的评价，实际上是对企业总体经营效果的评价，需要科学、系统、全面地制定出企业经营效果评价的指标体系，并采取科学方法进行评价，从而使经营者全面了解企业的经营效果如何，以及企业未来的发展目标与方向。

在房地产企业经营过程中，出现下列情况时，就有必要对房地产企业经营目标适时进行调整。一是前期制定的目标在实施过程中发现偏差或错误，如发现目标在现有条件下无法实现或前期制定目标的决策者失误等。二是房地产企业外部环境发生变化并对目标实现产生足够影响，如国家出台相关政策，对前期目标产生足够影响。三是房地产企业内部条件发生变化并对目标实现产生足够影响，如企业的发展战略发生改变，则经营目标也要随之变化。

在调整房地产企业经营目标时，需要对影响房地产企业的因素进行分析和论证，在分析和论证的基础上，调整房地产企业的经营目标。一般而言，调整的步骤如下所述：

（1）收集信息。收集对房地产企业有影响的信息，如房地产企业前阶段经营业绩情况、国家出台的相关政策等，以利于找出调整经营目标的因素。

（2）分析。找出相关问题之后，对影响因素进行分析，对前期制定的目标有多大影响，利于调整经营目标的幅度。

（3）论证。对调整的幅度进行可行性论证，确保调整后经营目标的实际可执行性。

（4）决策。对调整的经营目标进行反复论证后，制定出要调整的房地产经营目标的方针。

3.4.2 房地产开发企业的计划

房地产企业经营计划是以提高企业经济效益为中心，以企业的经营活动为对象的计划安排，它是以市场为导向，由实现企业经营目标的多种计划组成的综合计划体系，是企业在计划阶段内进行生产经营活动的奋斗目标及行动纲领。这个概念表明：房地产企业经营计划编制的主要依据是市场需求，计划编制要求充分利用企业资源，以实现最大的经济效益，它以企业经营活动为对象，包括房地产开发与房地产经营。

从时间上来看，计划可以分为长期计划和短期计划。长期计划与战略决策对应，因此也称为战略计划，它描述了企业在较长时期（一般为五年以上）的发展方向和方针，规定了企业各个部门及人员在较长时间内从事某种活动应该达到的目的和要求，确定了企业发展远景目标。短期计划是指企业各个部门及人员在短时期内（一般为年度）应该从事何种活动及应该达到的要求，也为企业各个部门及人员的行动提供了依据。因此，房地产企业经营计划的内容就分为两大部分：一是房地产企业长期经营计划内容；二是房地产企业短期经营计划内容。

房地产企业长期经营计划是在依据国家社会经济发展政策、行业发展规划、市场信息、技术发展趋势及企业自身素质的基础上编制而成，一般而言，其基本内容包含以下4个方面：

(1) 企业生产发展规划。包括企业未来主要经营业务，开发各类物业类型的比例、各类物业类型在市场中的占有率，企业的产值、净产值、利润和纯收入水平，以及其他的技术经济指标。

(2) 企业发展规模规划。在企业生产发展规划的基础上制订出企业发展规模规划，包括企业固定资产总值、企业在行业中的影响力、企业人员数量和素质及技术水平。

(3) 企业人员培训规划。企业人员技术水平、文化素质在规划期内要达到的程度，培养各类人才的比例，以及要采取的措施和需要的条件等。

(4) 企业某些重要或专门性问题的规划。例如，某些企业针对BIM、装配式建筑、工业化制造等新技术成立的技术研究中心，以确保企业在技术方面的领先地位，为客户提供差异化产品。

> **案例：万科住宅产业化研究基地**
>
> 为响应国家对住宅产业升级的号召，万科于2006年8月在松山湖获取了万科住宅产业化研究基地一期用地，并于当年年底注册成立了东莞市万科建筑技术研究有限公司。从此万科开始了技术成果转化为实践的住宅产业化推广应用进程。万科住宅产业化研究基地规划用地200亩，由实验区、生产研究区、设备实验区、景观研究区、展示接待中心、内装研究区、辅助功能区等主要部分构成。基地将建设成为国际领先的绿色生态基地，真正实现集合零碳、零能耗、零污水排放、零垃圾排放的最高生态目标。万科住宅产业化研究基地是万科住宅产业化技术及产品研发、培训的平台，也是万科推进住宅产业化的合作伙伴、建立企业联盟的依托。基地联合国内外知名企业、大学及研究机构建设运营住宅产业化技术体系，推广应用规划所需的基础设施、研究所、实验楼、实验室；并将展示万科在工业化住宅建造技术、绿色生态等方面的研究进程、技术总结以及万科所秉持的技术观，并对客户所关心的住宅产品品质进行介绍和展示。
>
> 资料来源：东莞松山湖高新技术产业开发区管委会官网，ssl.dg.gov.cn.

房地产企业短期经营计划是在企业长期计划要求及各项技术经济指标的基础上，依据近期市场研究资料、相关部门政策、上年度经营计划的有关资料编制而成。其基本内容主要包含以下两大部分：

(1) 生产经营综合计划。这个计划是长期经营计划的年度具体化和数量化，它主要确定了房地产企业在该年度应该实现的各项技术经济指标，如商品房销售收入、商品房销售面积、竣工及交付使用面积、营业外收入、实现利润、上缴税金、利润额及销售利润率等。

(2) 专业计划。专业计划是依据生产经营综合计划编制，它是将年度计划转化为生产计划的执行性计划，包括材料供应计划、财务计划、成本计划及技术组织措施计划等。房地产企业经营计划执行的基本要求就是企业各个部门人员按主要指标及非指标性目标按时完成经营计划，建立正常的企业活动秩序，保证业务稳步、健康发展。因而，经营计划的执行取决于企业各个部门及人员的积极性和执行力。

复习思考题

1. 简述房地产企业的特征。

2. 我国房地产企业为什么倾向于建立项目公司的形式从事房地产开发？
3. 简述我国房地产企业的类型。
4. 简述房地产开发企业资质管理。
5. 分析房地产开发企业组织结构设计的发展趋势。

第4章 房地产开发程序

本章内容提要

本章将房地产开发过程分为四个阶段、八大步骤，详细介绍了每一阶段的工作内容与关键节点，并专门介绍了住宅地产与商业地产在开发阶段上的差异。本章的作用在于清晰地认识房地产开发的全过程，并为后续章节中某一阶段工作的详细阐述奠定基础。通过本章的学习，应掌握以下专业知识点：

房地产的阶段与步骤的划分
房地产开发中住宅与商业物业开发阶段的差异
房地产开发的投资决策与机会选择
房地产开发的前期工作
房地产开发的建设管理
房地产经营与物业服务

4.1 房地产开发程序概述

房地产开发活动的复杂化使得越来越多的专业人士与开发商共同工作，从而加速了房地产开发专业队伍的发展壮大。然而，无论开发活动变得多么复杂或是开发商变得多么精明，都必须遵循房地产开发过程的基本步骤。

开发商自有投资意向开始，至项目建设完毕，出售或出租并实施全寿命周期的物业资产管理，大多遵循一个合乎逻辑和开发规律的程序。该程序通常分为八个步骤、四个阶段。房地产开发的八个步骤包括：

(1) 提出投资设想。开发商在对当地经济社会及房地产市场有比较深入的了解，占有大量市场信息的基础上，寻找需要满足的市场需求，探讨投资可能性，对各种可供选择的投资机会进行筛选，在头脑中快速判断其可行性。

(2) 细化投资设想。开发商从土地出让或转让市场上，选择出实现其初步投资设想的开发建设用地，与潜在的租客、业主、银行、合作伙伴、专业人士接触，做出初步规划设计方案，探讨获取开发用地的方式和可行性。

(3) 可行性研究。开发商自己或委托顾问机构进行正式市场研究，分析市场供求关系，估算市场吸纳率，根据预估的成本和价格进行可行性研究，就有关开发计划与政府有关部门沟通，从法律、技术和经济等方面综合判断项目可行性，并依此做出投资决策。

(4) 获取土地使用权。没有可供开发建设的土地，任何开发投资方案和决策都是纸上谈兵。开发商可以通过土地出让和转让两个市场获取土地使用权。如果拟开发地块是政府正在进行招拍挂出让的土地，开发商就必须参与政府土地出让招拍挂活动，通过与其他开发商的公开竞争，获取开发建设用地的土地使用权。如果拟开发地块是政府已经出让的地块，就需要与当前的开发商谈判土地使用权转让事宜，通过收购公司股权或合作开发等方式，来获取土地使用权。

（5）合同谈判与协议签署。开发商根据市场研究中得到的客户需求特征确定最终设计方案，开始合同谈判，得到贷款书面承诺，确定总承包单位，确定租售方案，获得政府建设工程规划许可和开工许可。之后，签署正式协议或合同，包括合作开发协议、建设贷款协议和长期融资协议、工程施工合同、保险合同和预租（售）合同等。

（6）工程建设。开发商根据预算进行成本管理，批准市场推广和开发队伍提出的工程变更，解决建设纠纷，支付工程款，实施进度管理。

（7）竣工交付。开发商组织物业管理队伍，进行市场推广和租售活动，政府批准入住，接入市政设施，小业主或租客入住，办理分户产权证书、偿还建设贷款，长期融资到位。

（8）物业资产管理。委托专业物业管理，进行更新改造和必要的市场推广工作，以延长物业资产的经济寿命，保持并提升物业资产价值，提高资产运行质量。

将上述八个步骤可归纳为房地产开发过程的四个阶段，即投资机会选择与决策分析阶段、前期工作阶段、建设阶段和租售阶段。房地产开发基本流程如图4-1所示。

当然，房地产开发的阶段划分并不是一成不变的，实际的开发过程也很难沿直线一步一步地向前进行。上述开发步骤和阶段的划分只是帮助了解开发程序、少走弯路，不可能完全模拟开发商头脑中时常变化的开发过程，更不可能完全模拟开发商与其合作伙伴之间经常不断地谈判所导致的工作步骤变化。但无论顺序怎样变化，这些阶段能基本上概括大多数居住物业、商业物业及工业物业开发项目的主要实施步骤。

案例：住宅地产与商业地产开发流程的区别

我国住宅开发商背景的企业在商业地产开发中表现为：开发程序上沿用"拿地—规划、设计—施工—贷款—销售—营业"的住宅开发模式，由于没有有效地同商业对接，造成商业与地产的严重脱节。商业地产比住宅更加复杂，专业性要求更高，并且对企业的资金要求、运营能力要求更高。

住宅开发的理论基础是产品供需理论，商业开发遵循投资理论。住宅的本质是商品，商业的本质是有长期收益权的金融工具——住宅定位的依据是供需理论，商业定位的依据是投资和金融理论。商业定价的直接依据是租金及其预期上升空间，是和住宅不同的定价模型。住宅是资产定价模型，而商业是市场供需模型；商铺售价的定价基础是租金，租金有上升空间，售价才会有上升空间。

住宅开发更多地关注购买者的居住需求，商业地产则需要兼顾投资者与商家的双重需求。投资者包括个人投资者与机构投资者。个人投资者对商铺等类型更感兴趣，机构投资者往往对整体运营的写字楼意向较高。商业地产的最终使用者是商家，商家经营的好坏决定持有型商业的收益，不同业态商家的组合可以有效分享人流，增大收益。

商业地产内部各种业态对商铺的要求具有不可替代性，商业地产的规划设计必须在招商的基础上进行并伴随着整个招商过程，才能避免因规划设计不当带来的投资损失。业态组合纷繁复杂，规划设计如何满足商家要求，确保商家利益最大化，进而确保开发

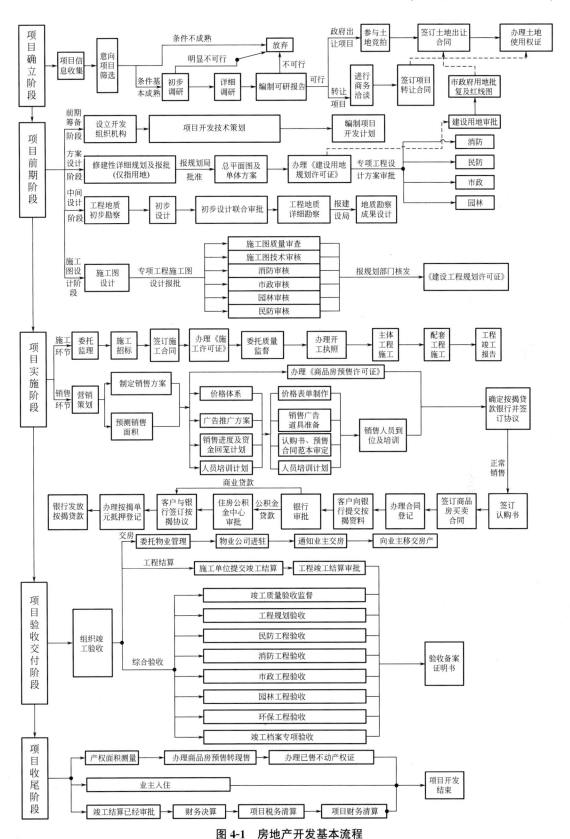

图 4-1 房地产开发基本流程

项目各种人流、物流、水平及垂直交通、消防疏散的组织相当烦琐；在满足功能要求的前提下，如何满足未来大量商家的需求（特别是可视性和可达性）以获得最大的商业利益，进而为发展商获得最大的出租和出售回报，是规划设计至关重要的问题。

总之，从流程看（图4-2），商业地产项目的选址过程更严谨，商业地产的调研比住宅复杂，商业地产开发定位比住宅开发定位更系统化，商业地产的推广比住宅的推广更具有针对性，商业地产开发比住宅开发更重视运营与管理环节。

资料来源：《商业地产开发中商业与地产脱节问题探究》

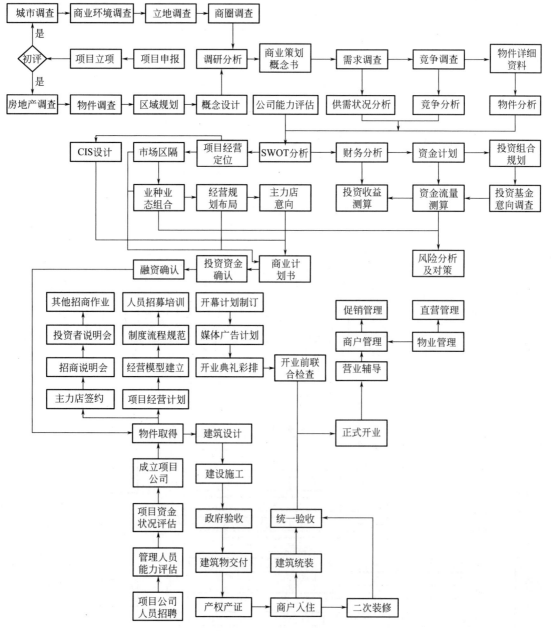

图4-2 商业地产开发流程

4.2 房地产开发程序的主要内容

4.2.1 投资机会选择与决策分析

投资机会选择与决策分析是整个开发过程中最为重要的一个环节，类似于通常所说的项目可行性研究。所谓投资机会选择，主要包括投资机会寻找和筛选两个步骤。在机会寻找过程中，开发商往往根据自己对某地房地产市场供求关系的认识，寻找投资的可能性，亦即通常所说的"看地"。此时，开发商也许面对几十种投资可能性，对每一种可能性都要根据经验和投资能力，初步判断其可行性。在机会筛选过程中，开发商将其投资设想落实到一个具体的地块上，进一步分析其客观条件是否具备，通过与土地当前的拥有者或使用者、潜在的租客或买家、自己的合作伙伴以及专业人士接触，提出一个初步的方案，如认为可行，就可以购买土地使用权或签订有关合作的意向书。

投资决策分析主要依据项目可行性研究展开。房地产项目可行性研究的根本目的是实现项目决策的科学化、民主化，减少或避免投资决策的失误，提高项目开发建设的经济、社会与环境效益。在投资决策初期，房地产项目按研究方向主要有下述 4 个方面：

（1）宏观经济信息。包括政策法规、房地产指数、城市规划、区域人口特征、基础设施等基本状况。通过对宏观市场信息的分析，了解房地产市场的现状及动态。相关市场信息包括金融市场、业界动态等与房地产有直接或潜在关系的信息，以预测房地产市场发展前景。

（2）房地产产品研究。在售楼盘资料统计，包括本地所有的房地产项目数据库资料，市场供应量、价格、户型特点、装修情况、新技术、新工艺、新材料的使用情况等各方面的统计分析。区域市场分析，根据数据库资料对特定区域市场进行定量分析，研究典型案例，对区域市场特点进行分析。楼盘汇总分析，阶段性对楼盘进行统计分析，追踪市场发展方向。

（3）消费需求趋势研究。主要针对消费者对某类房地产的总需求量以及房地产需求的发展趋势的研究。主要包括需求动机、购买行为以及需求影响因素的研究，这些研究将作为开发商把握需求动态的依据，并以此开发出新的产品。

（4）品牌研究。房地产企业品牌形象的塑造会对产品销售产生积极的促进作用。房地产开发商正逐步重视品牌的建设，而品牌研究将成为品牌建设的基础。

房地产项目可行性研究的主要内容一般包括：①项目概况；②开发项目用地的现场调查及拆迁安置；③宏观经济环境分析、项目所在地房地产市场状况分析、项目所在板块市场研究与建设规模的确定；④规划设计影响；⑤资源供给及资本运作方案；⑥环境影响与环境保护；⑦项目开发模式、组织机构、岗位需求、管理费用的研究；⑧开发建设节点计划；⑨项目经济及社会效益分析；⑩结论及建议。

其中，房地产项目经济效益分析是开发商评判项目是否值得投资的关键，一般涉及 4 个方面：①房地产项目的投资概算，包括土地费用、工程开支、财务成本、营销开支等；②财务数据的选定与预测，包括销售收入、项目管理费用、增值税与所得税缴纳、土地增值税等；③项目盈亏能力分析，包括内部收益率、净现值、净现值率等；④项目不确定性分析，包括盈亏平衡分析、敏感性分析等。

房地产项目可行性研究的工作阶段可初步分为3个阶段：

（1）投资机会研究。该阶段的主要任务是对投资项目（主要是土地）进行初步摸底及意向性谈判，并对投资项目与投资方向提出建议，即在一定的地区和部门内，以自然资源和市场调查预测为基础，寻找最有利的投资机会。投资机会研究相对粗略，主要依靠笼统的估计而非详细的分析。如果机会研究认为可行的，就可以进行下一阶段的工作。

（2）初步可行性研究，亦称"预可行性研究"。在机会研究的基础上，进一步对项目建设的可能性和潜在效益进行论证分析。

（3）详细可行性研究，即通常所说的可行性研究。详细可行性研究是开发建设项目投资决策的基础，是分析项目在技术、财务、经济上的可行性后做出投资决策与否的关键步骤。

4.2.2 前期工作

当通过投资决策确定了具体的开发地点与项目之后，在购买土地使用权和开发项目建设过程开始以前还有许多工作要做，这主要涉及与开发全过程有关的各种行政审批及合同的谈判与签约。通过初步投资分析，开发商可以找出一系列必须在事先估计的因素，在购买土地使用权和签订建设合同之前，必须设法将这些因素尽可能精确地量化。这样做的结果，可能会使初步投资决策分析报告被修改，或者在项目的收益水平不能被接受时，被迫放弃这个开发投资计划。

在初步投资决策分析的主要部分没有被彻底检验之前，开发商应尽量推迟具体的实施步骤，比如购买土地使用权等。当然，将所有影响因素彻底弄清楚以后，再购买土地是最理想的，如果在激烈的市场竞争条件下，为抓住有利时机很难做到这一点时，开发商也应对其可能承担的风险进行分析与评估。

前期工作的内容主要包括以下几个方面：

（1）分析拟开发项目用地的范围与特性，规划允许用途及获益能力的大小。

（2）获取土地的使用权。

（3）规划设计及建设方案的制定。

（4）与城市规划管理部门协商，获得规划部门许可。

（5）施工现场的水、电、路和场地平整及市政设施接驳的谈判与协商。

（6）安排短期和长期信贷。

（7）对拟建中的项目寻找预租（售）的客户，对市场状况进行进一步的分析，初步确定目标市场、租金或售价水平。

（8）对开发成本和可能的工程量进行更详细的估算。

（9）对承包单位的选择提出建议，也可与部分承包单位进行初步洽商。

（10）开发项目的保险事宜洽谈。

在以上工作中，取得《国有土地使用证》《建设用地规划许可证》《建设工程规划许可证》《建筑工程施工许可证》是关键性的节点工作，需要对其工作内容详细掌握。

1. 《国有土地使用证》

土地证书是土地使用者、所有者和土地他项权利者持有的法律凭证。我国的土地证书主要有四种：《国有土地使用证》《集体土地所有证》《集体土地使用证》《土地他项权利证明书》。其中《国有土地使用证》是房地产开发企业使用国有土地的法律凭证，受法律保护。《国有土地使用证》由各地的自然资源主管部门负责核发。房地产开发企业，通过划拨、出让（协议、招标、挂牌和拍卖）取得国有土地使用权，签订国有土地使用合同，并缴纳相应的土地出让金后，自然资源主管部门颁发《国有土地使用证》。

房地产开发企业所取得土地的规划设计条件由《建筑工程规划意见书》确定。自然资源部门通过划拨、出让国有土地前，需由城市规划主管部门，对将出让的地块确定建设用地红线范围、建设地块面积、建设规模、建设容积率、用途等相关规划设计条件，核发《建筑工程规划意见书》，作为土地招标、挂牌和拍卖出让文件的一部分。《建筑工程规划意见书》主要是城市规划部门根据建设用地的情况，提出规划设计要求的一种行政许可文书，一般包括如下要求：规划土地使用要求（建筑规模、容积率、建筑高度、绿地率等），居住建筑（含居住区、居住小区、居住组团）的公共服务设施配套要求，建设项目与退让用地边界、城市道路、铁路干线、河道、高压电力线等距离要求，建筑风貌的要求，其他相关城市建设法规要求。

2.《建设用地规划许可证》

《建设用地规划许可证》是建设单位在向土地管理部门申请征用、划拨和使用土地前，经城市规划行政主管部门确认建设项目位置和范围符合城市规划的凭证，也是建设单位用地的法律凭证。《建设用地规划许可证》是为了确保土地利用符合城市规划，维护建设单位按照城市规划使用土地的合法权益。没有此证的用地单位属非法用地，房地产商如无此证，不能领取房地产权属证件。

已取得土地出让合同的，受让方应当持出让合同依法向城市规划行政主管部门申请《建设用地规划许可证》。在取得《建设用地规划许可证》后，方可办理土地使用权属证明。

《建设用地规划许可证》由各地的城市规划行政主管部门负责核发。各地城市规划行政主管部门办理《建设用地规划许可证》的程序略有不同，但大致程序如下：

（1）申请人（建设单位）提交申报材料。一般包括申报委托书、申报表、规划意见书及附件、国有土地使用权招标拍卖挂牌出让成交确认书、国有土地使用权出让合同、建设用地地形图及法律、法规、规章规定要求提供的行政许可文件等。

（2）受理申报资料。城市规划行政主管部门按照受理条件的标准初步审核申请人提交的申报材料。资料齐全、规范、有效、符合法定形式的，及时收取申请人申报材料，填写《建设用地规划许可证收件表》，加盖受理专用印章后交申请人。对申报材料不齐全或不符合法定形式的，应将需要补正的材料一次性书面告知申请人。

（3）审查申报资料。城市规划行政主管部门对申报资料进行形式审查和实体审查。形式审查主要是审查所有申报材料是否符合要求。实体审查主要是指对建设用地的性质、建设用地及代征城市公共用地范围和面积等法律、法规、规章中要求审查的内容进行审查。

（4）作出是否许可决定。城市规划行政主管部门对经审查符合标准的，依法作出准予行政许可的决定，填写齐全审批流程表后，将核发的准予行政许可文件及相关材料转交受理部门统一制作正式文件。对经审查不符合审查标准的，依法作出不予行政许可的决定，填写齐全审批流程表后，将不予行政许可的文件，包括不予行政许可的理由及相关材料转交受理部门统一制作正式文件。

（5）颁发《建设用地规划许可证》。对经审查准予行政许可的决定，在15个工作日内完成制证并告知申请人，许可证件加盖城市规划行政主管部门行政印章。对不予行政许可的，要在法定的工作日内制作完成不予行政许可的决定并告知申请人，加盖城市规划行政主管部门行政印章。

3. 《建设工程规划许可证》

《建设工程规划许可证》是有关建设工程符合城市规划要求的法律凭证，是建设单位建设工程的法律凭证，是建设活动中接受监督检查时的法定依据。没有此证的建设单位，其工程建筑是违章建筑，不能领取房地产权属证件。

在城市规划区内新建、扩建和改建建筑物、构筑物、道路、管线和其他工程设施，必须持有关批准文件向城市规划行政主管部门提出申请，由城市规划行政主管部门根据城市规划提出的规划设计要求，核发建设工程规划许可证。建设单位或者个人在取得建设工程规划许可证和其他有关批准文件后，方可申请办理开工手续。

《建设工程规划许可证》由各地的城市规划行政主管部门负责核发。各地城市规划行政主管部门办理《建设工程规划许可证》的程序略有不同，大致程序如下：

（1）申请人（建设单位）提交申报材料。一般包括申报委托书、申报表、设计方案审查意见、自然资源主管部门批准用地的文件、具有资质的设计单位绘制的建设工程施工图、城市建设工程办理竣工档案登记表、招标投标主管部门签署意见、勘察设计中标通知书及法律、法规、规章规定要求提供的行政许可文件，如园林绿化、环境、消防、人防及交通等相关部门的审批意见。

（2）受理申报资料。城市规划行政主管部门按照受理条件的标准对申请人提交的申报材料进行初步审核。资料齐全、规范、有效、符合法定形式的，及时收取申报人申报材料，填写《建设工程规划许可证收件表》，加盖受理专用印章后交申请人。对申报材料不齐全或不符合法定形式的，应将需要补正的材料一次性书面告知申请人。

（3）审查申报资料。城市规划行政主管部门对申报资料进行形式审查和实体审查。形式审查主要是审查所有申报材料是否符合要求。实体审查主要是指对申报图纸的用地范围与规划确定的范围一致、建设项目的性质、容积率、建筑高度、建筑密度、绿地率、停车位数量及建筑间距等法律、法规、规章中要求审查的内容进行审查。

（4）作出是否许可决定。城市规划行政主管部门对经审查符合标准的，依法作出准予行政许可的决定，填写齐全审批流程表后，将核发的准予行政许可文件及相关材料转交受理部门统一制作正式文件。

（5）颁发《建设工程规划许可证》。对经审查准予行政许可的决定，在15个工作日内完成制证并告知申请人，许可证件加盖城市规划行政主管部门行政印章。不予行政许可的，要在法定的工作日内制作完成不予行政许可的决定并告知申请人，加盖城市规划行政主管部门行政印章。

4. 《建筑工程施工许可证》

《建筑工程施工许可证》是建筑施工单位符合各种施工条件、允许开工的批准文件，是建设单位进行工程施工的法律凭证，也是房屋权属登记的主要依据之一。没有施工许可证的建设项目均属违章建筑，不受法律保护。当各种施工条件完备，建设单位应当按照计划批准的开工项目向工程所在地县级以上人民政府住房和城乡建设行政主管部门办理《建筑工程施工许可证》。未取得此证的单位不得擅自开工。申请办理《建筑工程施工许可证》，一般程序如下：

（1）建设单位在开工前应当依照相关规定，向工程所在地的县级以上人民政府建设行政主管部门申请领取《建筑工程施工许可证》。

（2）应具备相应的条件，所提交相应的证明文件资料有：已经办理该建筑工程用地批准手续；在城市规划区的建筑工程，已经取得《建设工程规划许可证》；施工场地已经基本具备施工条件，需要拆迁的，其拆迁进度符合施工要求；已经确定施工企业；有满足施工需要的施工图纸及技术资料，施工图设计文件已按规范规定完成审查；有保证工程质量和安全的具体措施；按照规定应该委托监理的工程已委托监理；建设资金已经落实；法律、行政法规规定的其他条件。

（3）建设行政主管部门对于符合条件的，应当自收到申请之日起15日内颁发《建筑工程施工许可证》。对于证明文件不齐全或者失效的，应当限期要求建设单位补正，审批时间可以自证明文件补正齐全后相应顺延。对于不符合条件的，应当自收到申请之日起15日内书面通知建设单位，并说明理由。

建筑工程在施工过程中，建设单位或者施工单位发生变更的，应当重新申请领取《建筑工程施工许可证》。建设单位申请领取《建筑工程施工许可证》的工程名称、地点、规模，应当与依法签订的施工承包合同一致。

上述工作完成后，对项目应再进行一次财务评估。因为前期工作需要花费一定时间，而决定开发项目成败的经济特性可能发生了变化。所以，明智的开发商一般在其初始投资分析没有得到验证，或修订后的投资分析报告还没有形成一个可行的开发方案之前，通常不会轻举妄动。通过市场机制以招标、拍卖或挂牌方式获取土地使用权时，土地的规划使用条件已在有关"公告""文件"中列明（如容积率、覆盖率、用途、限高等），但有关的具体设计方案，仍有待规划部门审批。另外，项目开始建设前一般要具备"三通一平""五通一平"或"七通一平"的条件，这在有些城市实现起来并不容易，有关主管部门的审批时间也比较长，这一点要引起开发商的足够重视。获取土地使用权后的最后准备工作就是进行详细设计、编制工程量清单，与承包单位谈判并签订建设工程施工承包合同。进行这些工作往往要花费很多时间，在准备项目可行性研究报告时必须考虑这个时间因素。最后，在开发方案具体实施以前，还必须制定项目开发过程的监控方案，以确保开发项目工期、成本、质量和利润目标的实现。这里要做的主要工作包括：安排有关现场办公会、项目协调会的会议计划，编制项目开发进度表，预估现金流，对所有工程图纸是否准备就绪进行检查，如不完备，需要在议定的时间内完成。以上各项工作内容落实之后，就可以进入建设阶段。

4.2.3 建设阶段

建设阶段是将开发过程中所涉及的所有原材料聚集在空间和时间点上的过程，即开发项目建筑工程的施工阶段。在工程的施工阶段，业主的项目部管理人员，按照工程建设的有关法律、法规、技术规范的要求，根据已签订的工程承包合同、工程监理合同、其他合同及合同性文件，调整各方的综合资源，对项目工程从开工至竣工的工程质量、进度、投资及安全等其他方面的目标，进行全面的控制管理。项目建设阶段一开始，就意味着在选定的开发地点，以在特定时间段上分布的特定成本，来开发建设一栋或一组特定的建筑物。此时，对有些问题的处理就不像前面两个阶段那样具有弹性，尤其对许多小项目而言，一旦签署了承包合同，就几乎不再有变动的机会了。开发商在建设阶段所涉及的管理工作，就是从业主的角度，对建设过程实施包括质量、进度、成本、合同、安全等在内的工程项目管理。房地产开发过程中的工程项目管理，可由开发商自己组织的管理队伍管理，也可委托监理机构负责管理。

1. 质量控制

质量控制是指项目管理机构以合同中规定的质量目标或以国家标准、规范为目标所进行的监督与管理活动，包括决策阶段、设计阶段和施工阶段的质量控制。在建设阶段，工程质量控制的任务就是根据工程合同规定的工程建设各阶段的质量目标，对工程建设全过程的质量实施监督管理。工程质量的优劣，对工程能否正常运作关系重大，不仅严重影响承包单位的信誉，也将影响建设项目投资方的经济效益，同时也直接反映出监理工作的好坏。因此，工程质量问题是参与工程建设的各方共同利益之所在。搞好工程质量控制，是各方义不容辞的责任。

工程质量是建设项目的投资效益得以实现的根本保证，质量控制是确保工程质量的最有效方法，并贯穿于建设的全过程。为确保工程质量，业主会从下述几方面对建设项目进行质量控制：预测工程建设期和使用期中对质量产生影响的全部因素，做好建设项目决策阶段的规划。选择资质等级、经验、信誉合格的监理、设计和施工单位，签订合同，在合同中必须涉及质量条款并明确质量责任。做好对重大技术方案、设计文件、施工组织设计的审定。做好实施阶段的质量控制，如图纸会审与技术交底、施工准备、材料机具供应及施工中的质量控制。做好质量信息反馈，通过组织与协调手段，进行合同的履行、强制性标准的执行及全面的质量管理。在建设阶段，业主方主要从施工前与施工过程两阶段控制质量。

（1）施工准备阶段的质量控制

人员管理：①施工合同及监理合同条件中规定，施工单位的项目经理及监理单位的总监理工程师不得更换，若要更换其余人员，其资格及经验必须不低于原先所报人员，且必须征得业主单位同意；②加强对作业人员的管理，检查操作人员和其他工作人员是否具备上岗条件，进行岗前考核，竞争上岗；③进行质量教育，增强质量意识和责任心。

材料管理。材料是土木工程的物质基础，材料控制是质量控制的基础。首先，明确主要材料品牌。目前，建材市场材料品种、型号很多，质量参差不齐，为减少材料因素对工程质量的影响，业主通过市场调查，结合在其他项目中的使用情况，在招标文件及施工合同中对主要材料、设备进行约定。其次，加强材料的检查验收。对于工程项目中所用的主要材料、设备等，业主及监理工程师除了应审查是否符合设计文件外，还应审查是否符合施工合同所规定的规格、品种、型号和技术性能。

施工组织设计审核。施工组织设计是指导施工准备和组织施工的技术文件，通常分为施工组织总体设计和单位工程施工组织设计两类。施工组织总体设计是在招标阶段施工单位提交的施工组织设计的基础上，进一步细化和完善的施工文件，该施工组织设计经监理工程师审查确认后，即作为施工承包合同文件的一部分，不得任意变动。业主对于监理工程师已审查的单位工程施工组织设计需进行重点抽查，以确保施工组织设计是符合工程实际情况的。

设计交底和图纸会审。在工程项目施工之前，监理工程师应组织设计单位和施工单位进行设计交底和图纸会审。通常，首先由设计单位介绍工程项目的设计意图、结构特点、技术措施、施工要求和施工中应注意的有关问题，以及设计图纸的情况；然后由施工单位提出图纸中存在的问题、需要解决的难题和对设计单位的要求；通过三方讨论和协商解决存在的问题，并将会审内容涉及的问题及意见写成会议纪要交给设计单位；由设计单位对纪要中提出的问题用书面形式进行解释、澄清或修改设计，并履行设计变更签证手续；对于较大的问题，则由监理单位牵头，组织建设单位、设计单位和施工单位共同研究、协商解决。

(2) 施工过程阶段的质量控制

工序活动过程的控制。工序活动是在预先（施工前）准备好的条件和环境下进行的，在工序活动过程中，影响质量的因素会发生变化。所以在工序活动过程中，业主、工程师应注意各种影响因素和条件的变化，如发现不利于工序质量的因素和条件变化，要立即采取有效措施加以处理，使工序质量始终处于受控状态。

工序活动效果的质量检验。工程施工过程中，业主结合工程实际，制定了一整套质量监控的工作程序。业主检查监理工程师：①是否按要求检查承包单位严格依据施工规范、验收标准和设计图纸施工；②经常深入现场了解质量技术措施的落实情况，及时纠正不按施工规范和设计图纸的施工，并提出整改意见，直至提出书面停工通知，并抄送业主；③在分项分部工程完工后，是否督促承包单位按质量检验程序进行自检和评定，并填写报表报送专业监理工程师核定；④各专业监理工程师对交验工程进行检查、评定是否及时；⑤是否有工序未经监理工程师检查和签认，进行下一道工序施工的现象。比如，业主对抹灰施工，可检查是否签署检查表格；如果已签署合格但是还发现有问题，应追究相关人员的责任。

2. 进度控制

房地产开发企业作为建设工程的主体，拥有建筑产品的使用权和经营权，为了使工程早日投入使用，产生效益，还必须对施工进度进行控制。工程建设的进度控制是指对工程项目各建设阶段的工作内容、工作程序、持续时间和衔接关系编制计划，将该计划付诸实施，在实施的过程中经常检查实际进度是否按计划要求进行，对出现的偏差分析原因，采取补救措施或调整、修改原计划，直至工程竣工，交付使用。进度控制的最终目的是确定项目进度目标的实现，建设项目进度控制的总目标是建设工期。

为了控制施工进度，首先要明确进度控制的总目标，施工进度总目标的确定既受到工程施工条件的制约，也受到工程合同或指令性计划工期的限制，同时还要结合不同施工企业的管理水平和效益要求。确定进度控制的总目标可从以下几个方面考虑：以正常工期为施工进度控制总目标、以最优工期为施工进度控制总目标、以合同工期或指令工期为施工进度控制总目标。施工进度控制总目标确定后，还要对总目标进行分解，可以按单位工程分解为交工分目标，也可按不同的专业分解，或者按施工阶段分解。

(1) 施工总进度计划

施工总进度计划用于确定各单位工程、准备工程和全工地性工程的施工期限及开竣工日期，确定各项工程施工的衔接关系。施工总进度计划的基本要求是：保证建设工程在规定的期限内完成，迅速发挥投资效果；保持施工的连续性和均衡性。

(2) 单位工程施工进度计划

单位工程施工进度计划是在已经确定的施工方案基础上，根据规定的工期和技术资源供应条件，遵循正确的施工顺序，对工程各分部分项工程的持续施工时间以及相互搭接关系进行安排并用一定的形式表示出来。在其基础上可以编制施工准备工作计划和各项资源需用量计划，同时也是编制各分部分项工程施工进度和编制季度、月计划的基础。单位工程施工进度计划可以用横道图和网络图来表达。

(3) 分部分项工程施工进度计划

分部工程是单位工程的组成部分，是单位工程的进一步分解。按照不同的施工方法、构造与规格，可以把分部工程进一步划分为分项工程。分部分项工程施工进度计划是在既定施工方案的基础上，根据规定的工期和各种资源供应条件，对单位工程中各分部分项工程的施工顺序、施工起止时间及衔接关系进行合理的安排。

(4) 年、月、旬、周施工进度计划

相对于施工总进度计划，年度计划属于实施计划，确定了一年内工程施工的目标。施工总进度计划、单位工程施工进度计划、分部分项工程施工进度计划是按整个项目或单位工程编制的，带有一定的控制性，但还不能满足施工作业的要求，实际作业时是按月（旬、周）作业计划和施工任务书执行的。另外，施工进度计划是施工前编制的，其内容还比较粗，而且现场情况又是在不断变化的，因此执行中还必须编制短期的、更为具体的执行计划，即月（旬、周）施工进度作业计划。月（旬、周）施工进度作业计划要明确本月（旬、周）应完成的各项施工任务、完成计划所需要的各种资源量、提高劳动生产率和增产节约的措施。作业计划的编制还应该进行不同的施工项目之间同时施工的平衡协调；符合施工项目进度计划的期限；施工项目的分解必须满足指导施工作业的要求，细分到工序，明确进度日程。

(5) 分包工程施工进度计划

当一个工程由多个承包单位施工时，应将单项工程的进度目标分解，确定各分包单位的进度目标，列入分包合同，以便落实分包责任，并且要根据各专业工程交叉施工方案和前后衔接顺序，明确不同承包单位工作面交接的条件和时间。分包工程施工进度计划的编制实施要和总承包单位编制的施工进度计划要匹配，总原则是为了实现工程项目总目标。

业主进行施工进度控制的主要任务如下所述：

(1) 审查施工单位编制的施工总进度计划并控制其执行。

(2) 督促和审查施工单位编制年度、季度、月度和周作业计划并控制其执行。

(3) 依据合同按期、按质、按量履行合同规定的义务，为施工单位顺利实现预定工期目标提供良好的条件。

同时，为了控制施工进度，业主首先必须掌握情况，可以通过实地检查、统计资料和调度会议等了解实际情况，掌握更多的信息，并将它们与计划进度进行对比，以发现进度是超前或落后，是否符合总进度计划中的总目标和分目标的要求，进度超前就要督促施工单位调整进度计划，进度落后要督促施工单位分析原因、采取赶工措施。在规定的时间内组织总承包单位和分包单位到现场巡查，检查现场的施工进度、质量情况、现场文明施工情况、安全生产情况，将有关重要的内容记录下来，并及时发文要求各分包单位确认。对施工中存在的一些难题，业主和总承包单位联合在现场召开专题会议讨论解决。对进度计划实施过程中的不利因素要有效地进行进度控制，必须对影响进度的因素进行分析、事先采取措施。

3. 成本控制

工程成本控制是监督成本费用、降低工程造价的重要手段。开发商的利润来自于租售收入和总开发成本的差值，而工程成本又是总开发成本的主要组成部分，所以降低工程成本就能增加开发利润。房地产开发企业的成本管理涉及投资决策、设计招标、工程施工与后期使用四个阶段。

工程施工期间的成本控制需要处理好两种关系。一是事前控制与事中控制和事后控制的关系。工程项目是一个动态的投资，在做好事前控制的同时，做好事中和事后的控制，尤其对工程量增加的洽商、变更的控制更是不能放松。在施工过程中，对招标投标、合同、采购的管理是事前控制的内容，同时做好施工图纸核查校对以及做好技术交底，也是进行事前控制的重要一环。这是现场成本控制的重要一步，也是进行事中控制和事后控制的重要基础。施工过程中按照进度计划、设计图纸以及工程的资金计划进行监控，随着工程进行中发生的突发情况洽商或者变更进行成本投入的调整和控制，这是现场成本进行的事中控制和事后控制的内容，也是整个项目在施工建设期间进行成本控制的重要工作。

二是主动控制和被动控制的关系。主动控制是预先分析目标偏离的可能性，并确定和采取各种预防措施，以使计划目标得以实现。主动控制是一种事前控制，必须在事情发生之前采取控制措施。主动控制的具体措施体现在管理人员预先制订出的各项保障成本控制的计划，制定的规章制度、组织保障体系，对落实制度和计划的执行情况进行监督和检查。被动控制是指当系统按计划进行时，管理人员对计划的实施进行跟踪，将其输出的项目信息进行加工、整理，再传递给控制部门，管理人员从中发现问题和偏差，提出并确定解决问题和纠正偏差的方案，然后再回送给计划实施系统付诸实施，使得计划目标一旦出现偏离就能得以纠正。

项目施工阶段的工程成本控制主要包括以下工作：

（1）编制成本计划，确定成本控制目标。工程成本费用是随着工程进度逐期发生的，根据工程进度计划可以编制成本计划。为了便于管理，可将成本计划分解为五个方面：①材料设备成本计划；②施工机械费用计划；③人工费成本计划；④临时工程成本计划；⑤管理费成本计划。根据上述成本计划的总和，能得出成本控制总计划。在工程施工中，应严格按照成本计划实施。对于计划外的一切开支，应严格控制。如果某项目有突破成本计划的可能，应对其及时发出警告，并及时采取措施控制该项目成本。

（2）审查施工组织设计、施工方案与材料供应。施工组织设计和施工方案对工程成本支出影响很大。科学合理的施工组织设计和施工方案，能有效降低工程建设成本。明确工程分包、材料设备分级分类采购方式和权限，其中，工程分包采用工程量清单招标等形式，材料设备采购要根据所需材料及设备清单决定甲供、甲定乙供和乙供的方式，并在工程施工承包合同中加以明确。加强工程供应商和材料设备供应商信息库管理和评估工作，完善投标单位的资格预审、评估考核制度。

（3）控制工程款的动态结算。建筑安装工程项目工程款的支付方式，包括按月结算、竣工后一次结算、分段结算和其他双方约定的结算方式等。工程款结算方式的不同，对开发商工程成本支出数额也有较大影响。从开发商的角度来说，工程款的支付越向后拖越有利,但承包单位也有可能因为自身垫资或融资能力有限而影响工程的质量和进度。

(4) 控制工程变更。在项目实施过程中,由于多方面情况的变更(如客户对户型布置提出了与原设计方案不同的要求),经常出现工程量变化、施工进度变化,以及开发商与承包单位在执行合同中的争执等问题。工程变更所引起的工程量的变化和承包单位的索赔等,都有可能使项目建设成本支出超出原来的预算成本。因此,要尽可能减少和控制工程变更的数量。

4. 合同管理

合同管理是工程建设管理一项十分重要的内容。工程建设活动中的质量、进度、成本控制都是在合同管理体系的制约、保护和调整之下进行的。有效的合同管理是促进参与工程建设各方全面履行合同约定的义务、确保建设目标的重要手段。

房地产开发企业为了顺利地组织实施其所承担的开发项目,需要在开发过程中签署一系列的合同,这些合同通常包括:土地使用权出让或转让合同、勘察设计合同、融资合同、咨询合同、工程施工合同、采购合同、销售合同、联合开发或房地产转让合同等。与建设过程息息相关的合同主要涉及勘察设计、工程施工、物料采购等合同类型。基本工作内容包括以下内容:

(1) 按照统一的合同范本,负责组织起草非物资类合同,具体负责合同条款执行,对合同的执行进行过程管理,及时协调合同执行过程中的各种问题。

(2) 审核工程进度款和设计、监理费支付申请,向建设单位上报项目用款计划,办理工程款支付手续。

(3) 工程竣工后,组织参建单位编制工程结算书,办理工程结算。

(4) 汇总上报设计、施工、监理、设备供应单位的合同履约情况。

具体而言,房地产企业建设阶段实施合同管理主要从以下方面着手:

(1) 合同管理规划。任何项目在建设过程中都会形成事实上的合同架构体系,但在无意识(即无计划)状态下形成的合同架构体系具有很大的随机性。合同管理架构是合同管理的基本规划,在项目管理工作开始的前期,应详细分析建设工程项目合同管理的一切影响因素,在与相关方充分沟通的前提下编制出科学合理而又符合建设工程项目实际情况的合同架构图,使之成为进行建设工程合同管理甚至整个工程管理的纲领性文件和最具指导性的文件之一。同时,编制建设工程项目合同架构图也是进行项目管理的基础性工作,做好这项工作能为今后的管理工作创造非常有利的条件。

(2) 合同履行管理。监督合同当事人按照合同约定履行合同义务,并定期进行合同履行情况的检查。对合同履行过程中的变更事项做详细记录,及时组织各方进行商谈,并对商谈结果给予有效记录,如组织起草、签署合同补充协议书、会议纪要、备忘录等文件。在每个合同进入履行期时,都应首先召集与合同履行关系较密切的人员进行合同条款的讨论和交底,明确哪些条款是履行中应重点注意的条款,教育督促有关人员严格按合同进行工作,随时检查、记录合同的实际履行情况,定期通报相关方。在收到合同相关方的信函、文书或电子邮件后,及时审阅并制定对策,采用发文、发函的形式进行批复。及时、积极地收集、整理、保存有关合同履行中的书面签证、往来信函、文书、会议纪要、电子邮件等资料。必要时对合同履行中出现的问题给予解释、协调,对经常出现的问题加以研究、剖析,并对这类问题给出一般性的处理意见。对于合同履行中出现的问题及时详细地加以记录，并根据实际情况制定出切实可行且有效的处理措施和策略。

（3）合同纠纷与索赔管理。首先是合同纠纷与索赔的预防。编制合同时，最大限度地使合同条款完善，词句严谨，减少甚至避免因合同约定不明确或没有约定相关内容而导致发生纠纷或索赔。按照合同约定及时提出索赔或给予对方答复，避免发生因已过索赔期限或已过答复期而无法主张合法权益的情况。在合同履行过程中，通过协调、沟通、协商等手段减少甚至避免纠纷、索赔的发生。遇到有可能引起纠纷或索赔的问题，及时、全面地做好书面记录，保存好相关资料，使合同相关方有据可查，减少甚至避免纠纷、索赔的发生。

其次是合同纠纷与索赔的处理。在合同履行过程中积极、及时地收集、整理、保存有关合同履行的书面签证、往来信函、文书、会议纪要、备忘录、电子邮件等资料，以便在发生纠纷、索赔时能积极地主张权利，合法合理且证据充分地保护自己的利益。当接到对方索赔后，严格审核对方提出的索赔要求，认真研究并及时处理、答疑、举证，争取以协商方式解决索赔。同时，应根据法律法规及合同约定及时提出抗辩，必要时提出反索赔。对合同履行过程中出现的对方违约情况或违反合同的干扰事件，应及时查明原因，通过取证，按照合同约定及时、合理、准确地向对方提出索赔报告；同时，应按照法律及合同约定及时采取有效措施，防止事态扩大，避免更大损失。

（4）合同文件资料的管理。建设工程项目管理开始后，应将合同文件资料的管理责任落实到具体的管理人员，妥善保存所有合同及与合同有关的一切资料，并及时满足查阅和询问的要求。建立合同文件资料统一编号、统一记录制度，建立合同文件资料分类管理制度，建立合同文件资料借阅登记制度，建设工程项目竣工验收完毕后，将与项目有关的合同文件资料移交给相关单位。

5. 安全管理

安全问题是影响工程建设进度、质量和成本的重要方面，加强安全管理，对提高开发项目的总体经济效益和社会效益有着重要的意义。工程建设中安全管理的原则是安全第一、预防为主。在规划设计阶段，要求工程设计符合国家制定的建筑安全规程和技术规范，保证工程的安全性能。在施工阶段，要求承包单位在编制施工组织设计时，应根据在建工程的特点制定相应的安全技术措施；对专业性较强的项目，应当编制专项安全施工组织设计，并采取安全技术措施。

为了达到安全生产的目的，要求承包单位在施工现场采取维护安全、防范危险、预防火灾等措施；有条件的，应当对施工现场实行封闭管理。施工现场对毗邻的建筑物、构筑物和特殊作业环境可能造成损害的，建筑施工企业应当采取安全防护措施。

承包单位还应当遵守有关环境保护和安全生产法律、法规的规定，采取控制和处理施工现场的各种粉尘、废气、废水、固体废物以及噪声、振动对环境的污染和危害的措施。开发商按照国家有关规定办理申请批准手续的可能情况包括：①需临时占用规划批准范围以外场地；②可能损坏道路、管线、电力、邮电、通信等公共设施；③需要临时停水、停电、中断道路交通；④需要进行爆破作业等。

施工现场的安全由建筑施工企业负责。实行施工总承包的，由总承包单位负责。分包单位向总承包单位负责，服从总承包单位对施工现场的安全生产管理。开发商或其委托的监理工程师应监督承包单位建立安全教育培训制度，对危及生命安全和人身健康的行为有权提出批评、检举和控告。开发单与承包单位还要认真协调、安排工程安全保险事宜，按双方约定承担支付保险费的义务。

6. 项目验收与备案

项目的验收是建设过程的最后一个程序，是全面检验设计和施工质量、考核工程造价的重要环节。通过竣工验收，质量合格的建筑物可投入使用、出售或出租给客户，使开发商回收投资。对于预售或预租的项目，通过投入使用，开发商就此可以得到预付款外的款项。因此，开发商对于确已符合竣工验收条件的项目，都应按有关规定和国家质量标准，及时进行竣工验收。

当项目完工并具备竣工验收条件后，由承包单位按国家工程竣工验收有关规定，向开发商提供完整的竣工资料及竣工验收报告，并提出竣工验收申请。之后，开发商负责组织有关单位进行验收，并在验收后给予认可或提出修改意见。承包单位按要求修改，并承担由自身原因造成修改的费用。

在正式办理竣工验收之前，开发商为了做好充分准备，需要进行初步检查。初步检查是指在单项工程或整个项目即将竣工或完全竣工之后，由开发商自己组织统一检查工程的质量情况、隐蔽工程验收资料、关键部位施工记录、按图施工情况及有无漏项等。根据初步检查情况，由项目的监理工程师列出需要修补的质量缺陷"清单"，这时承包单位应切实落实修复这些缺陷，以便通过最终的正式验收。进行初步检查对加快扫尾工程，提高工程质量和配套水平，加强工程技术管理，促进竣工和完善验收都有好处。

项目或单项工程，其竣工验收的依据是：经过审批的项目建议书、年度开工计划、施工图纸和说明文件、施工过程中的设计变更文件、现行施工技术规程、施工验收规范、质量检验评定标准，以及合同中有关竣工验收的条款。工程建设规模、工程建筑面积、结构形式、建筑装饰、设备安装等应与各种批准文件、施工图纸、标准保持一致。

项目验收分专项验收与竣工验收两步完成。专项验收内容包括：工程质量初步验收、档案验收、环保验收、防雷验收、消防验收、规划验收、市政验收、绿化验收、人防验收等。所有专项验收完成后，由开发商组织项目竣工验收。

项目竣工验收第一步是资料准备。开发商需准备的资料包括承包单位整改回执、竣工验收通知书、参建各方质量检查评估报告、施工许可证原件、施工图审查报告原件、各专项验收意见书原件等。承包单位需准备的资料包括全套竣工资料（各种质保资料为原件）、竣工验收汇报材料。监理、设计、地质勘察等单位主要准备竣工验收汇报材料。需要注意的是，竣工验收的主持人为开发商项目经理，竣工验收时质监部门会派监督组以外的监督员参与验收。验收小组得出验收合格的结论后，主持人当场宣读并要求参验单位负责人在竣工验收意见书上签字，会后补盖公章。

在组织竣工验收时，应对工程质量的好坏进行全面鉴定。工程主要部分或关键部位若不符合质量要求会直接影响使用和工程寿命，应进行返修和加固，然后再进行质量评定。工程未经竣工验收或竣工验收未通过的，开发商不得使用、不得办理客户入住手续。

取得竣工验收意见书后，开发商应当自工程竣工验收合格之日起15日内，将建设工程竣工验收报告和规划、公安消防、环保等部门出具的认可文件或者准许使用文件报建设行政主管部门或者其他有关部门备案。办理工程竣工验收备案应提交的文件包括：

（1）工程竣工验收备案表。

（2）工程竣工验收报告。竣工验收报告应当包括工程报建日期，施工许可证号，施工图设计文件审查意见，勘察、设计、施工、工程监理等单位分别签署的质量合格文件及验收人员签署的竣工验收原始文件，市政基础设施的有关质量检测和功能性试验资料，以及备案机关认为需要提供的有关资料。

（3）法律、行政法规规定应当由规划、公安消防、环保等部门出具的认可文件或者准许使用文件。

（4）施工单位签署的工程质量保修书。

（5）法规、规章等规定必须提供的其他文件。商品住宅还应当提交《住宅质量保证书》和《住宅使用说明书》。

其中，《住宅质量保证书》是房地产开发企业在商品房交付使用时，向购房人提供的住房质量保证文件，是房地产开发企业对销售的商品住宅承担质量责任的法律文件，房地产开发企业应当按《住宅质量保证书》的约定，承担保修责任。《住宅质量保证书》可以作为商品房购销合同的补充规定。《住宅质量保证书》应当包括以下内容：工程质量监督部门核验的质量等级；地基基础和主体结构在合理使用寿命年限内承担保修；正常使用情况下各部位及部件保修内容与保修期；用户报修的单位答复修理时限。

《住宅使用说明书》是房地产开发企业在商品房交付使用时，向购房人提供的有关住房使用的说明文件。《住宅使用说明书》应当对住宅的结构、性能和各部位（部件）的类型、性能、标准等给出说明，并提出使用注意事项，一般应当包含：开发单位、设计单位、施工单位，委托监理的应注明监理单位；结构类型；装修、装饰注意事项；给水、排水、电、燃气、热气、通信、消防等设施配置的说明；有关设备、设施安装预留位置的说明和安装注意事项；门、窗类型，使用注意事项；配电负荷；保温墙、防水层、阳台等部位注意事项的说明；其他需说明的问题。

4.2.4 经营与物业服务阶段

经营与物业服务阶段并不是承接于项目管理阶段之后，而是与项目管理阶段有时间上的重叠，如商品房的预售、开盘前的推广、物业服务的前期介入等活动。在很多情况下，为了分散投资风险，减轻债务融资的压力，在项目建设前或建设过程中就通过预租或预售的形式落实了买家或使用者。但在有些情况下，也有可能在项目完工或接近完工时才开始市场营销工作。经营与物业管理阶段的工作内容是由两大部分组成的，即包括房地产经营和物业服务。

房地产项目通常的经营方式主要有出售、出租、自营以及多种经营方式的某种组合。对开发经营方式的选择，主要取决于项目利润最大化和对开发项目现金流量进行合理安排的要求。房地产营销策略取决于房地产项目的经营方式、市场状况。出租与出售的选择一般要根据市场状况、开发商对回收资金的迫切程度和开发项目的类型来决定。对于居住物业，通常以出售为主，而且多为按套出售。对写字楼、酒店、商业用房和工业厂房常是出租、出售并举，以出租为主。如果建成的物业出租，开发商还必须决定是永久出租还是出租一段时间后将其卖掉。如果开发商将建成的物业长期出租，开发商就成了物业所有者或置业投资者。

商品房销售分为预售与现售两种形式。预售是指房地产开发企业与购房者约定，由购房者交付定金或预付款，在未来一定日期拥有现房的房产交易行为。其实质是房屋期货买卖，买卖的只是房屋的一张期货合约。现售是指房地产开发企业将竣工验收合格的商品房出售给买受人,并由买受人支付房价款的行为。无论是预售还是现售,房地产开发企业均需取得市、县人民政府房地产行政主管部门的批准文件方可销售。

根据《中华人民共和国城市房地产管理法》及《城市商品房预售管理办法》相关规定,商品房预售应符合下列条件:

(1) 预售人已取得房地产开发资质证书、营业执照。

(2) 已交付全部土地使用权出让金,并取得土地使用权证书,土地使用权未经抵押。

(3) 持有建设工程规划许可证。

(4) 按提供预售的商品房计算,开发商投入开发建设的资金应达到工程建设总投资的25%以上,并已经确定施工进度和竣工交付时间。

(5) 已经向县级以上人民政府房产管理部门办理预售登记,取得商品房预售许可证明。

(6) 法律、法规规定的其他条件。

而商品房现售,应当符合以下条件:

(1) 现售商品房的房地产开发企业应当具有企业法人营业执照和房地产开发企业资质。

(2) 取得土地使用权证书或者使用土地的批准文件。

(3) 持有《建设工程规划许可证》和《建筑工程施工许可证》。

(4) 已通过竣工验收。

(5) 拆迁安置已经落实。

(6) 供水、供电、供热、燃气、通信等配套基础设施具备交付使用条件,其他配套基础设施和公共设施具备交付使用条件或者已确定施工进度和交付日期。

(7) 物业管理方案已经落实。

物业服务是房地产开发的延续与完善,主要任务是保证入住者方便、安全地使用物业及配套设施,能为其提供一系列生活服务,并通过建筑物的维修与保养、机电设备和公共设施的维护与管理、小区内的治安保卫及清洁绿化来保证物业的使用寿命及价值,同时力求实现物业的保值、增值。另外,还要对业主提供专项及特约服务,并进行物业的出租、转卖等经营活动。物业服务与业主的关系密切,对开发商的市场信誉和品牌价值有很大影响,因而这项工作已被越来越多的开发商所重视。

综上所述,开发过程主要程序中的每一阶段都对其后续阶段产生重要的影响。例如,准备工作中的方案设计与建筑设计,既是投资机会选择与决策分析阶段影响的结果,又对建设过程中的施工难易、成本高低有影响,更对租售阶段使用者对建筑物功能的满足程度、物业日常维修管理费用的高低、物业经济寿命的长短等有举足轻重的影响。因此,开发商的流程管理与开发阶段应该是匹配的。每一阶段所对应的人力、财务、管理职能分配、部门协调等应该具备可操作的流程,实现规范化的管理过程,否则容易出现阶段工作间的交叉影响,最终导致项目开发的失败。

复习思考题

1. 房地产开发的主要阶段包括哪些?
2. 住宅地产与商业地产开发阶段的差异有什么?

3. 投资机会选择与决策分析的主要工作内容是什么?
4. 开发商获取土地的途径有哪些?
5. 城乡规划管理部门进行设计方案审查时,主要审查哪些内容?
6. 质量控制的手段有哪些?
7. 进度控制的方法有哪些?
8. 成本控制的主要工作内容是什么?
9. 房地产开发项目合同管理的主要工作内容是什么?
10. 简述房地产开发中"五证""两书"的主要内容。

第 5 章 土地的取得

本章内容提要

本章按照从一级市场到二级市场的关系，从土地储备与开发、土地出让、土地使用权转让，综合介绍了政府与开发商在整个土地开发与取得过程中的相关法规、政策、流程与方法。本章主要要求学生对城市房地产开发用地的取得途径，以及取得成本的相关知识能够熟练掌握。本章主要知识点如下：

我国土地储备的概念
土地储备的主要模式与区别
土地出让的 4 种方式
土地使用权的终止与收回
房地产开发企业土地竞标
土地使用权转让的概念与流程
在建项目转让与项目公司入股

土地是房地产开发企业最基本的生产资料。没有土地，任何开发计划或开发项目的实施都是空谈。当完成前期研究工作并进行了项目评估之后，就要进入实际的项目开发过程，而项目实施过程的第一步就是获取土地使用权。土地使用权交易的实现，可以分为两个阶段。首先是政府机构对土地的开发活动，其主要活动包括对土地的开发并为房地产开发商提供必要的土地，如我国各地方政府成立的土地储备与开发公司就是为了实现政府的这一职能。其次才是房地产开发企业获取土地使用权并在其上进行开发建设活动。因此，为了更完整地研究土地取得环节的这一特性，需要先研究政府部门征用和处置土地的活动，然后再来分析开发商获取土地使用权的方式。但这并不是说所有的或大部分开发项目都要遵循这样的先后顺序，因为开发商除了可以通过土地出让的一级市场获取国有土地使用权外，还可以在房地产市场上通过转让、合作等多种形式获取可供开发的土地。

5.1 土地储备与土地开发

土地储备是指市、县人民政府自然资源主管部门为实现调控土地市场、促进土地资源合理利用的目标，依法取得土地，进行前期开发、储存以备供应土地的行为。土地储备工作的具体实施由土地储备机构承担。土地储备机构是由市、县人民政府批准成立，具有独立的法人资格，隶属于自然资源主管部门，统一承担本行政辖区内土地储备工作的事业单位。

土地储备实行计划管理。年度土地储备计划包括年初与年末土地储备规模、年度前期开发规模、年度供应规模和年度土地储备临时利用计划，由地方人民政府相关部门依据当地经济和社会发展规划、土地利用总体规划、城市总体规划、土地利用年度计划和土地市场供求状况等联合编制。土地储备的范围包括依法收回的国有土地、收购的土地、行使优先购买权取得的土地、已办理农用地转用和土地征收批准手续的土地以及其他依法取得的土地。

土地储备的运作程序有4个步骤，包括：①收购，指土地储备机构根据政府授权和土地储备计划，收回或收购市区范围内国有土地使用权，征收农村集体土地使用权，并对农民进行补偿的行为；②开发整理，指根据城市总体规划、土地利用总体规划和经济发展的客观需要，对收购得到的土地通过行政、经济、技术和法律的方法有计划地进行旧城区综合改造，如房屋拆迁改造、土地平整归并、进行基础设施建设等；③储备，指土地储备中心将已经完成土地整理和基础设施建设的"熟地"储备起来，等待供应；④供应，指对纳入政府土地储备体系的土地，根据客观需要和土地供应计划，向市场供应。

按进入储备开发程序的土地来源不同，土地储备开发项目可以分为地方土地储备开发项目、央产土地储备开发项目、军产土地储备开发项目。按照土地储备开发实施的主体不同，土地储备开发项目可以分为土地一级开发商实施的土地储备开发项目、政府直接实施的土地储备开发项目。按原土地使用方的意愿不同，土地储备开发项目可以分为原土地使用方主动申请的土地储备开发项目、原土地使用方被动接受政府对其实施的土地储备开发项目。

土地开发是土地储备机构对纳入储备，尤其是依法征收后纳入储备的土地，为使其具备供应条件而进行前期开发的活动。前期开发工作的内容，主要包括：道路、供水、供电、供气、排水、通信、照明等基础设施建设工作和绿化、土地平整等工作，以及为实现土地储备、完成前期开发工作等进行的投融资活动。

土地开发的项目实施模式有政府土地储备机构负责实施和授权开发商负责实施两种模式。随着土地储备事业的发展，政府土地储备机构的开发管理能力不断提升，北京等部分城市新增土地储备开发项目的实施模式，已经逐渐由授权开发商实施为主，发展为由土地储备机构实施为主。土地储备机构负责实施土地开发时，由土地储备机构负责筹措资金，办理规划、项目核准、土地征收、拆迁及大市政建设等手续，并组织实施。土地开发过程中涉及的道路、供水、供电、供气、排水、通信、照明等基础设施建设和绿化、土地平整工作，通过公开招标方式选择工程实施单位，实施单位的管理费用不高于土地储备开发成本的2%。在政府授权开发商负责实施土地开发时，由开发商负责筹措资金，办理规划、项目核准、土地征收、拆迁和大市政建设等手续，并组织实施。招标底价包括土地储备开发的预计总成本和利润，利润率不高于预计成本的一定百分比。目前，根据政府参与程度的差异划分，我国典型的土地储备与开发模式主要包括市场主导型、政府主导型及政府市场混合型3种模式。

市场主导型土地收购储备模式的特点是：土地收购储备机构根据自己的收购计划和本级政府的要求，通过与被收购单位协调，确立土地收购价格或约定土地收益分成，按照约定由储备机构支付收购金，取得土地并按照现行规定办理土地过户手续，储备机构取得土地后负责对土地进行拆迁、平整和相关基础设施配套，对易转让的储备土地由土地管理部门出让给新的用地者。在土地收购储备机构设置上，属于单一结构模式，即只隶属于土地管理部门的土地收购储备机构负责土地收购储备的全过程，并按"两级政府，两级管理"

的原则建立市区两级、以市为主的土地储备网。

比如，北京市土地储备机构通过招标方式选择开发企业实施土地开发，由开发企业负责筹措资金、办理规划、项目核准、征地拆迁和市政建设等手续并组织实施。招标底价包括土地储备开发的预计总成本和利润，利润率不高于预计成本的8%。该模式要求政府面向市场招标投标，所有的企业都享有平等的投标、中标权利。

政府主导型土地收购储备模式的特点是，政府掌握土地的"统一收购权"和"统一出让权"，政府垄断收购和储备，土地储备中心代表政府依法收购土地，在土地收购的众多方面带有明显的强制性特点。需要盘活的土地首先要向收购储备机构提出申请，政府按计划将土地推向市场，开发商通过拍卖取得土地。也就是说，收购土地的范围由政府行政法规规定，规定范围的土地统一由储备机构根据计划进行收购、储备、开发，土地管理部门根据用地需求用招标、拍卖方式对储备土地实行统一出让，规定范围内的划拨土地使用者不能像过去一样通过补办出让手续的方法自行转让土地使用权。

比如，重庆的土地一级开发模式就属于典型的政府主导型模式。土地一级开发的主体是市政府，代表市政府实行一级开发的机构是重庆市地产集团等土地储备机构。土地一级开发与土地储备紧密联系在一起，土地储备机构拥有土地储备和土地一级开发的权利。"生地"变"熟地"后，再到土地交易中心进行"招拍挂"出让。出让所得的收入在市政府和企业之间按一定的比例进行分配。出让所得综合价扣除应支付的土地储备开发成本后的10%，作为土地储备开发发展专项资金存入土地储备开发资金专户；其余上缴财政，按市政府颁布的土地使用权出让金标准，由市政府与区县政府按规定比例分配；剩余资金集中到市里，专项用于城市基础设施建设、公益事业等建设。

政府市场混合型土地收购储备模式的特点是：政府规定可用于储备的土地范围，对可收购的土地由土地收购储备机构与原用地者签订《国有土地使用权收购合同》，储备机构按合同规定支付土地收购补偿费用，取得土地使用权。除此之外，储备机构还受政府委托作为国有土地资产代表，对国有企业改革中土地使用权作价出资（入股）部分进行管理，收取企业改革中以租赁方式处置的土地使用权的租金和其他用地者按规定向政府缴纳的租金。

土地储备和土地开发项目的成本主要包括以下方面：

1. 征地、拆迁补偿费及有关税费

在依法征收集体土地进行土地储备开发时，就必须对农村的集体土地进行补偿，包括土地补偿费、安置补助费、青苗及附着物补偿费等。如果征收的是集体建设用地，且土地现存各种建筑物，那么就必然涉及对这些建筑物的拆迁补偿。在实施征地和拆迁的过程中，政府要征收土地征收管理费、拆迁管理费、新菜地开发建设基金、土地复垦费、契税、增值税、城市维护建设税、教育费附加等多项税费，这些都是土地一级开发的成本。

2. 收购、收回和置换过程中发生的有关补偿费用

收购、收回和置换是土地储备和一级开发中经常遇到的形式。无论是对原土地使用方的土地使用权进行收购，还是对闲置土地的收回，或是在实施土地储备过程中为了平衡与原土地使用方的土地利用需求，而发生的土地置换，都会涉及对放弃利益的补偿或是对置换差价的结算，发生各种补偿费用。

3. 市政基础设施建设有关费用

土地储备开发实施后，项目用地必须达到一定建设条件，如"三通一平""六通一平""七通一平"等，使项目用地范围达到一定的通平条件，各种市政基础设施的管线到用地的红线边缘。这些建设必然涉及各种管线的报批和铺设费用等成本支出。

4. 招标、拍卖或挂牌交易中发生的费用

在土地一级开发项目推向土地市场时，无论是采用招标、拍卖还是挂牌的交易形式，政府都要按照交易总额的一定比例收取交易服务费，同时交易双方还必须在交易完成时缴纳一定的税费，这也是土地储备开发成本的一部分。

5. 贷款利息

土地储备开发过程中往往涉及大量的征地、拆迁、市政基础设施建设和场地平整等工作，必然有巨额的资金流量，对于一个房地产开发商或其他类型的开发主体来说往往难以靠自有资金维系，必须借助银行的贷款资金支持，而资金是有时间价值的，贷款利息就自然成为土地开发的成本构成之一。

6. 其他费用

土地储备开发供应过程中经常会发生审计、律师、工程监理、市政咨询、交通评估、土地或房产价格评估等各项费用，此外，还有不可预见费以及经同级财政和土地主管部门核准的其他费用支出等。这些支出项目都是为了完成土地一级开发所必需的各种费用。

土地储备开发完成后依法以出让方式供应的，由政府与受让人签订土地出让合同，同时由土地储备开发实施单位与受让人签订土地储备开发补偿协议，收回土地储备开发成本。土地储备开发完成后依法以划拨方式供应的，土地储备开发成本由土地使用权人承担。

5.2 土地出让

5.2.1 土地出让概述

政府在一级市场出让土地使用权，与开发商在二级市场交易获得土地使用权具有显著的不同。首先，在土地出让的主体方面，土地使用权的出让方是土地的所有者——国家，土地使用权的受让方是中华人民共和国境内外的公司、企业、其他组织和个人。由于国家是一个抽象主体，因而在具体行使出让权时，一般由土地所在地政府作为具体代表。其次，土地出让客体是城镇国有土地，即城市、县城、建制镇、工矿区、开发区范围内属于全民所有的土地。城镇规划区内的集体土地，被征为国有后方可出让。最后，土地出让的内容是土地出让方将一定年限的国有土地使用权转让给受让方，而让受让方支付相应的出让金。受让人取得的是具有独立意义的土地使用权，具有占有、使用、收益和一定程度的处分权能，具体表现为对土地的使用权、转让权、出租权、抵押权等。

开发商从政府以出让方式获得土地使用权，根据我国相关法律的规定，只能通过协议、招标、挂牌和拍卖4种方式取得。出让时具体采取哪种方式，则根据出让土地的具体情况和土地用途来确定。如《中华人民共和国城市房地产管理法》第十三条规定："商业、旅游、娱乐和豪华住宅用地，有条件的，必须采取拍卖、招标方式；没有条件，不能采取拍卖、招标方式的，可以采取双方协议的方式。"各种出让方式的具体界定如下所述：

（1）协议出让是指土地使用权的有意受让方向土地管理部门提出有偿使用土地的愿望，并与土地管理部门就有关出让事宜进行协商，达成一致后，出让土地的行为。采用这种方式，在议定合同条款时具有较大的灵活性。基于这个特点，该方式一般适用于以公益事业或福利事业为目的的用地出让，如经济适用住房用地。

（2）招标出让国有建设用地使用权是指市、县人民政府自然资源主管部门（以下简称出让人）发布招标公告，邀请特定或者不特定的自然人、法人或者其他组织参加国有建设用地使用权投标，根据投标结果确定国有建设用地使用权人的行为。

（3）拍卖出让国有建设用地使用权是指出让人发布拍卖公告，由竞买人在指定的时间、地点进行公开竞价，根据出价结果确定国有建设用地使用权人的行为。

（4）挂牌出让国有建设用地使用权是指出让人发布挂牌公告，按公告规定的期限将拟出让宗地的交易条件在指定的土地交易场所挂牌公布，接受竞买人报价申请，并更新挂牌价格，根据挂牌期限截止时的出价结果或者现场竞价结果确定国有建设用地使用权人的行为。

同时，《中华人民共和国城镇国有土地使用权出让和转让暂行条例》规定了各类土地的使用权最高出让年限：居住用地为70年，工业用地为50年，教育、科技、文化、卫生、体育用地为50年，商业、旅游、娱乐用地为40年，综合或者其他用地为50年。

为规范国有建设用地使用权出让行为，优化土地资源配置，逐步建立我国公开、公平、公正、有序、规范的土地使用制度，2002年4月国土资源部颁布了《招标拍卖挂牌出让国有土地使用权规定》，并于2007年9月对该规定进行了修订，形成了《招标拍卖挂牌出让国有建设用地使用权规定》。从加强国有土地资产管理、优化土地资源配置、规范协议出让国有建设用地使用权行为的角度出发，国土资源部于2003年8月颁布了《协议出让国有土地使用权规定》。按照这些规定，工业（包括仓储用地、但不包括采矿用地）、商业、旅游、娱乐和商品住宅等经营性用地以及同一宗地有两个以上意向用地者的，应当以招标、拍卖或者挂牌方式出让。不适合采用招标、拍卖或者挂牌方式出让的，才允许以协议方式出让。2006年8月1日，新的《招标拍卖挂牌出让国有土地使用权规范》开始试行。该规范在国有土地招标拍卖挂牌出让的范围确定上，秉承三个基本原则：一是国家法规政策明确规定必须招标拍卖挂牌的；二是地方法规规定划拨土地改变用途或转让，必须招标拍卖挂牌的；三是出让合同约定改变土地使用条件，必须收回土地使用权，实行招标拍卖挂牌的。不符合上述原则的国有土地出让，方可采用协议方式。纳入招拍挂的土地范围包括6类情形：①供应商业、旅游、娱乐和商品住宅等各类经营性用地，以及有竞争要求的工业用地；②其他土地供地计划公布后，同一宗地有两个或者两个以上意向者的；③划拨土地使用权改变用途，《国有土地划拨决定书》或法律、法规、行政规定等明确应当收回土地使用权，实行招标拍卖挂牌出让的；④划拨土地使用权转让，《国有土地划拨决定书》或法律、法规、行政规定等明确应当收回土地使用权，实行招标拍卖挂牌出让的；⑤出让土地使用权改变用途，《国有土地使用权出让合同》约定或法律、法规、行政规定等明确应当收回土地使用权，实行招标拍卖挂牌出让的；⑥依法应当招标拍卖挂牌出让的其他情形。2011年5月，国土资源部在《国土资源部关于坚持和完善土地招标拍卖挂牌出让制度的意见》中着重指出，限定房价或地价，以挂牌或拍卖方式出让政策性住房用地。限定配建保障性住房建设面积，以挂牌或拍卖方式出让商品住房用地。对土地开发利用条件和出让地价进行综合评定，以招标方式确定土地使用权人。

5.2.2 土地出让计划的编制与公布

国有建设用地使用权出让计划是指市、县人民政府对计划年度国有建设用地使用权出让计划指标的具体安排。它是国有土地供应计划的重要内容，是国有建设用地使用权招标拍卖挂牌出让的依据。《中华人民共和国城市房地产管理法》规定："土地使用权出让，由市、县人民政府有计划、有步骤地进行。"为编制和实施国有建设用地使用权出让计划提供了明确的法律依据。目前，各市、县人民政府在国有建设用地供应中，有的仅编制并公布了本市、县的年度建设用地出让计划，有的城市，如北京、深圳、上海等地，编制了覆盖全部用地类型和供地方式的城市建设用地供应计划，在年度土地供应计划中，既包括新增建设用地，也包括存量建设用地；既有划拨供地，也有出让等有偿方式供地。

国有建设用地使用权出让计划至少应当包括下述内容：

（1）建设用地出让总量。在出让计划中，明确年度出让计划，安排出让建设用地的总规模。

（2）土地用途结构。在建设用地出让总量中，用于基础设施、工矿仓储、科教文卫体、行政办公、商品住宅、商业服务业等用地的指标数量。

（3）土地空间布局。即根据市县的国土空间规划、城市总体规划、近期建设规划确定的城市空间布局和功能定位，建设用地出让计划中各项指标的具体分配。

市、县自然资源主管部门应当会同相关部门对土地利用现状和土地利用总体规划、城市规划进行对比分析，依据规划实施状况，初步确定国有建设用地供应潜力。市、县自然资源主管部门通过对依法办理农用地或未利用地转用和征收的建设用地、政府收购储备的土地、政府收回的土地、围填海（湖）造地形成的建设用地、待转让的军队空余土地、增减挂钩的建设用地和年度土地利用计划中当年拟供应土地等来源，进行潜力分析。

市、县自然资源主管部门在供应能力分析基础上，依据土地前期开发程度、土地权属状况、土地利用计划及转用征收审批手续办理情况、宗地规划手续办理情况、军用空余土地使用权转让许可手续办理情况等，综合确定计划期内可实施供应的国有建设用地。有条件的市、县，可将计划期内可实施供应的国有建设用地细化到宗地，建立计划供应宗地数据库，数据库包括计划供应宗地的面积、用途、规划建设条件、土地使用标准等信息。

国有建设用地需求预测主要包括国有建设用地需求总量和商服用地，工矿仓储用地，住宅用地（含廉租房用地、经济适用房用地、商品房用地等），公共管理与公共服务用地，交通运输用地，水域及水利设施用地，特殊用地等各类国有建设用地需求量预测。市、县自然资源主管部门在组织开展本辖区经济社会发展情况、土地利用、地产市场状况等调查分析的基础上，科学地预测国有建设用地需求总量和结构，结合对本辖区、相关单位申报的国有建设用地需求审核情况，综合确定国有建设用地需求量。

市、县自然资源主管部门依据计划期内可实施供应的国有建设用地量和计划期国有建设用地需求量，统筹确定国有建设用地供应计划指标。在此基础上，可按行政辖区、城市功能区、住房和各业发展用地需求、土地用途和供应方式，对国有建设用地供应计划指标分解。

市、县自然资源主管部门完成供应计划指标确定、分解等相关工作后，拟订国有建设用地供应计划草案。计划草案包括计划文本、编制说明、图件及附件。其中，扣除划拨方式供应的土地外，其他部分应列入出让供地计划，即国有建设用地出让计划。

按照现行法律规定，国有建设用地出让计划由市、县人民政府批准。在实践中，一般以各市、县人民政府自然资源主管部门会同其他相关部门编制当地的国有建设用地出让计划，报经市、县人民政府审批。市、县人民政府批准国有建设用地出让计划后，由市、县相关部门将该出让计划在电台、电视台、报刊、政府网等媒体上向社会公布。有条件的地方，可以根据本地供地进度安排，分阶段将国有土地使用权出让计划细化落实到地段、地块。也就是说，国有建设用地使用权出让计划的公布，只是向社会发布了年度出让土地的总量、结构、区位等一般信息，而将出让计划落实到具体的地段或地块，从一般信息到具体宗地信息的披露，更有利于意向用地者进行决策和申请用地。

需要注意的是，市、县自然资源主管部门在公开国有土地使用权出让计划和细化的地段、地块信息时，应当同时明确用地者申请用地的途径和方式，公开接受用地申请。这是因为，公开不是目的，公开的目的是通过信息的披露，使更多的人进入土地市场，参加国有建设用地使用权的竞买，出让信息的及时、充分公开，有利于需要用地的单位、个人和组织尽可能早地了解政府发布的供地安排，更加理性地参与土地竞买。

5.2.3 土地出让的流程

自 2004 年以来，以协议出让方式获得土地已十分困难，招标、拍卖、挂牌成为房地产开发企业获取出让土地的主流途径。以下即简单介绍 3 种方式的获取流程。

1. 招标基本流程

（1）招标。首先由出让人（市、县人民政府土地行政主管部门）在投标截止日前 20～30 日内向社会发出招标公告或邀请招标通知，由要求使用土地者向其提出申领招标文件，投标人按招标文件的规定报名并提供有关资料。然后由评标小组按照招标文件的要求对投标人的投标资格进行审查，经审核合格的，确认其投标资格，并由其缴纳投标保证金。

（2）投标。投标者在规定的投标截止日期前，到出让方指定的地点，将密封后的投标书投入指定的专用标箱。投标书一经投入标箱，不得从标箱中取出。投标若在招标截止日期前需修改标书，可以另投修改时，原标书无效。

（3）开标、评标和决标。招标方邀请建设、规划、法律等方面的专家或专业人员组成评标委员会。开标、评标和决标工作由评标委员会主持。评标委员会对投标书实行公开评标，决定中标者。

（4）签约。中标者持中标通知书在规定日期内与土地行政主管部门签订《国有土地使用权出让合同》。实行净地出让的，中标人还应与土地储备机构签订《土地开发补偿协议书》。签订协议时，中标人应向土地行政主管部门支付不低于成交价总额 20% 的定金，其缴纳的保证金可以抵作定金。

（5）领证。中标人按《国有土地使用权出让合同》和《土地开发协议书》的约定全部缴付土地使用权出让金和土地开发补偿费后，依法办理土地登记手续，领取《国有土地使用权证》。

2. 拍卖基本流程

（1）公告。土地管理部门于公开拍卖前 20～30 日发出拍卖公告。拍卖公告应当包括下列内容：出让人的名称和地址；出让宗地的位置、现状、面积、使用年期、用途、规划设计要求；竞买人的资格要求及申请取得投标、竞买资格的办法；索取出让文件的时间、地点及方式；拍卖时间、地点、竞价方式等；确定竞得人的标准和方法；竞买保证金；其他需要公告的事项。竞买人报名参加竞买并索取有关文件。

（2）拍卖前的准备。在拍卖公告规定的时间内，竞买人持竞买申请书、营业执照副本、房地产开发资质证明、法定代表人身份证复印件（或授权委托书、委托代理人身份证复印件）办理竞买申请，并缴纳竞买保证金。拍卖组织机构应当组织竞买申请人前往现场踏勘，并在踏勘之后，组织答疑会，负责解答疑问。拍卖机构应根据拍卖文件要求，对竞买申请人的开发资质、诚信记录进行审查，向符合条件者发放竞买人资格确认通知书及竞买号牌。

（3）拍卖。土地管理部门应当按照出让公告规定的时间、地点组织拍卖活动。拍卖活动应当由土地招标拍卖挂牌主持人主持。拍卖会按下列程序进行：

1）拍卖主持人宣布拍卖会开始。

2）拍卖主持人宣布竞买人到场情况。设有底价的，应当在现场将密封的拍卖底价交给拍卖主持人，拍卖主持人现场开启密封件。

3）拍卖主持人介绍拍卖地块的位置、面积、用途、使用年限、规划指标要求、建设时间等。

4）拍卖主持人宣布竞价规则。拍卖主持人宣布拍卖宗地的起叫价、增价规则和增价幅度，并明确提示是否设有底价。在拍卖过程中，拍卖主持人可根据现场情况调整增价幅度。

5）拍卖主持人报出起叫价，宣布竞价开始。

6）竞买人举牌应价或者报价。

7）拍卖主持人确认该竞买人应价或者报价后继续竞价。

8）拍卖主持人连续三次宣布同一应价或报价而没有人再应价或出价，且该价格不低于底价的，拍卖主持人落槌表示拍卖成交，拍卖主持人宣布最高应价者为竞得人。成交结果对拍卖人、竞得人和出让人均具有法律效力。最高应价或报价低于底价的，拍卖主持人宣布拍卖终止。

（4）签订《成交确认书》。确定竞得人后，拍卖人与竞得人当场签订《成交确认书》。拍卖人或竞得人不按规定签订《成交确认书》的，应当承担法律责任。竞得人拒绝签订《成交确认书》也不能对抗拍卖成交结果的法律效力。竞得人于签订《成交确认书》之日起 10 日内与出让人签订《国有建设用地使用权出让合同》。

3. 挂牌基本流程

（1）拟定挂牌出让方案、编制挂牌出让文件。土地管理部门会同规划部门共同拟定拟挂牌出让国有土地使用权方案。出让人应当根据挂牌出让地块的情况，编制挂牌出让文件。挂牌出让文件应当包括：挂牌出让公告、投标或者竞买须知、宗地图、土地使用条件、标书或者竞买申请书、报价单、成交确认书、国有土地使用权出让合同文本等。

（2）发布挂牌出让公告信息。从挂牌公告规定的挂牌起始日开始，出让人应当发布拟挂牌出让地块的基本情况和挂牌的时间、地点，至少早于挂牌开始时间 20 日，在市土地交易市场挂牌公布。

（3）挂牌前准备。出售挂牌文件，组织竞买人到拟出让地块的现场进行勘察并答疑。

（4）受理竞买申请。在挂牌公告规定时间内，竞买人持竞买申请书、营业执照副本、房地产开发资质证明（另有规定除外）、法定代表人身份证复印件（或授权委托书、委托代理人身份证复印件）、"竞买报价员"授权委托书及其身份证复印件办理竞买申请，并缴纳竞买保证金。

（5）审查挂牌资格。根据挂牌文件要求，对竞买人的开发资质、诚信记录等进行审查，对符合条件的，发给《竞买人资格确认通知书》，通知其参加挂牌活动。

（6）挂牌。在挂牌公告规定的时间和交易场所，出让人将宗地的地块情况、最新报价情况等信息挂牌公告，并不断接受新的报价、更新显示挂牌报价。在报价截止后，如果还有竞买人报价，可以填写《竞价申请书》，并通过传真将《竞价申请书》传真到挂牌文件规定的地点。

（7）揭牌。在挂牌公告规定的挂牌截止日次日，按照挂牌文件规定确定是否成交，并确定竞得人。竞得人与出让人签订成交确认书，缴纳定金。同时，对需要现场竞价的挂牌宗地进行现场竞价，并与竞得人签订成交确认书，缴纳定金和佣金。

（8）公布成交结果。挂牌活动结束后 10 个工作日内，出让人将挂牌出让结果在土地有形市场或者指定场所、媒体公布，并退还竞买保证金。

（9）签订出让合同。竞得人于签订《成交确认书》之日起 10 日内与出让人签订《国有建设用地使用权出让合同》。

5.2.4 土地使用权的到期与收回

开发商通过出让等方式获得土地使用权后，并不意味着土地使用权在出让年限内就一定属于其所有。有可能面临被国家收回土地使用权的状况（如使用期限届满、提前收回、闲置没收）。

（1）土地使用权届满。住宅建设用地使用权年限届满的，自动续期。对非住宅建设用地使用权，土地使用者需要继续使用土地的，应当至迟于届满前一年申请续期，除根据社会公共利益需要收回该幅土地的，应当予以批准。经批准准予续期的，应当重新签订土地使用权出让合同，依照规定支付土地使用权出让金。土地使用权出让合同约定的使用年限届满，土地使用者未申请续期或者虽申请续期但依照前款规定未获批准的，土地使用权由国家无偿收回。该土地上的房屋及其他不动产的归属，有约定的按照约定，没有约定或者约定不明确的依照法律、行政法规的规定办理。2000 年以来，在深圳、温州等较早开展土地使用权出让的地区已出现使用权届满的情况。如 2004 年深圳市颁发的《深圳市到期房产续期若干规定》，补缴地价数额为相应用途公告基准地价的 35%，补缴地价要一次性交付。

（2）建设用地使用权年限届满前，因公共利益需要提前收回该土地的，应当依法对该土地上的房屋及其他不动产给予补偿，并退还相应的出让金。

（3）因土地使用者不履行土地使用权出让合同而收回土地使用权。有两种情况：一是未如期支付地价款的，在签约时应缴地价款的一定比例作为定金，60 日内应支付全部地价款，逾期未全部支付地价款的，出让方依照法律和合同约定，收回土地使用权；二是土地使用者未按合同约定的期限和条件开发和利用土地，由县、市人民政府土地管理部门予以纠正，并根据情节可以给予警告、罚款，直至无偿收回土地使用权，这是对不履行合同的义务人采取的无条件取消其土地使用权的处罚形式。

比较典型的是对于城市闲置土地的处理。闲置土地是指经法定手续，以征收、划拨、出让方式取得土地使用权的单位或个人，未按规定的土地用途利用土地，也未经原批准用地的人民政府同意，超过规定的期限未动工开发的建设用地，可视为闲置用地，土地管理部门应及时处置。认定闲置土地一般基于两种条件：①核准使用的土地，自土地使用权出让合同生效或建设用地批准书颁发之日起满一年未动工开发建设的；②已动工开发，但开发建设面积不足应开发建设面积三分之一，或投资额不足总投资额25%且未经批准中止开发建设连续满一年的。其中，动工开发为依法取得施工许可证后，需挖深基坑的项目，基坑开挖完毕；使用桩基的项目，打入所有基础桩；其他项目，地基施工完成三分之一；已投资额、总投资额均不含国有建设用地使用权出让价款、划拨价款和向国家缴纳的相关税费。

对于第一种情形的闲置土地，除了因不可抗力或者政府及政府有关部门的原因导致的以外，满一年的要缴土地闲置费，满两年的要将闲置土地无偿收回。对于第二种情形的闲置土地，主要是与土地使用权人协商，采取延长动工开发期限、调整土地用途规划条件、由政府安排临时使用、协议有偿收回、置换土地等方式处置。

（4）司法机关决定收回土地使用权。因土地使用者触犯国家法律，不能继续履行合同或司法机关决定没收其全部财产，收回土地使用权。

5.2.5 房地产企业的土地竞买

房地产开发企业无论通过何种方式获取土地使用权，其前面的一项重要工作就是组织竞标团队，测算地价水平，并最终参与土地使用权的竞标活动，做到稳操胜券，避免仓促拿地的巨大风险。这里的土地使用权竞标活动比较宽泛，包括书面形式的投标活动、公开的叫价竞拍活动，以及公开的挂牌活动等。

土地使用权在招标、拍卖或挂牌出让前公开发布公告，时间一般不少于30个工作日，房地产开发企业在获取公告信息以及相关文件后就应该迅速组织竞标团队，高效有力的竞标团队是成功竞标的重要保证。由于土地使用权竞标活动涉及面广，需要具备法律、技术、市场、财务、经营管理等方面的知识，因此，竞标团队的成员要求知识丰富，分析判断能力也要强。基于此，竞标团队的成员一般由法律顾问、规划设计人员、土地拓展人员、市场分析人员、财务顾问、经营管理人员等组成。其工作主要包括：认真研究公告信息和相关文件，讨论本开发企业是否符合相关条件、是否具有开发能力；进行现场勘察，了解地块具体位置、地块开发程度、地块周边情况、地块片区市场情况等内容；研讨地块拟开发的物业形态、政策和工程技术的可行性，预测楼盘的销售或经营情况，以对地块价格进行准确测算；测算地块价格，便于编制标书或参加拍卖叫价；预测竞标风险，主要包括保证金风险、攀比风险、寻租损失风险等，并提出可行的措施方案。

竞标团队的核心工作就是尽可能准确地测算目标地块价格，竞标团队的其他工作大多是围绕地价测算而展开的。测算地块价格的常用方法主要为市场比较法与假设开发法。

（1）市场比较法是指将估价对象与在估价时点近期有过交易的类似土地进行比较，对这些类似土地的已知价格做适当的修正，以此估算估价对象的客观合理价格或价值的方法。市场比较法是土地估价常用的方法之一，也是一种技术上成熟的估价方法。但需要注意的是，市场比较法需要一个充分发育活跃的交易市场。交易越频繁，与估价对象相类似土地的价格越容易获得。同时，参照物及估价对象可比较的指标、技术参数等是可以被收集到的。运用市场比较法估算估价对象的价格或价值，重要的是能够找到与估价对象相同或相似的成交案例。与估价对象完全相同的土地是不可能被找到的，这就要求对类似土地进行修正调整，其修正调整的指标、参数等资料的获取和准确性，是决定市场比较法运用与否的关键。

市场比较法估价步骤为：①收集交易实例；②选取可比实例；③建立价格可比基础；④进行交易情况修正；⑤进行交易日期修正；⑥进行区域因素修正；⑦进行个别因素修正；⑧求出比准价格。

(2) 假设开发法也叫预期开发法，该方法是根据预测对象的内外部条件，进行最佳最有效设计，然后预测开发完成后的价值，估计建筑开发成本、投资利息及正常利润后，从预测的开发完成价值中，减去建筑开发成本、利息、利润、税金等，反算出待开发对象的客观合理价格或价值的方法。假设开发法在形式上是成本法的一种反算，在成本法中是已知土地购置成本求开发后的价格，而在假设开发法中是通过预计开发后的价格，反算土地购置成本。

运用假设开发法测算地价的步骤如下：①调查土地基本情况；②选择最佳物业开发类型；③估计开发经营期；④预测开发完成后的项目价值；⑤测算开发成本；⑥求取土地价格。

1) 调查土地基本情况。主要包括3个方面的内容：①调查土地的位置。包括三个层次——土地所在城市的性质、土地所在城市内的区域性质、土地具体坐落状况。调查这些情况，主要是选择最佳的土地用途，确定最合适的开发档次服务。②清楚土地面积大小、形状、平整程度、地势、基础设施通达程度。③清楚规划设计条件。包括了解用途、建设高度、容积率等，主要是确定最佳物业开发类型，以及明确规划条件是否合理。

2) 选择最佳物业开发类型。选择最佳物业开发类型必须考量受让土地用途、规模、周边物业档次等。政府出让土地过程中，绝大多数的容积率已定，因此其规模已基本确定，所以这个步骤的关键是选择物业最佳类型、最佳档次和最佳定位。对物业最佳开发类型和定位有一定认识后，便可进行相关参数的估算。

3) 估计开发经营期。参照常用的经济评估方式，开发经营期的起点是指交纳第一笔土地款项的日期，终点是指预计未来房地产开发完成后的日期，即交付日期。确定开发经营期的目的是把握开发成本、期间费用等款项发生的时间和数额、投资利息。但在现实中因某些特殊因素的影响，可能使开发期被延长，如基础开挖过程中发现的重要文物、遭遇恶劣天气等。由于开发期被延长，企业要承担更多的投资利息，对此类特殊的非正常因素在估计开发经营期时一般不予考虑。

4) 预测开发完成后的项目价值。这是采用假设开发法评估最关键的一步。预测开发完成后的项目价值通常采用市场比较法，并考虑类似物业的成交价格到未来的变动趋势。

5) 测算开发成本。由于假设开发法可视为成本法的反算，所以在开发成本测算中可按照不同的产品系列，如多层、高层、别墅等，参照相似的项目进行各种费用的测算。

6) 求取土地价格。经过前面的调查、测算，已知欲受让土地开发完成后的项目价值、开发成本，最后只需确定目标利润，便可确定欲受让土地的价格。

运用假设开发法测算的效果如何，除了对假设开发法本身掌握运用程度外，还有下面几个要求：第一，稳定的房地产政策环境和健全的房地产法律、法规；第二，全面合理的房地产投资开发和交易税费项目；第三，长远、稳定的土地出让计划；第四，完整、公开及透明度高的房地产资料数据库。

5.3 土地使用权转让

房地产开发企业获取建设项目开发用地的第二种途径便是土地使用权的转让。土地使用权转让是指通过出让方式获得土地使用权的土地使用者，通过买卖、赠与或其他合法方式将土地使用权再转移的行为。通常把由土地使用权出让而形成的土地市场称为一级市场，土地使用权转让而形成的土地市场称为二级市场，要建立完善的土地市场体系，就需要一级市场和二级市场的融合，只有这样才能使土地使用权真正作为商品进行流通，推动房地产业的健康发展。

土地使用权的出让与转让是土地市场中的两个层次。在行为主体上，出让的主体是政府及土地管理部门，转让的主体是市场中的经济实体及个人。在法律关系上，出让形成的法律关系不是完全平等的，出让方占据着垄断地位，转让形成的法律关系是双方平等的。在市场层次上，出让属于土地一级市场行为，转让属于土地二级市场行为。在年限上，出让年限按照合同约定，但不得超过国家法定年限，转让年限为出让合同年限减去已使用年限后的剩余使用年限。在土地转移方式上，出让方式包括协议、招标、挂牌、拍卖，转让方式包括出售、交换、赠与、合作开发等。

5.3.1 土地使用权转让的流程

未按土地使用权出让合同规定的期限和条件投资开发利用土地的，土地使用权不得转让，这意味着转让的具体条件由地方政府确定。实际上，各地方政府都针对土地出让和转让制定了不同的规定。《中华人民共和国城市房地产管理法》对土地使用权的转让，规定了具体的条件，以出让方式取得土地使用权的，转让土地使用权时应当满足下述条件：

（1）土地使用权转让只能在原土地使用权出让合同规定的权利义务范围内进行，权利人不得扩张其权利的内容。

（2）按照出让合同约定已经支付全部土地使用权出让金，并取得土地使用权证书。

（3）按照出让合同进行投资开发，属于房屋建设工程的，要完成开发投资总额的25%以上，属于成片开发土地的，形成工业用地或者其他建设用地条件。

《中华人民共和国城市房地产管理法》还规定了土地使用权不得转让的条件。土地使用权转让时，土地使用权出让合同载明的权利义务随之转移，转让人不能保留一部分权能而只转让其他权能。国家虽然不参与土地使用权转让双方之间的法律关系，但受让人使用土地必须按照国家与原受让人之间订立的合同进行，不得随意变更土地使用权的使用年限、用途及其他限定规则。

土地使用权转让的类型有3种：出售、交换和赠与，其中以出售最为常见。土地使用权的出售是指土地使用者将土地使用权转移给其他公民、法人，并获得土地使用权出让金的行为。这种出售行为与一般意义上的买卖不同，一般买卖行为涉及所有权的转移，而土地使用权的出售只转移使用权，所有权仍属于国家。在实际经济生活中，土地使用权还存在其他的转让方式，如土地入股联建联营、企业合并等经营性土地使用权转移方式，以及土地使用权继承和用地单位合并、分立等非经营性土地使用权转移方式。

根据我国土地使用权转让的实践，土地使用权转让一般采取下述程序：

(1) 转让申请。由原受让人向出让人提出转让土地使用权的申请，出让人（土地管理部门）就转让情况对再受让人的资信、转让合同草案、转让金标准进行审查。如果审查无异议，则向原受让人发同意转让的通知书，若不同意转让，则应指出原因和改进建议。在审查申请时，土地管理部门应对拟转让地价进行评审，若发现转让价过低，政府可优先收购。价格过高的，可采取必要调控措施。对于转让土地使用权是否需要经过申请，各地规定不一，事实上只有少数地方规定转让须经过申请。如天津和广州地区规定受让人应向出让人即自然资源主管部门提出申请，经批准同意后，才能进行土地使用权转让。在一般情况下，当事人只要符合规定的转让条件，就可自行决定转让土地使用权。

(2) 签订转让合同。原受让人通过招标、拍卖或协议方式确定新的受让人后，要与新受让人签订转让合同，明确双方当事人的权利义务，另外转让合同的内容必须符合出让合同的要求。《中华人民共和国城市房地产管理法》第四十一条规定：房地产转让，应当签订书面转让合同，合同中应当载明土地使用权取得的方式。

(3) 转让合同公证。转让合同公证就是由公证机关证明转让合同的真实性与合法性的非诉讼活动。由于转让合同属经济合同的性质，虽然《城镇国有土地使用权出让和转让暂行条例》并没有说明转让合同要进行公证，但是各地方政府法规基本上都规定了土地使用权转让合同必须进行公证。有些地方规定，公证是转让合同生效的必要条件，而转让合同经过公证后具有强制执行的效力。

(4) 缴纳土地使用权转让费和土地增值税。转让合同签订后，受让人应按合同要求及时向转让人支付土地使用权转让费，同时转让人要在合同签订后的七日内到税务部门缴纳土地增值税。由于国家建设投资等原因而使土地增值，使得转让方在转让时获得增值收益，国家要对这部分收益征税，这就是土地增值税。征收土地增值税是防止土地投机和规范房地产交易市场的有效措施之一。

(5) 土地使用权变更登记。双方当事人共同到所在地市、县人民政府土地管理部门办理土地变更登记手续，换领土地使用证。办理变更登记时，须提交转让登记申请书、土地使用证和房产证、土地使用权转让合同、付款凭证、受让人资信证明、法人代表证书等。同时，也应就地上建筑物所有权转让合同向房地产管理部门办理过户登记。

5.3.2 在建项目收购与项目公司入股

在建项目收购是指通过在建工程转让的方式，获取项目所用土地使用权、地上在建工程、行政批文及各类权益，同时继续承担项目所有的各项义务的经济活动。

在建项目收购的注意事项包括：

(1) 权属合法与完整性。这是在建项目收购首先需要注意的，主要是土地使用权取得的过程与方式是否符合国家法律法规的规定，是否按照要求缴纳了全部地价款及税费，同时要查验《国有土地使用证》的真实性。权属的完整性主要是关注项目是否存在抵押、担保等权属限制。

(2) 法律文书的完善性。主要是规划文件的完善性，以保证项目的各个行政审批环节均符合国家对土地及建设工程的管理要求，特别要注意《规划意见书》《建设用地规划许可证》《建设工程规划许可证》及《建筑工程施工许可证》等证件是否完备。

(3) 合作协议的合法性、合理性与执行情况。最主要的是施工合同，需要注意合同签订的合法性，比如是否按照国家要求进行了招标，同时要判断合同中所约定施工款项与施工内容是否对等、合理，在此基础上考察合同条款的执行情况。

（4）工程进度与投资进度。根据对工程现场的实地考察，结合对方提供的工程进度计划表判定工程的实际进度，结合施工合同与投资进度表判定投资进度及投资额是否符合实际情况。

（5）工程质量。需要委托专业的工程技术人员与房地产估价师一起对工程质量进行检查，杜绝收购项目存在工程质量问题。

（6）财务状况。财务状况的重点是债务及优先受偿分析，特别是优先受偿分析，这部分是需要从成交价款中扣除的，防止出售方借转让项目而逃避债务及税费。

由于部分在建项目或土地没有达到国家所规定的投资额比例或开发程度，不能进行在建项目或土地使用权转让，考虑到在建项目转让的烦琐，在实际交易中，很多房地产开发企业采用项目公司入股的方式。项目公司入股是指投资方按照对房地产开发项目公司的评估价格购买该项目公司的股权或按照比例新入股该项目公司，主要包括参股、控股和全资收购三种方式。如果项目公司的所有股东对该项目不再具有投资意向或无资金进行投资，会选择整体出售项目公司，由收购方（投资方）进行全资收购。如果项目公司的部分股东对该项目不再具有投资意向或无资金进行投资，一般会选择部分股权转让，或者项目公司从引进战略投资者的角度考虑也会选择将部分股权转让或增加股东，由收购方（投资方）对项目公司进行参股或控股。

项目公司入股的程序一般包括以下六个步骤：

（1）尽职调查。在双方具有初步的入股意向后，入股方会委托律师、评估师和审计师进驻拟入股公司进行尽职调查。尽职调查的主要任务是收集项目公司及项目的相关资料，并对资料进行分析。项目公司的资料包括财务、工商、税务等资料，项目资料包括项目的土地权属、规划条件、工程进度等。

（2）专业问题协商与解决。根据尽职调查中所发现的问题，各专业人员提出专业意见供收购方参考，入股方就专业意见中所提出的问题与项目公司的股东进行协商，并由专业人员提出解决方案，商讨解决措施，部分问题应当在收购行为发生前就得以解决。

（3）股权价值评估。项目公司的资产一般比较单纯，其核心就是准备开发的土地和已经开发的在建工程。所以，其股权价值评估的重点是土地或在建工程评估，需要委托评估师进行评估。

（4）入股谈判。根据律师、评估师和审计师的意见，入股方与项目公司股东进行入股谈判，主要围绕股权定价、收益保障、风险防范及入股后的人员配置等核心问题。

（5）入股协议签署。根据谈判结果，签订双方或多方协议。如果是上市公司收购行为，构成重大资产收购的，还必须报证监会批复，并向广大股民公告。如果涉及国有资产问题，构成重大资产收购的，还需要报相关部门批准。在获得上述批准后，入股协议方才生效。

（6）入股后续事项。包括兑价支付、公司章程变更、人事调整等。为了顺利实现项目公司入股，一些不具有经验的收购方会选择财务顾问或投资顾问做入股全程策划、咨询。

采用项目公司入股的方式获得土地使用权相对于土地使用权转让、在建项目收购等方式具有较大的优势，这也使得越来越多的房地产开发企业选择项目公司入股的方式获得土地使用权。优势具体体现在以下三个方面：

（1）手续简单。对房地产项目公司入股只要签订股权转让协议并按规定办理股权转让的变更登记手续（外商投资企业还应办理股权转让的审批手续）即可控制、管理整个项目，而土地使用权转让或在建项目的收购却涉及土地使用权的过户及建设手续的更名等手续，不仅合同内容复杂，而且手续复杂。

（2）节省费用。土地使用权转让或在建项目的收购与房地产项目公司入股相比，前者需多交相当于成交金额3%的契税和一笔交易手续费，显然，通过房地产项目公司入股方式可以降低开发成本。

（3）开发快捷。由于房地产项目公司入股一旦办妥股权转让手续，投资者即可投入资金进行后续开发建设，对于境外投资者及境内非房地产企业投资者而言，不用再另行设立房地产公司。

尽管房地产项目收购、入股等方式有上述优势，但其过程是一项牵涉面非常广的业务，大量的土地和在建工程项目经常涉及复杂的法律关系和烦琐的法律流程，对房地产企业的风控能力具有较高的要求。房地产项目收购、入股的常见风险梳理如下：

（1）目标公司的风险界定

目标公司（亦称项目公司）的股权属性风险主要包括项目公司设立合规性风险及权利完整性风险两大类。

1）在项目公司设立方面，涉及对项目公司合法权益会产生实质性重大影响的法律风险。归纳起来主要有如下几项：股东未足额缴纳出资额；股东出资形式不符合法律规定；非货币财产出资作价违反法律强制性规定；非货币财产作价出资未办理财产权属转移手续；股东抽逃出资；项目公司未依法年检；其他。

2）拟对外转让项目公司股权的股东公司是否具有完整的股东权利，权利是否存在法律瑕疵，包括：项目公司股权是否存在质押、担保等第三人权利；项目是否存在租赁权、地役权等权利瑕疵；项目的后续开发和盈利模式是否存在政府限制等潜在风险；是否存在股东公司转让股权的限制性约定（有没有经过项目公司其他股东的同意，有否违背相关法律法规的规定）；是否存在对股东公司在项目公司享有的表决权、分红权、委派董事和管理人员的权利等的限制；是否存在对股东公司在项目公司清算剩余财产分配权等的限制等。

（2）目标项目的风险界定

鉴于土地性质、取得方式、规划用途、使用期限以及房地产开发建设的复杂性，在对目标公司股权或目标项目进行收购时，需特别重视风险排查，尤其是久拖未建或停建的项目，在收购时需特别小心。以下就常规的项目并购风控重点进行介绍。

1）土地使用权风险：出让金是否支付、土地出让合同中有无股权转让的限制、开发条件限定、有无代征地情况、土地使用权权属是否清晰、项目用地是否存在被征收或征用等风险。

2）项目主体风险：开发主体与审批主体是否一致，实际建设项目与审批项目是否一致的风险。

3）规划风险：规划有无调整，调整内容是否符合受让方的开发需求，规划有无超过期限，需要重新申报的能否获得批准。

4) 项目相邻关系的危机风险:《中华人民共和国物权法》规定,建造建筑物,不得违反国家有关工程建设标准。妨碍相邻建筑物的通风、采光和日照,即使取得了《建设工程规划许可证》,证明建设行为是合法的,但只要导致相邻建筑物的通风、采光、日照无法达到规定的最低标准,则也要承担相应的责任。

5) 需要政府审批的各类证照是否已批的风险:如动工开发期限,是否已超过出让合同规定的动工期限,是否获得延期开工的批准,土地有无被政府收回的可能。

6) 项目建设中各类合同的风险:尤其是在建、停建、缓建项目的,合同情况更复杂,有无履行纠纷、合同违约或解除纠纷,是否有因建设工程进度监管不严给予施工单位的不当工程签证风险。

7) 违法建设的风险:如超规划建房。

8) 工程质量风险。

9) 不动产有无抵押担保的风险。

在实践中,地产项目的并购风控绝大多数都是通过合同(包括单方承诺函)的方式来落实,因此股权转让或项目转让的协议应尽量完善,把所有潜在风险,或债务、诉讼风险等各种因素考虑进去。另外,在并购项目的实际对接中,要充分考虑政府、融资等外部环境。在无法通过合同本身来约束的情况下,应充分评估外部环境对项目本身后续开展的影响,并加强与政府的沟通。对并购项目中存在的单方要求或者承诺应尽量在并购落地前明确解决方案或落到实处,同时对当地的人文环境有基本掌握和判断,做好前期工作,避免在并购完成后由于各种原因导致工作难以开展。

复习思考题

1. 什么是土地储备与土地开发?
2. 我国常见的土地储备模式有哪些?
3. 城市闲置建设用地的处理方式有哪些?
4. 在房地产企业土地竞标中,为什么最常采用假设开发法?
5. 简述土地使用权转让的流程。
6. 简述房地产项目公司入股方式以及获得土地使用权的优缺点。

第6章 房地产市场调研与分析

本章内容提要

本章将系统介绍房地产市场调研与分析知识。房地产市场调研与分析是以房地产为对象，通过对房地产市场信息的收集、整理、分析和加工来预测房地产市场未来发展趋势，帮助房地产市场参与者把握市场机遇和调整自身策略。其目的是为企业发现市场机会、找准市场定位、调整经营策略、进行经营决策等提供客观依据。市场调研是房地产专业服务机构了解市场、认识市场的一种有效方法和手段，为企业客户提供房地产调查与市场分析服务，使自身成为越来越专业的房地产专业服务机构的重要业务内容。它既是房地产开发商进行项目投资、调整项目定位的基础，也是政府掌握房地产市场开发经营状况、对房地产市场进行调控的依据。通过本章学习，应掌握以下专业知识点：

房地产市场调研与分析的内涵

房地产市场调研与分析的内容

房地产市场调研与分析的方法与程序

房地产市场调研与分析报告的撰写

6.1 房地产市场调研与分析概述

6.1.1 房地产市场调研与分析的内涵

1. 房地产市场调研分析的含义

市场信息是企业进行活动的关键。不能掌握市场信息的企业只是盲目地进行生产销售，但却不能准确估计市场现状，也就几乎不可能实现企业自身的可持续经营。

从广义上说，房地产市场调研与分析是指房地产市场参与者以房地产市场为对象，以把握房地产市场现状并正确判断市场未来发展趋势为目的，而获取房地产市场的供求信息的行为。市场参与者既可能是政府相关机构，也可能是投资者或开发商、市场分析机构、营销机构、贷款机构和购房者等。

从狭义上说，房地产市场调研与分析是指房地产开发商为房地产项目开发需要，将市场参与者（政府相关机构、开发商、投资者、购房者等）联系起来，通过市场信息的收集整理、分析加工，寻找市场内在规律从而帮助决策的行为。

总体而言，房地产市场调研与分析是以房地产为特定对象，对相关市场信息进行系统地收集、整理、记录和分析，进而对房地产市场进行研究和预测，并最终为投资、设计、营销与决策服务的专业方法。

2. 房地产市场调研分析的必要性和作用

房地产市场调研分析的必要性主要体现在以下两个方面：

一方面，房地产开发是资金密集型投资，其风险很大，开发商和投资者有可能获得巨额利润，也可能遭受很大损失。决策一旦失误，巨大的损失就难以避免。市场调研分析能够使决策者对当前市场有充分了解，对未来市场能够有正确预测，以准确把握产品定位，及时调整战略，发现新的市场机会，从而尽可能降低风险，获得最大利润。

另一方面，消费者的需求不断变化。房地产市场调研与分析是市场营销计划的基本前提，准确充分的市场调研与分析可以帮助开发商及时有效地掌握市场动态与消费者的消费意向，帮助开发商寻找目标使用者，根据市场需求调整产品。

市场调研与分析是房地产项目开发的前期工作。对开发商、投资者、金融机构、设计人员、营销经理、政府部门、购房者来说，房地产市场调查分析的作用不尽相同。

对开发商而言，在开发过程中对房地产市场进行调查和分析可以帮助开发商认识市场，挖掘卖点，捕捉新的市场机会，选择项目位置，决定项目定位，向金融机构说明财务可行性以便获取贷款，寻求合作伙伴。在开发后期，可以帮助开发商及时调整产品，了解消费者需求，寻求目标使用者，可以帮助房地产企业进行产品创新，提高服务质量，从而提高房地产企业的核心竞争力。对投资者和金融机构而言，对市场进行调查和分析之后得出的项目财务可行性的结论是决定是否对项目发放贷款或对其进行投资的先决条件。对设计人员而言，对市场进行调查和分析可以了解项目面对的目标受众，并有针对性地进行设计，从而使产品风格、户型、配套设施、设备等符合市场需求。对营销经理而言，对市场进行调查和分析可以帮助营销经理在其基础上，更好地掌握市场动态，根据项目目标受众特征调整营销策略，从而帮助企业资金快速回流。对政府部门而言，房地产市场调研与分析帮助政府部门掌握房地产市场开发经营状况，对市场进行宏观调控，也帮助政府部门对单个项目的立项、土地使用权出让、规划设计等进行审核。对购房者而言，市场调研与分析可以对购买时机、自身需求判断等提供支持。

6.1.2 房地产市场调研与分析的原则

1. 客观与真实原则

客观即真实。房地产市场调研与分析必须保证资料的来源真实，分析客观，才能准确反映房地产市场现状，才能保证对房地产市场的预测可靠，才能有正确的决策。对于房地产开发各方，才能发挥出房地产市场调研与分析真正的用处，才能保证房地产市场健康向上发展。市场调研与分析是否客观和真实往往又和以下方面有关：

（1）市场调研人员。市场调研人员位于市场调研与分析的第一线，他们的技术水平和职业操守决定了调研与分析成果的优劣。

（2）被调查者合作与否。被调查者的态度客观与否、是否愿意提供真实可靠的信息，对市场调研与分析的结果同样有着很大的影响。

2. 系统与全面原则

房地产市场调研与分析需要用系统的方法把握内部各要素之间的内在联系。针对宏观环境、政府政策、房地产供求关系、竞争环境、目标市场及其可支付的价格和租金水平、项目用地状况、周边配套等进行调研，通过市场分析把握整个房地产市场状况。

3. 经济性原则

经济性原则也称成本控制原则。市场调研与分析也需要成本，其花费是否为投资者所接受，调研分析采取哪些调查方法可以在时间和成本效果当中寻求最佳平衡也是需要考虑的问题。

4. 时效性原则

房地产市场不断发展，信息更迭迅速。在进行市场调研与分析的时候，必须紧跟市场变化，发现新问题，才能反映市场状况。市场状况的好坏变化都会影响开发项目的进行。因此，在房地产市场调研与分析中，应当注重时效性，从而为项目开发提供决策依据。

6.1.3 房地产市场调研与分析的特点

1. 调研内容的广泛性

房地产市场调研与分析是一个有计划、周密组织进行的，由一系列环节及其成果组成的活动，其内容广泛，包含对宏观方面的政治经济环境、社会环境和区域房地产市场环境，也包括微观方面的项目用地现状、周边配套、竞争楼盘等，贯穿项目开发全过程，可能涉及的提问，简单如包括被调查者的性别、年龄等，复杂如被调查者收入状况、偏好、市场价格水平等。

2. 调研内容的针对性

房地产市场调研与分析在不同阶段的针对性也有所不同，其偏向于对消费者的生活模式与行为模式进行调研分析。

3. 调研方法的多样性与专业性

房地产市场的信息通常分为第一手信息和第二手信息。房地产市场调研与分析包括对房地产市场信息的收集、判断、整理、筛选与分析研究等活动。调研信息的多样决定了调研方法的多样。针对获取信息的不同，获取信息的方法也有所区别。如对于客户的需求信息可以采用访问法、观察法，对于市场趋势信息的获取可以采用专家意见法、时间序列分析法、相关分析法等。另外，房地产产品的多样性和复杂性也决定了调研与分析的专业性。房地产产品不仅涉及消费者的消费特征、收入结构、购买偏好等问题，还涉及周边配套设施等，这些都要求一定的专业技能。

4. 调研结果的局限性

市场变化多端，房地产市场的调研与分析不可能将所有的市场因素都考虑周全，因此其调研结果必然有其局限性。房地产市场调研与分析的重要成果之一，就是对房地产市场的预测，预测不能保证结果的全然正确。房地产市场调研与分析的结果只应当被当作项目策划开发的基础，房地产市场调研分析的结果是决策的参考依据，但并非绝对正确的答案。

6.1.4 房地产市场调研的分类

1. 全面调研和局部调研

全面调研是对整个市场的所有对象进行调研，以获取全面完整的信息。然而，一方面对所有对象进行调研并不现实，另一方面市场不断发展，信息也不断更迭，市场信息包罗万象，需要考虑的因素众多，因此全面调研并不可行。局部调研是选择市场中具有代表性的对象，对其进行深入科学的调研与分析，如对市场中各对象进行抽样调研，或对市场中领头企业进行重点调研等。

2. 了解性调研与预测性调研

按照对市场调研的深度分为了解性调研与预测性调研。了解性调研的目的在于获取市场信息、了解市场现状；预测性调研的目的在于对市场未来状况进行预测。了解性调研又可从层次高低分为探测性调研、描述性调研与相关性调研。

探测性调研的调研深度最低，是小规模非正式的调研，其往往只是粗略地对市场进行调查以获取基本市场情况，其目的在于发现市场机遇，明确下一步深入调研的内容。描述性调研是针对市场机遇进行较为具体详细的调查，对市场情况进行深入的观察、收集、记录、整理与分析探讨，其目的在于探索市场全貌。相关性调研又称因果性调研，是针对市场具体问题进行调研，目的在于分析市场现象各变量之间，变量的变化对另外的变量的影响情况。预测性调研是综合了解性调研的成果，收集、整理、分析当前所有有效市场信息，从而对未来市场趋势进行预测而进行的调研。

6.2 房地产市场调查的内容

房地产市场调研与分析贯穿整个项目开发阶段，包括对市场宏观环境状况、城市房地产市场状况、区域环境调查等方面的调研与分析。

6.2.1 市场宏观环境

宏观环境分析是房地产市场调研与分析的首要内容。开发商需充分考虑国家和地区的经济特性，判断区域经济形势走向向上或是向下。市场宏观环境包括政策环境、宏观经济环境和社会文化环境三部分。

1. 政策环境调研

政策环境调研十分有必要，对政策环境的了解可以帮助开发商掌握市场动态，为项目开发提供必要的政策和法律保障。如住房制度政策、旧城改造政策等提供可能存在的市场机遇，与房地产相关的金融政策如信贷规模和利率水平等可以帮助开发商顺利取得该项目贷款，对环保、财政税收政策的掌握可以避免因违反政策而造成的项目阻碍。同时，还要关注有关法律法规等是否已进行更新调整，如《城市房屋拆迁管理条例》被《国有土地上房屋征收与补偿条例》替代、《中华人民共和国环境保护法》的修订等，都会对房地产开发带来直接影响。

2. 宏观经济环境调研

宏观经济环境对房地产项目的营销有着直接的影响。在发展速度快、收入高的地区，人们购买力增强，购房需求也就增大。宏观经济环境好，人们对市场的预期看好，周边基础设施完善，投资环境良好，有利于吸引投资，发展经济，带动房地产市场健康发展，从而形成一个良性循环。一般来说，对宏观经济环境的调查包括对国家、地区和城市的经济环境的调查，包括以下方面：

国家和地区的经济总值及增长速度、国民收入总值、物价水平、产业结构、三资企业结构及数量、居民消费价格指数、居民可支配收入、通货膨胀率、进出口税率、城乡居民收入水平、通信及交通运输、能源与资源供应、技术协作条件等。通过以上分析可以获取房地产市场总体经济运行环境，从而对房地产市场未来走势进行准确预判。

3. 社会环境调研

地区经济特征确认以后需要对项目所处社会文化环境进行调研。社会文化环境会影响当地人民对项目定位的看法和需求，对人民的生活方式造成影响。社区环境还会直接对房地产商品的价格造成影响，如周边配套设施齐全的地区往往其房价也会较高。包括地区受教育程度、职业构成、文化水平、家庭结构、子女就学条件、价值观、审美观、风俗习惯、宗教信仰等。对社会文化环境的调研分析有助于对房地产商品进行准确的定位，把握项目规模、档次、目标客户人群和价格区间等。

6.2.2 区域环境调查

区域环境调查也叫中观环境调查，主要包括经济发展水平、城市发展规划、专业机构情况调查等。

1. 经济发展水平

主要调查城市或区域的经济总体水平、主要产业与居民收入水平、消费能力等。经济发展水平的调查有助于帮助项目选址、确定开发规模和档次。

2. 城市发展规划

城市发展规划直接关系到项目的发展潜力和增值的可能性。这是项目选址所需要重点考虑的因素。

3. 专业机构情况

对专业机构诸如工程咨询公司、规划建筑设计单位、房地产销售代理公司、广告策划公司、物业管理公司等进行调查，可以对项目前期咨询、设计、建造、销售和管理等方面的合作单位进行选择。

6.2.3 供给与需求分析

城市房地产市场状况包括市场整体情况、土地市场情况、商品房市场情况、全市房地产价格走向、全市主要开发商开发销售情况、三级市场交易情况等。市场状况分析一般从以下两个方面进行：

1. 供给分析

在对整个房地产市场供给情况进行总体调查时，主要关注房地产市场产品供给结构、供给总量、供给变化趋势、价格情况等。调查房地产市场当前存量、过去的走势、未来可能存在的供给等。具体内容有房地产存量、在建数量、计划开工数量、获批许可数量、转变用途量和拆除量等。分析房地产市场商业周期和建设周期循环规律及所处阶段，未来相关市场区域内供求的数量差异等。

其中，对产品价格的调研是了解供给情况的重要环节，包括房地产市场总体价格水平以及发展趋势、房地产市场价格影响因素、社会对价格波动的反映等。

2. 需求分析

需求容量是指对房地产产品有购买欲望并且有购买能力的市场需求总量。对房地产市场需求状况的调查有助于帮助开发商初步了解市场需求总体情况，为项目的下一步开发做好准备。包括国内外市场的需求动向；现有的和潜在的市场需求量；社会拥有量、库存量；同类产品在市场上的供应量或销售量，供求平衡状况；本企业和竞争企业的同类产品市场份额；本行业或有关的其他行业的投资动向；企业市场营销策略的变化对本企业和竞争者销售量的影响等。

市场需求由购买者、购买欲望以及购买能力组成。根据谁在市场上购买，可将市场分为两大类型：个人消费者市场和组织市场。不同的市场由于购买者构成及购买目的的不同，其需求和购买行为也不同。购买者是购买行为主体，购买欲望是购买行为的动力，而购买能力则往往决定了是否进行购买行为。对消费者行为和市场容量进行调研分析，有利于进行市场细分和选择目标市场，描述市场特征和规模，为项目的决策定位、产品设计和营销提供全面而准确的信息。

6.2.4 区位条件分析

区位是指特定地块（宗地）的地理空间位置及其与相邻地块的相互关系。广义上是指人类的一切活动空间，包括经济的、文化教育的、科学卫生的，以及人们居住的一切活动空间布局及其相互关系。区位是城市土地最重要的特征之一。作为不动产，房地产产品区位性很强。一方面，开发商供给的商品固定在某一地域范围内，不能移动；另一方面，人们对房地产商品的市场需求也主要以本地区的投资需求和居民的消费需求为主，销售具有典型的区域性特征。无论是投资房地产或是消费，第一要考虑的就是区位。

房地产投资的真理是"位置，位置，还是位置"。区位分析是某地点的最佳用途分析，它是进行投资决策时的主要分析内容。它要对项目地块所在的区位与类似的区位进行比较，发现市场机会；在有两个或两个以上的可选用途时，就要对每一种可能的用途进行分析比较。

6.2.5 竞争性物业状况分析

竞争者一般是指那些与本企业提供的产品或服务相类似，并且有相似目标客户和相似价格的企业。对于一个企业来说，广义的竞争者是来自于多方面的。企业与自己的顾客、供应商之间，都存在着某种意义上的竞争关系。狭义地讲，竞争者是那些与本企业提供的产品或服务相类似、并且所服务的目标顾客也相似的其他企业。那么，如何发现竞争者呢？实际上，将产品和市场两个角度结合在一起的分析是最客观的：既考虑与本企业所提供的产品（或服务）的相似性和替代性，更要考虑与本企业所欲满足的消费者的一致性。一般情况下，如若这两方面的程度都最高，便可以认定该企业为本企业的主要竞争对手。

竞争性物业包括与项目同一区域的物业，以及不在同一区域但定位类似的物业。具体说来，竞争性物业状况分析，就是对竞争性物业的产品、价格、营销情况进行调查，再分析得出潜在竞争对手状况。通过对竞争性物业调研，可以分析出竞争对手的特点、销售策略和实际情况，从而帮助本项目制定营销策略。它包含：①分析目标物业的法律、经济、地点及地点的可达性等特征；②根据目标物业的特征选择、调查竞争物业；③进行竞争评价，确定目标物业的竞争特点，预测一定价格和特征下项目的销售率及市场占有率（市场份额）。

1. 竞争性物业产品分析

竞争性物业产品分析又包括产品特征分析和区位分析。产品特征诸如总建筑面积、容积率、户型配比、装修风格、配套设施、绿地率、建筑密度等。房地产产品的特殊性之一就是其价格受到所处区位的很大影响，在很多情况下，房地产销售价格和租金水平是由所处区位决定的。区位条件包罗所在地域的政治、经济、人文、法律等社会因素，还包括该项目具体地点的自然特征如地貌、排水、土壤构成等。

2. 竞争性物业价格分析

价格在实际调查中往往很难取得真实信息。一般，从单价、总价和支付方式上来对物业的价格进行描述。单价又包括起步价、均价、主力户型单价和成交价等。总价往往反映的是对客户群的选择,对项目定位和目标市场的掌握。

3. 竞争性物业营销情况分析

对竞争性物业的营销情况进行调查分析是对市场竞争调研的重要方面之一。包括竞争性物业的促销手段和销售情况调查。对竞争性物业促销手段的调查包括其广告促销调查、活动促销调查、销售人员促销调查、客户关系促销调查等。销售情况是判断竞争性物业情况的真实指标。其包括销售率、销售次序、客户分析等。其中,销售率反映了一个物业被市场接纳的程度。销售次序是房屋成交次序,可以反映出物业的销售主力,分析出价位、面积、户型对市场接纳程度的影响。客户分析通过对客户的职业、年龄、家庭结构、收入情况等反映出购房人的信息,了解客户购房动机,从而对应本楼盘,找出本楼盘对客户的吸引力所在。

6.2.6 消费者行为分析

消费者行为是指消费者为获取、使用、处置消费物品或服务所采取的各种行动,包括先于且决定这些行动的决策过程。消费者行为是与产品或服务的交换密切联系在一起的。在现代市场经济条件下,企业研究消费者行为是着眼于与消费者建立和发展长期的交换关系。为此,不仅需要了解消费者是如何获取产品与服务的,而且也需要了解消费者是如何消费产品的。营销人员往往关注的是消费者会对企业的各种市场行为和手段产生何种反应。

对房地产市场消费者情况的调查分析即分析市场购买者的产品功能需求,包括消费者个人特征、购买动机、购买力水平等方面。

(1) 消费者个人特征

消费者个人特征即个人基本信息。对消费者基本信息的把握是进行消费者甄别的重要依据。具体来说,要详细分析项目所在区域居民与潜在居民情况,如居民婚姻状况、就业情况、家庭规模与结构、居民可支配收入状况、消费倾向、职业、年龄、受教育程度、现居地或工作地点分布、购买用途比例等。

(2) 消费者购买动机

常见购买动机有自用和投资两种。消费者购买动机调查包括消费者购买倾向、购买动机影响因素、消费者不愿购买本企业产品的原因及其对其他企业生产的同类产品的态度及购买动机类型等内容。

(3) 消费者购买力水平

指消费者对某房地产产品最大支付能力。一般衡量指标是家庭年收入。对城市或区域房地产市场需求状况的调查主要包括房地产需求量、需求特征、价格水平、开发成本,包括各类物业成交量、需求量、空置率、市场吸纳能力与速度等。同时,关注区域内已建、在建、正在规划建设的主要房地产项目的用途、投资者、占地面积等项目当前状况,据此判断区域内房地产需求状况。根据对需求分析和供给分析结果的综合把握,判断出市场供给与需求的基本状态,从而为项目定位、开发规模、风险程度等提供依据。

由于房地产商品兼具耐用消费品和投资品的双重特征,所以房地产市场中消费者的购买对象、影响购买行为的主要要素和购买决策过程等与一般消费品市场有非常大的差异。住房市场中消费者购买的目的是满足自住需求或投资保值增值,或两种目的兼而有之。

（1）受"有土斯有财"等传统观念的影响，中国人在买房与租房之间往往更加倾向于买房，愿意支付住房所有权溢价。

（2）中国家庭往往以家庭为单位进行房屋的购置，买房对大多数中国人而言是一件十分重要的事情，因此，房屋的区位、数量、质量、配套设施、绿化等都会对购买者产生很大的影响。

（3）购买住房通常需要住房金融支持，家庭规模、家庭生命周期所处阶段、个人住房抵押贷款的可获得性及贷款条件也会对购买决策产生重要影响。

（4）住房具有投资特性，购买者除了关注住房的使用价值外，还非常关注其投资价值，购买决策受预期租金收入、增值收益、利率水平以及其他类型投资收益水平的影响。

（5）住房市场受政府干预且受社会高度关注，除政府政策调整、社会舆论导向等的影响外，示范效应、从众心理等也会影响购买者决策，出现羊群效应等非理性购买行为。

除家庭因素以外，个人因素也在购房行为中充当重要角色。如年龄、性别、职业、受教育程度、经济状况、生活方式、个性等。如青年人容易受外界各种刺激而有冲动型消费；老年人阅历丰富，不容易受广告等商业信息的影响。男性相较于女性更倾向于冲动型消费，相较于价格更偏好于品质；女性则更愿意货比三家。职业和受教育程度对人的购买行为也会造成很大影响，如办公室白领更倾向于购买闹市区交通便利的小区，而文艺工作者可能更喜欢郊区。

此外，政府规划、规划建设者、正在开发建设的房地产开发项目用地的用途、所处区域、具体位置、占地面积、建筑面积、绿化水平、容积率、预计开工建设日期、完工日期、预计投入使用时间，同时，还有已建成投入使用的主要竞争性项目的用途、所处区域、具体位置、占地面积、建筑面积、绿化水平、容积率、入住率、月租金、售价、大型商场营业面积和营业额等，也应当得到足够关注。区域内房地产企业整体情况，如区域房地产企业数量、类型和资质等，也要有一定调查分析。

6.3 房地产市场调研与分析的方法与程序

6.3.1 房地产市场调研与分析的方法

房地产市场调查的涵盖极广，内容极多。一般包括如图 6-1 所示的 5 个步骤。

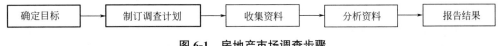

图 6-1 房地产市场调查步骤

1. 确定目标

如 6.1.4 节房地产市场调研的分类所述，房地产市场调研与分析分为了解性调研与预测性调研。了解性调研又分为探测性调研、描述性调研、相关性调研。根据调研程度由浅到深分别确定调研问题以及目标。

2. 制订调查计划

调查计划的制订一般要包括确认资料来源、调查方法、调查手段、抽样方案和联系方法几个方面。资料来源分为一手资料和二手资料两种，调查方法包括观察法、访问法、实验法等，调查手段又有问卷调查和座谈调查等，这三个方面在下文中详述。

在采用抽样调查法进行调研获取资料时，需要制定抽样方案。在设计抽样方案时，必须确定：

(1) 抽样单位。抽样单位即指被抽取样本中的一个或是一组元素。与总体单位有所区别的是，总体单位是指构成总体的个体单位，它是组成统计总体的基本单位。例如，在一个城市对居民户做调查，由市一级先抽取街道办事处，再由街道办事处抽取居委会，最后由居委会抽取居民户，在这种情况下，第一步的抽样单位是街道办事处，第二步的抽取单位是居委会，由于他们都不是所采集资料的承担者，故都不是总体单位。只有第三步中的居民户可视作抽样单位，同时也是总体单位。

(2) 样本规模。样本规模也就是样本的大小，即抽取多少人作为调查对象。一般来说，大样本比小样本置信度更高，但大样本相较于小样本耗时更长，费用更高。在进行调查时，需要根据调研需要合理平衡样本规模和成本之间的关系。而样本规模的大小与可接受的抽样风险、可容忍的误差、预计总体误差、总体变异性、总体规模有关。一般而言，可接受的抽样风险、可容忍的误差越小，所需样本规模越大。可容忍误差一定时，预计总体误差越大，所需的样本规模越大。

$$N = \frac{t^2 \sigma^2}{e^2}$$

式中　N——样本单位数；

　　　t——置信度对应临界值；

　　　σ——总体标准差；

　　　e——抽样误差。

(3) 抽样程序。抽样程序即决定如何选出样本。有概率抽样和非概率抽样两种。概率抽样可以得到有代表性的样本并计算抽样的置信度。但概率抽样成本过高、时间过长，调查者也可以采用非概率抽样。非概率抽样，根据样本调查的结果也可在一定程度上说明总体的性质与特征，但没有严格按随机抽样原则来抽取样本，无法确定抽样误差，不能从数量上推断总体。

3. 资料收集方式

收集信息是市场调查中成本最高，也最容易出错的阶段。在采用问卷调查时，可能会出现某些被调查者不在家必须重访或更换、某些被调查者拒绝合作、某些人的回答或在有些问题上有偏见或不诚实等情况。

(1) 按照调查范围与对象

可以分为全面调查法、重点调查法和抽样调查法。抽样调查法又可分为随机抽样调查法和非随机抽样调查法。

全面调查法就是对市场进行全面的调查，以获取范围足够大的信息来对市场有一个全面的了解。这种方法所得资料较为全面可靠，但调查花费的人力、物力、财力较多，且调查时间较长。重点调查法就是在市场中选择一部分重点单位进行调查，重点单位虽然只占市场的一部分，却能较为全面地反映市场状况，但只能反映市场的基本趋势却不能用于推断市场发展趋势。此种方法的优点是：所投入的人力、物力少，而又较快地收集到市场信息资料。抽样调查法是指在市场中抽取一部分的单位进行调查和分析，并用这部分单位的数量特征去推断市场数量特征的一种调查方法。按照抽样随机与否分为随机抽样与非随机抽样。

（2）按照资料收集方法

按照资料收集方法可分为原始资料收集方法、二手资料收集方法。原始资料收集方法可分为访问法、观察法和实验法。二手资料收集方法又有内部来源和外部来源之分。房地产市场调研与分析需要大量真实可靠的信息。原始信息是为了当前项目或特定目标而收集的第一手信息。二手信息是为了其他项目或目的而收集的已经存在的信息。二手信息包括项目所在城市或区域的城市规划、社会经济、销售情况等方面的信息。

1）原始资料收集方法

① 访问法

访问法指通过以询问的方式向被调查者了解市场情况和客户需求的一种方法。按访问的具体方式分类为人员访问、邮寄访问、电话访问、留置访问、网络访问等。

A. 人员访问

人员访问是指房地产市场调研人员直接与被调查者进行交谈，也可称为面谈访问。面谈访问可分为个人面谈和小组面谈两种方式。个人面谈是调查员到消费者家中、办公室或在街头进行一对一面谈。小组面谈是邀请6~10名消费者，由有经验的调查者组织讨论产品、服务或营销措施，从中获得更有深度的市场信息。小组面谈是设计大规模市场调查前的一个重要步骤，它可以预知消费者的感觉、态度和行为，明确调查所要了解的资料和问题。

面谈调查又可分为入户访问和拦截式访问。入户访问即调研人员挨家挨户依据事先准备好的调查问卷或提问顺序对被调查者进行面对面的直接访问。但这种访问方式并不容易被接受，而且被调查者的范围有限，趋于相似。拦截式访问是调查人员根据调查方案在指定地点按照指定调查程序对路人进行访问。

人员访问具有访问程序标准具体，具有较好的灵活性的优点。由于调查者和被调查者面对面交流、交谈的主题可以突破时间限制，同时对于一些新发现的问题，尤其是那些争议较大的问题，调查者可以采取灵活委婉的方式迂回提问，逐层深入，在访问过程中既可以对访问的环境和被调查者的表情、态度进行观察，又可以对被调查者回答问题的质量加以控制，从而使得调查资料的准确性和真实性大大提高。

B. 邮寄访问

邮寄访问是房地产市场调查中一个常用的收集资料的方法。它是将调查者事先准备好的调查问卷邮寄给被调查者。邮寄访问的优势在于成本低、范围大，可以给被调查者充分的时间予以考虑，但被调查者很有可能不符合调查目标受众要求。

C. 电话访问

电话访问是通过电话与被选定的被调查者进行交谈从而获取市场信息的一种方式。与长距离的见面访问相比，电话访问成本低，并可迅速地获得回答。缺点是受通话时间限制，被访问者在回答问题时没有太多的思考时间，因而问题答案较简略粗糙。电话访问的回答率较高，一般能获得问卷提纲的多数回答。缺点是不易获得详细的访问记录，访问答案主要将依赖于访问者的事后追忆，故资料整理的完整性受到局限。同时，电话访问适用于题目少，且内容较为简单的问卷调查。由于不易获得受访者的合作，通常不能询问较为复杂的内容。电话访问仅凭电话沟通，既未谋面，又无法提供充裕时间给受访者思考。因此，访问技巧往往决定访问是否成功。

  D. 留置访问

  留置调查是指访问员至受访者家中访问，请求其协助调查并留下问卷，日后再予以回收的方法。即使问题项目多，受访者还是可依据自己的时间从容作答，可回答需要耗费时间或难以当面回答的问题，访问时即使受访者不在家亦可进行调查，不需要面谈技术纯熟的访问员。就方法本身而言，留置调查是介于面谈和邮寄访问之间的一种折中方法。只不过与受访者当面谈话主要介绍调查目的要求，并回答涉及调查问卷的一些疑问，而不是详细询问市场内容。这种问卷的设计较邮寄方法的问卷更灵活具体。但同样，由于二次访问，交通人事成本较高。

  E. 网络访问

  随着互联网的兴起，网络调查的方式开始流行。其主要方式是在网上发布问卷并传播填写。实施网上调查节省了传统调查中耗费的大量人力和物力，被调查对象可以及时就问卷相关问题提出自己更多的看法和建议，可减少因问卷设计不合理导致的调查结论偏差。但网络调查由于网络诚信方面的不足，调查结果不能得到有效保证。

  ② 观察法

  观察法是指研究者根据一定的研究目的、研究提纲或观察表，用自己的感官和辅助工具去直接观察被研究对象，从而获得资料的一种方法。科学的观察具有目的性和计划性、系统性和可重复性。常见的观察方法有：直接观察法、亲身经历法、痕迹观察法、行为记录法。观察一般利用眼睛、耳朵等感觉器官去感知观察对象。由于人的感觉器官具有一定的局限性，观察者往往要借助各种现代化的仪器和手段，如照相机、录音机、显微录像机辅助观察。

  ③ 实验法

  实验法，是用实验的方式将调查范围缩小到一个比较小的规模上，将调查的对象控制在特定的环境条件下，分别赋予不同的实验方案，控制外部变量进行实验后得出一定结果，将实验组与控制组进行比对，从而推断出市场总体采用实验方案后可能的结果。调研人员可以通过控制实验环境，从而得到一个理想的调查结果。在采用实验法进行调查时，调查人员必须注意，要使实验组与控制组匹配，并尽可能消除参与者的参与误差，实验方案要统一形式并且要能够控制外部因素的影响等。试销就是一种重要的实验方法。一种产品在大规模投入生产营销之前，先在小范围内进行推销宣传有助于消除可能存在的问题。

  例如，某公寓楼对于同类型的购房者，首先确定购房价格为 4000 元/m^2，看购房者愿意购买多大的面积，如果购房价格升至 4880 元/m^2，购房者愿意购买的面积又是多少，在假定其他条件相同的情况下，就可以分析购房者愿意购买的面积与单价之间的相关性。

  2）二手资料收集方法

  二手资料是相对于一手资料而言的，又叫次级资料。次级资料及第二手资料的名称本身已经非常清楚地指明了这种资料的特征，即它是一级资料的 2 次以上利用形成的资料形式。二手资料是房地产市场调查的起点，其获取成本低，可以立即使用，但二手资料需要考虑时效性以及针对性的问题，二手资料很多存在收集资料不够准确、不可靠或者过时的情况，这需要调研人员更正或者去收集更有价值的资料。从来源看，二手资料又分为内部二手资料和外部二手资料。

① 内部二手资料

内部资料是指来自于正在进行市场研究的企业或公司内部的资料。如果它们是以其他一些目的而收集的，就是内部二手资料。如在正常会计核算中编制的本公司的销售与成本资料，可以用来判断本公司在同行业竞争中所处的地位。产品设计与技术信息等能为企业评价某一新产品或一次新的广告活动等提供帮助。

② 外部二手资料

外部二手资料指的是从公司外部获得的二手资料。常见获取途径有政府公开信息、出版物、数据库等。

4. 市场分析的方法

市场分析主要包括市场需求预测和市场趋势分析两种技术路线。

(1) 市场需求预测

对市场需求的预测一般需要从产品层次、空间层次、时间层次上进行分析。产品层次包括全部销售、行业销售、公司销售、产品线、产品和产品细目六类；时间层次包括短期、中期、长期三类；空间层次包括世界、洲际、国家、城市和板块城市五类。

1) 市场需求分析基本概念

① 市场规模

市场规模主要是研究目标产品或行业的整体规模，具体可能包括目标产品或行业在指定时间的产量、产值等。对于房地产市场调研与分析而言，市场规模就是住房消费的潜在购买者的数量。市场规模大小与竞争性可能直接决定了对新产品设计开发的投资规模。潜在购买者有三个特点：购买欲望、购买力、购买渠道。因此，在估计房地产消费者市场时，首先要估算出一个特定的市场对某产品的潜在需求数量。消费者有了兴趣不代表他们就会购买。潜在消费者必须有能力去支付以及有渠道去获取该产品。市场规模还会因为途径的限制而缩小。如果政策对某些特定消费群体消费某种商品进行了限制，如某城市政府对非本地户籍人群实施商品住房限购政策，那么非本地户籍人群就不属于商品住房的有效市场。

企业可以选择追求全部的有效市场或选择集中在其中的细分市场上。服务市场也叫目标市场，是公司选择追求的那部分合格的有效市场。在服务市场上售出一定数量的某种商品。而渗透市场是指已经购买了该产品的消费者的集合，可以通过用户渗透率进行衡量。其中，用户渗透率是在总样本中，一个品牌的产品的使用（拥有）者的比例。

② 市场总需求

市场总需求是指在一定的行业营销投入水平及营销组合条件下，以及一定营销环境和一定时间、一定区域内，一定消费者群可能购买的某种产品或服务的总量。市场规模是市场需求的测量目标，市场需求是市场规模的推动力，两者相辅相成，通过用户确定的标量，来反映市场的需求，从而确定市场的规模。市场总需求是关于行业市场营销费用的函数，称之为市场需求函数，但并不反映时间对市场需求的影响。

市场最低量是不需任何刺激需求的费用即行业市场营销费用为 0 时就会有的基本销售量。随着行业市场营销费用的增加会引起需求水平的提高。刚开始投入市场营销费用时，需求水平增长的速率较缓，随后增加市场营销费用，其增长速率加快。在市场营销费用达到一定水平后再增加市场营销费用,需求并不上涨,此时对应的市场需求叫市场潜量。市场潜量是指一定时期内,一定环境条件和一定行业营销努力水平下,一个行业在某地区中所有企业可能达到的最大销售量。

市场最低量与市场潜量间的距离表示需求的市场营销敏感性,即表示行业市场营销对市场的影响力。市场有可扩张市场和不可扩张市场之分。可扩张市场是指需求规模受市场营销费用水平的影响很明显的市场,比如服装市场、家电市场等;不可扩张市场是指几乎不受市场营销水平影响,其需求不会因市场营销费用增长而大幅度增长的市场,比如食盐市场。

实际上成本限制导致市场营销费用只能在一定范围之内,因此很难达到其最大的市场需求。要达到最大的市场需求,必须有极大的市场营销费用投入,然而在营销费用增加的后期,每单位市场营销费用对需求增长的刺激作用越来越小、渐趋于零。

2) 市场需求预测

市场需求预测是要估算出一个特定的市场对某种产品的市场潜在需求量。市场潜在需求数量是在特定时期内,在既定行业市场营销努力水平与既定环境条件下,行业的所有企业所能获得的最大销售量。

$$Q=nqp$$

式中　Q——市场潜在需求数量(元);

　　　n——特定产品或市场的购买者数量;

　　　q——购买者的平均购买数量(单位/人);

　　　p——平均单价(元/单位)。

由上面的公式,可推导出另一种计算市场总潜在需求量的方法,即连锁比率法。在运用连锁比率法时,应从一般有关要素移向一般产品大类,再移向特点产品,如此层层往下推算。当估计一个量的各个组成部分,比直接估计数量更容易时,可以考虑采用这种方法。

假定某房地产企业开发出新住宅,在估计其市场潜在需求量时,可以借助下面的公式:

新住宅潜在市场需求量=家庭数量×户均可支配收入×住宅消费倾向

(2) 市场趋势分析

市场趋势指市场对一个或几个有确定意义的市场影响因素所有的持续反应。对于大多数企业来说,都要进行市场预测,因为市场的需求总是有波动的,处于不稳定状态。因此,对未来需求的预测是否准确,就成为企业经营成败的关键。对市场需求进行分析是对市场现状有了认识,但这对于瞬息万变的房地产市场来说还不够,依据市场需求制订的市场营销计划仅能适应当前的市场,对未来的市场趋势进行分析和预判才能未雨绸缪,适应变化的市场。市场趋势分析主要方法有意见调查分析法、时间序列分析法和相关分析法等三种。

1) 意见调查分析法

① 购买者意向调查法

购买者意向调查法是指通过一定的调查方式(如抽样调查、重点调查等)选择一部分或全部的潜在购买者,直接向他们了解未来某一时期(即预测期)购买商品的意向,并在此基础上对商品需求或销售做出预测的方法。在缺乏历史统计数据的情况下，运用这种方法，可以取得数据资料，做出市场预测。在顾客购买意向非常明显并且可以转化为购买行为时，此方法特别有效。

例如，某房地产企业对居民是否有意愿购买某住宅所做调查结果见表 6-1。其中，该区域市民为 10 万人，样本数为 500 人。

某住宅购买意愿调查表　　　　　　　　　　　　　　　表 6-1

你是否有意愿购买该住宅					
购买概率	0	20%	50%	80%	100%
购买意向	不可能	有些可能	可能	非常可能	肯定
人数(人)	100	120	140	80	60

则购买比例期望值 $E=\dfrac{0\times100+20\%\times120+50\%\times140+80\%\times80+100\%\times60}{500}=0.436$

预计购买量 $=0.436\times10=4.36$（万人）

② 经营者意见调查法

经营者意见调查法是指预测人员向经营者做调查，听取他们对未来商业情况的意见和他们自己预期完成的任务，经过综合归纳，作出预测的一种调查方法。经营者意见包括经理人员意见和销售人员意见。

经理人员评判意见法是由本单位总负责人邀集各职能部门负责人进行座谈，并广泛交换意见。各部门都应提供实际资料，阐明自己对未来发展情况的看法和立场，提出自己在未来时期可能完成的任务的意见。经理人员熟悉本部门情况，在充分掌握资料的基础上，考虑今后影响销售的各种因素，能提出负责任的意见。但过于依赖主管人员的主观判断意见，支持预测的事实说明往往不完整。

销售人员意见调查法是指销售预测的进行是在集合有关销售人员个人意见的基础上，而作出的测算和判断。销售员对市场熟悉的特点以及具有的专业知识，所得到的预测数据比较准确。但容易忽视总体市场的发展趋势，而产生过于乐观或过于悲观的估计。其具体做法是，几位销售人员分别估计某一房地产商品在一定条件下未来的销售额及发生的概率，然后求出期望值，最后平均这几个期望值，其结果作为销售额的预测值。

③ 专家调查法

专家调查法也称德尔菲法，是一种采用通信方式分别将所需解决的问题单独发送到各个专家手中，征询意见，然后回收汇总全部专家的意见，并整理出综合意见，随后将该综合意见和预测问题再分别反馈给专家，再次征询意见，各专家依据综合意见修改自己原有的意见，然后再汇总，这样多次反复，逐步取得比较一致的预测结果的决策方法。德尔菲法依据系统的程序，采用匿名发表意见的方式，即专家之间不得互相讨论，不发生横向联系，只能与调查人员联系，通过多次调查专家，对问卷所提问题的看法，经过反复征询、归纳、修改，最后汇总成专家基本一致的看法，作为预测的结果。这种方法具有广泛的代表性，较为可靠。

与专家调查法相类似的还有小组讨论法。请各专家如经销商、供应商、营销咨询机构、贸易协会成员等聚集在一起相互交换意见，得出小组的结论。但与德尔菲法不同，在小组讨论中，有可能小组成员屈于"权威"，从而导致结论不准确。

2) 时间序列分析法

时间序列分析法是利用过去的数据和资料来预测未来的趋势，根据过去发生的市场数据来拟合时间函数，从而预测未来值的方法。要通过分析企业历年来的销售数据，以确定具有连续性的因果关系，然后才能用于预测未来销售发展趋势。主要包括简单平均法、移动平均法、加权移动平均法和指数平滑法等。

① 简单平均法

简单平均法，即把若干历史时期的统计数值作为观察值，求出算术平均数作为下期预测值。简单平均法基于如下假设："过去这样，今后也将这样。"把近期和远期数据等同化和平均化，因此只能适用于事物变化不大的趋势预测。如果事物呈现某种上升或下降的趋势，就不宜采用此法。因此既看不出数据的离散程度，也不能反映近、远期数据变化的趋势，只在要求不太高的情况下适用。

② 移动平均法

移动平均法是指引用愈来愈近期的销售量来不断修改平均值，使之更能反映销售量的增减趋势和接近实际。移动平均法适用于即期预测。当产品需求既不快速增长，也不快速下降，且不存在季节性因素时，移动平均法能有效地消除预测中的随机波动。移动平均法根据预测时使用的各元素的权重不同，可以分为：简单移动平均和加权移动平均。

简单移动平均的各元素的权重都相等。其计算公式如下：

$$F_t = (A_{t-1}+A_{t-2}+A_{t-3}+\cdots\cdots+A_{t-n})/n$$

式中　　F_t——对下一期的预测值；

n——移动平均时期个数；

A_{t-1}——前期实际值；

A_{t-2}，A_{t-3} 和 A_{t-n}——前两期、前三期和前 n 期的实际值。

加权移动平均给固定跨越期限内的每个变量值以不同的权重。其原理是：历史各期产品需求的数据信息对预测未来期内的需求量的作用是不一样的。除了以 n 为周期的周期性变化外，远离目标期的变量值的影响力相对较低，故应给予较低的权重。其计算公式如下：

$$F_t = W_1A_{t-1}+W_2A_{t-2}+W_3A_{t-3}+\cdots\cdots+W_nA_{t-n}$$

式中　W_1——第 $t-1$ 期实际销售额的权重；

W_2——第 $t-2$ 期实际销售额的权重；

W_n——第 $t-n$ 期实际销售额的权重；

n——预测的时期数，$W_1+W_2+\cdots\cdots+W_n=1$。

经验法和试算法是选择权重的最简单的方法。一般而言，最近期的数据最能预示未来的情况，因而权重应大些。使用移动平均法进行预测能平滑掉需求的突然波动对预测结果的影响，但由于是平均值，预测值总是停留在过去的水平，而无法预计会导致将来更高或更低的波动，所以并不能总是很好地反映出趋势。

3) 相关分析法

相关分析法是对客观事物数量依存关系的分析法，是数理统计中的一个常用的方法，是处理多个变量之间相互关系的一种数学方法。

① 回归分析法

回归分析法，是在分析市场现象自变量和因变量之间相关关系的基础上，建立变量之间的回归方程，并将回归方程作为预测模型，根据自变量在预测期的数量变化来预测因变量数量的方法。如果在市场调研时能将影响市场预测对象的主要因素找到，并且能够取得其数量资料，就可以用回归分析预测法对该对象进行预测。其具体步骤如下：

　　A. 根据预测目标，确定自变量和因变量。如预测目标是下一季度销售量，则下一季度销售量就是自变量，影响销售量的因素就是因变量。

　　B. 建立回归预测模型。依据自变量和因变量的历史统计资料建立回归分析预测模型。

　　C. 进行相关分析。

　　D. 检验回归预测模型，计算预测误差。

　　E. 计算并确定预测值。

② 市场因子推演法

市场因子是指市场中可引起对某种商品需要的相关因子。例如，每年新建立的家庭数目是住房需要量的因子；青年结婚的数量是家具和衣服的销售量的因子；婴儿出生人数是玩具需要量的因子等。市场因子推演法是通过分析市场相关因子来推算某类商品的市场潜量，即推算某类产品的最大市场总需求量。

假设有新婚家庭 100 个，因新婚家庭而导致的住宅销售增加量为 28 套。即新婚家庭数量引起住宅的需要，从而新婚家庭数量是住宅销售量的市场因子。如果某年新婚家庭数量为 5 万个，则可以简单预测住宅的需求量＝50000×28÷100＝14000（套）。

5. 调研数据的处理

数据处理的目的是解析所收集的大量数据，并提出相应结论。数据的处理过程是一个复杂的系统过程。

（1）编辑整理

对数据进行编辑整理的目的在于确认数据是否有效，而这就需要进行数据审核的工作。审核是应用各种检查规则来辨别缺失、无效或不一致的录入。数据审核的内容包括：完整性审核、准确性审核、一致性审核和及时性审核。数据是否完整直接关系到数据产生的信息的有效性，古人云："是直用管窥天，用锥指地也，不亦小乎？"完整性审核应检查调查的单位或个体是否有遗漏；所有的调查项目或变量是否填写齐全。数据存在错误、数据不够"新鲜"，导致与现有市场情况不合，都会对结论的正确性造成负面影响。对于审核出的失效数据，常采取剔除、插补、设立特殊代码等方法进行处理。

数据审核的常用方法有：

1）经验判断。是指根据调研人员的常识和对房地产市场相关知识技能的掌握来判断数据是否有效。如，在问卷调查项中有被调查组年龄项填写为 151 岁，即与常识不符。

2）逻辑检查。是指数据是否符合逻辑。如被调查者年龄填写为 12 岁，但婚姻状况填写为已婚。

3）计算审核。计算审核又分为加总法、对比法和平衡法。

在问卷调查中，常常遇到收集到的调查问卷在完整性、准确性、一致性和及时性上存在问题。无效问卷的情况包括：

1) 回答不完全。
2) 没有理解问卷内容答错问题。如单项题选多项答案。
3) 回答可疑。如所有题目答案均为 2。
4) 缺损的问卷。如缺页或无法辨认。
5) 在截止日期之后回收的问卷。
6) 非调查对象填写的问卷，如调查对象是病人，则非病人的答卷无效。
7) 前后矛盾或明显有错误的问卷。

对调查问卷存在问题的处理措施如下：
1) 退回重新调查。
2) 视为缺失数据。如令人不满意的回答的变量不是关键变量时。
3) 放弃不用该问卷。如令人不满意回答的比例较大，该问卷关键变量回答缺失。

（2）数据编码

调查问卷通常包括各种问题，在数据输入前，必须给每个问题或变量起一个变量名称。例如，背景类问题即被调查者的背景，如性别、年龄等，其编码为 B；主体类问题是问卷调查的主要内容，如被调查者对某房产项目区段的偏好等，其编码为 Q；筛选类问题目的在于筛选出符合项目调查对象的调查问卷，其编码为 S。对调查问卷答案事先未知，应选用后设计编码，对调查问卷答案事先已知，则选用前设计编码。

下面是某调查问卷的一部分：

Q1. 您的性别：1. 男　2. 女

（变量的取值 1、2、9，9 表示缺省值，不能与合理回答重复）

Q2. 您选择建材购买场所考虑的因素有哪些？

1. 公司信誉　2. 服务　　3. 价格
4. 质量　　　5. 广告宣传　6. 其他

Q2 1：0　Q2 2：1　Q2 3：1　Q2 4：1　Q2 5：0　Q2 6：0

Q3. 您选择××楼盘，考虑的因素是（请按重要程度排序）什么？

1. 公司信誉　2. 楼盘质量　3. 地理位置　4. 楼盘价格　5. 服务水平

Q3 1：4　Q3 2：1　Q3 3：3　Q3 4：2　Q3 5：5

（变量的取值为 1~5、0，0 表示缺省值）

（3）进行统计

统计工作首先需要进行数据的录入。常用数据录入方法如使用 Excel 数据库形式。录入人员对 Excel 较为熟悉，应用较为普遍，后期统计处理时数据格式转换也较为方便。数据的录入首先要制作标准的 Excel 文件，然后写出详细的录入说明，对照问卷向录入人员讲解，保证录入数据的准确性。某品牌商品市场调查问卷数据如表 6-2 所示。

某品牌商品市场调查问卷数据　　　　表 6-2

Q1	Q2	Q3	Q4	Q5(1)	Q5(2)	Q5(3)
2	1	3	2	1	3	2
2	1	3	1	2	3	2
2	1	2	2	1	2	3

续表

Q1	Q2	Q3	Q4	Q5(1)	Q5(2)	Q5(3)
1	3	2	1	3	2	1
1	3	1	2	3	2	1
3	2	1	3	1	2	3

数据录入之后,要进行数据的整理。数据整理的方法有:

1) 归纳法。可应用直方图、分组法、层别法及统计解析法。

层别法是指将性质相同的、在同一条件下收集的数据归纳在一起,以便进行比较分析。它主要是一种系统概念,即在于要想把相当复杂的资料进行处理,就得懂得如何对这些资料进行有系统、有目的、分门别类的归纳及统计。举个例子:房地产市场竞争一向激烈,房地产公司为了争取市场常常进行客户满意度的调查。此调查是通过调查表来进行的。通过这些调查,将这些数据予以统计分析,就可以了解应当对何处服务品质加强。

2) 演绎法。可应用要因分析图、散布图及相关回归分析。要因分析图又叫鱼骨图。问题的特性总是受到一些因素的影响,通过头脑风暴找出这些因素,将它们与特性值按相互关联性整理而成的层次分明、条理清楚并标出重要因素的图形就叫要因分析图。

3) 预防法。通称管制图法,又称控制图法。包括计量值管制图法与计数值管制图法两大类。

根据数据类型的不同需要采取不同的数据表现形式。如分类数据常用频数、比例、比率和百分比等,采用条形图或圆形图进行显示;顺序数据除频数、比例、比率、百分比以外,还可以用累计频数和累计百分比等;数值型数据还可以对其进行分组,如单变量分组、组距分组等,并由条形图、圆形图、累计分布图、直方图和折线图表现。

分类数据整理方式如下:

①列出各类别;②计算各类别频数;③制作频数分布表;④用图形显示数据(条形图、饼状图等)。分类数据整理示意图如图 6-2 所示。

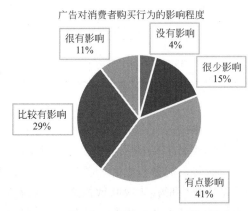

图 6-2 分类数据整理示意图

顺序数据整理示意图如图 6-3 所示。

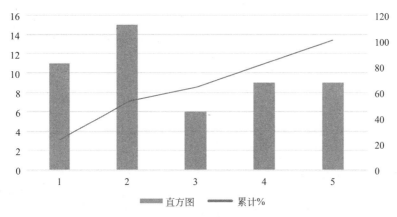

图 6-3 顺序数据整理示意图

数值型数据处理示意图如表 6-3、表 6-4 所示。

购物场所类型偏好统计表（单一分组）　　　表 6-3

购物场所	人数
综合商厦	1175
商业街店铺	350
小市场小店铺	51
总计	1576

年龄和购物场所类型交叉分析结果表（复合分组）　　　表 6-4

购物场所	年龄					总体
	＜30 岁	31～40 岁	41～50 岁	＞50 岁	未填	
综合商厦	517	396	136	100	26	1175
	67.8%	80.5%	81.4%	82.6%	76.5%	74.6%
商业街店铺	225	81	24	12	8	350
	29.5%	16.5%	14.4%	9.9%	23.5%	22.2%
小市场小店铺	20	15	7	9	0	51
	2.6%	3.0%	4.2%	7.4%	0.0%	3.2%

（4）比较分析，得出结论

统计分析常用描述性统计和推断统计。描述统计是将研究中所得的数据整理、归类、简化或绘制成图表，以此描述和归纳数据特征及变量之间关系的一种最基本的统计方法。描述性统计主要涉及数据的集中趋势、离散程度和相关强度，最常用的指标有平均数、标准差、相关系数等。推断统计是用概率形式来决断数据之间是否存在某种关系及用样本统计值来推测总体特征的一种重要的统计方法。推断统计包括总体参数估计和假设检验，最常用的方法有 Z 检验、T 检验、卡方检验等。数据分析通常可分为两个层次：第一个层次是用描述统计的方法计算出反映数据集中趋势、离散程度和相关强度的具有外在代表性的指标；第二个层次是在描述统计基础上，用推断统计的方法对数据进行处理，以样本信息推断总体情况并分析和推测总体的特征和规律。

6.3.2 房地产市场调研与分析程序

房地产市场调研与分析的程序是从调查准备到调查结束全过程工作的先后次序，房地产市场调研与分析是一项有组织、有计划的系统的活动。房地产市场调研程序图如图 6-4 所示。

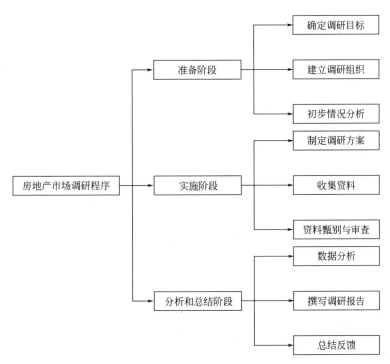

图 6-4 房地产市场调研程序图

1. 准备阶段

（1）确定调研目标

为什么进行调查？这是指引调研工作前进的方向。只有确认了调研目标，才能确认调研对象、选择调研方法。调研工作需要花费很多人力、物力，方向错误，花费时间，但却毫无用处，然而市场的变化是绝对的，市场机遇稍纵即逝。调研目标不宜定得过大，目标过大往往会导致范围过大，从而遗失关键问题。调研目标也不宜过小，目标过小则不能充分反映市场真实状况，起不到市场调研真正应发挥的作用。房地产市场调研的最终任务在于为营销决策服务。因此，调研目的也应当围绕营销决策。任何偏离营销主题的调研都不是合格的调研。因此，在每次起草调研时，目标的明确十分重要。

（2）建立调研组织

调研组织是房地产市场调研与分析的实施主体，组织的效率和质量将直接影响调研的质量好坏。一个高效率、高水平的调研组织是保障调研报告和分析结论准确及时的重要因素。调研报告与分析有专业性和多样性的特点，与此对应，调研组织也要兼顾专业性和多样性。更为重要的是，在资料收集阶段，特别是第一手资料的获取往往需要调研人员自身技能过硬，才能从被调查组处获取真实、准确、详尽的信息。因此，对调研组织进行培训，确保他们对调研目的和调研方法有足够的了解，十分重要。调研组织应当掌握的知识技能有：

1) 房地产市场调研目的与方案。
2) 房地产市场调研技术。
3) 与房地产市场相关的知识、方针、政策等。
4) 必要的经济知识以及房地产营销业务知识等。

（3）初步情况分析

调研人员根据调研目的确认出调研对象，提出相应问题。对企业内外部相关情报资料进行初步分析研究，并找出其中与问题相互影响的因素，从而找出下一步应当进行调研的具体对象。

初步情况的分析很有可能因为信息方向性不够明确，从而遇到阻碍。这时可以与企业领导进行非正式谈话，从领导的谈话中初步把握市场方向，从而为初步分析提供一个方向。但要注意，提出的课题不应当过于宽泛，调查范围过广则无法在应当完成的时期内完成，就有可能导致贻误市场时机。初步情况分析也不需过于详细，只需针对要分析的问题，对有参考价值的资料进行大概的收集即可。

2. 实施阶段

（1）制定调研方案

对房地产市场调查课题经过上述分析研究之后，如果决定要进行正式调研，就要制订调研计划。计划的制订一般包括确认资料来源、调研方法、调研手段、抽样方案和联系方法。

（2）收集资料

（3）资料甄别与审查

收集数据的价值在于是否客观如实反映事实，任何非正常的偏差对调研结论的形成都会产生不利，甚至错误的影响。由于调研方式如抽样调查等自身局限性，难免使市场调研不可避免地存在一定错误。在问卷调研中，被访问者由于自身局限对问题的回答也可能存在一定的偏差。因此，调研人员在资料收集完成之后要对其进行事后复核。

3. 分析和总结阶段

（1）数据分析

收集数据之后就要对数据进行处理分析，从而得出需要的结论。结论隐藏在数据之中。数据分析的过程就是从大量数据中去粗取精，提炼整理。既要保证数据信息的完善，又要保证数据的可靠。

（2）撰写调研报告

1) 房地产市场调研与分析报告的要求

房地产市场调研与分析报告是整个调研的成果，用于提交给决策人员决策使用，核心是实事求是地反映和分析客观事实，前后逻辑合理，层次分明。因此，必须满足以下要求：

① 客观真实。调研报告的价值在于反映市场信息，从而为决策提供依据。调研报告是项目进行的基础。客观与真实是保证结论有效的基础，因此对于报告中引用的事例和数据要反复核实，以确认其客观真实性。

② 简明扼要。调研报告内容要紧扣主题、条理清晰、文字精练，但同时要内容翔实，

要有数据与方法对内容进行支撑。

③ 结论明确。调研报告的结论要足够明确，切忌模棱两可。要善于发现市场变化因素并提出合理的建议。

2) 房地产市场调研与分析报告的内容

① 基本情况概述。主要论述该项目基本情况、调研目的、调查方案和项目政策经济背景等。

② 地区经济分析。主要研究地区经济环境，通常分为两个部分：一是地区经济的基本趋势分析；二是地区基础产业和新兴战略产业的发展趋势分析。

③ 区位分析。此处所指的是宏观层次上的分析，而不是在宏观和微观上都做比较的可行性研究中市场分析的全部内容。

④ 房地产市场概括分析。它包含：对地区房地产各类市场总的未来趋势分析；把项目及其所在的专业市场放在整个地区经济中，考察它们的地位和状况，分析人口、公共政策、经济、法律是否支持该项目；找出影响计划项目成功的关键问题，明确下一步分析的方向和侧重点。

⑤ 房地产市场供求特征。它包含：根据潜在需求的来源地及竞争物业的所在地，确定市场研究区域；细分市场，进行产品细分及消费者细分，找出某一消费群体所对应的房地产产品子市场；分析各子市场的供需关系，求出各子市场的供需缺口；将供需缺口最大的子市场确定为目标子市场，具体求出目标子市场供求缺口量。

⑥ 房地产市场项目竞争分析。它包含：分析目标物业的法律、经济、地点及地点的可达性等特征；根据目标物业的特征选择、调查竞争物业；进行竞争评价，确定目标物业的竞争特点，预测一定价格和特征下项目的销售率及市场占有率。

这里面还包含要得出三个分析的侧重点，即营销建议、售价和租金预测、预测吸纳量及吸纳量计划。当然，每个市场分析不一定都包含所有的侧重点。其中，营销建议是研究销售较好的竞争项目及户型，进行目标物业的规划设计和产品功能定位，并找出目标物业的竞争优势，提出强化其优势、弱化劣势的措施，并指出它的市场风险来源。售价和租金预测是通过对比分析，总结竞争项目历史上的出售率、出租率及租金、售价情况来预测。吸纳量计划是指研究地区、价格和市场份额间的关系，将项目所在子市场中未满足的需求，按照市场占有率进行分配，预测项目的吸纳量及吸纳量计划。

⑦ 结论和建议。

（3）总结反馈

房地产市场调研与分析工作结束之后，要对各个阶段的工作进行总结和回顾，注意与现今实际情况进行核实。同时，也可以用于改进今后的调研工作。

学习小贴士：问卷设计

1. 问卷开头

主要包括问候语、填表说明和问卷编号。主要用于介绍调查的目的、意义、选择方法以及填答说明等。说明信的内容应包括：对被调查者的问候语；主持调查机构；访问员身份；调查目的；被调查者意见的重要性；个人资料保密原则；访问所需时间等。

2. 问卷正文

主要包括收集资料部分（问卷的主体和重点，也是使用问卷的目的所在）；调查者的有关背景资料。

(1) 问题类型

①按问题的形式：开放式问题，封闭式问题，半封闭式问题；②按问题的内容：事实性问题，态度性问题；③按问题的作用：前导性问题，过滤性问题，试探和启发性问题，背景性问题，实质性问题。

(2) 问题设计顺序方法（花瓶法）

1) 前导性问题。前导性问题主要起一个引导的作用，目的在于引起流畅的回答并建立融洽的关系，使被访者处于一个放松的状态，降低防备心理。最初的问题应当是被访者容易回答且为其关心的问题，比如"您拥有何种品牌的雪橇？""您已使用几年了？"前导性问题应该易于回答，向调查对象表明调查很简单。

2) 过滤性问题。查明所选对象是否符合要求，帮助剔除被访者中不符合调查对象的群体。过滤性问题应当具有辨别目标回答者的作用，比如对去年滑过雪的雪橇拥有者的调查，那么过滤性问题可以设置如"过去的12月中您曾滑过雪吗？""您拥有一副雪橇吗？"等。

3) 试探和启发性问题，一般为前三分之一的问题，属于过渡性问题，其与调研目的有关，需稍费些力回答，如"您最喜欢雪橇的哪些特征？"等。

4) 实质性问题。实质性问题是调查问卷的目的所在，一般是处于中间三分之一问题处。是一些难于回答及复杂的问题，如"以下是雪橇的10个特征请用以下量表分别评价您的雪橇的特征。"等，应答者答到此处应发现只剩下几个问题。

5) 个人背景问题并感谢合作，如"您的最高教育程度是什么？"等，其中有些问题可能被认为是有关私人隐私的问题，应答者可能留下空白，因此将它们放在调查的末尾。

(3) 封闭式问题

指给定备选答案，要求被调查者从中做出选择，或者给定"事实性"空格，要求如实填写。又包括以下几类：

1) 两项选择题，也称是非题，是多项选择的一个特例，一般只设两个选项，如"是"与"否"；"有"与"没有"等。这两种答案是对立的、排斥的，被调查者的回答非此即彼，不能有更多的选择。

2) 多项选择题是从多个备选答案中择一或择几。这是各种调查问卷中采用最多的一种问题类型。由于所设答案不一定能表达出填表人所有的看法，所以在问题的最后通常可设"其他"项，以便使被调查者表达自己的看法。

3) 填入式问题一般针对只有唯一答案（即对不同人有不同答案）的问题。

4) 顺位式问题，又称序列式问题，是在多项选择的基础上，要求被调查者对询问的问题答案，按自己认为的重要程度和喜欢程度顺位排列。

5) 态度评比测量题是将消费者态度分为多个层次进行测量，其目的在于尽可能多地了解和分析被调查者群体客观存在的态度。

6) 矩阵式问题，是将若干同类问题及几组答案集中在一起排列成一个矩阵，由被调查者按照题目要求选择答案。

7) 比较式问题，是将若干可比较的事物整理成两两对比的形式，由被调查者进行比较后选择。

需要注意的是，两项选择题虽然简单明了，但所获信息量太小，容易产生大量的测量误差。而多项选择题便于回答、编码和统计，然而问题提供答案的排列次序却可能引起偏见。

(4) 开放式问题

开放式问题，也称自由问答题，只提问题或要求，不给具体答案，要求被调查者根据自身实际情况自由作答。开放式问题有以下两个特点：

1) 开放式问句主要限于探测性调研。

2) 开放式问句经常需要"追问"。例如访谈人员也许会说："还有其他要说的吗？"追问是访谈员为了获得更详细的材料或使讨论继续下去而对应答者的一种鼓励形式、进一步询问。

开放式问题往往有以下几种方式：

1) 自由回答法。它要求被调查者根据问题要求，用文字形式自由表述。

2) 词语联想法。给被调查者一个有许多意义的词或词表，让被调查者看到词后马上说出或者写出最先联想到的词。

3) 句子完成法。提出一些不完整的词句，每次一个，由被调查者完成该词句。

4) 文章完成法。由调查者向被调查者提供有头无尾或有尾无头的文章，由被调查者按自己的意愿来完成，使之成篇，从而借以分析被调查者的隐秘动机。

与封闭式问题不同，开放式问题有以下优点：

1) 在开放式问题中，被调查者的观点不受限制，便于深入了解被调查者的建设性意见、态度、需求问题等。

2) 开放式问题能为研究者提供大量、丰富的信息。

3) 对开放式问题的回答所进行的分析有时候能够作为解释封闭式问题的工具。

(5) 问题注意事项

1) 避免专业术语和缩略语

例如，对于问题"您认为市中心楼盘的容积率应达到何种水平？"部分被访者可能从来没有听说过"容积率"，所以无从回答。

2) 避免含义不清的字眼

"很久""经常""一些""最近"等词语，个人理解往往不同，在问卷设计中应避免或少用。例如，"您最近是否有去看楼？"被访者不知最近是指一周、一个月、还是一年，可以改为："您最近一个月是否有去看楼？"

3) 避免提断定性的问题

例如，"您打算什么时候买房子？"这种问题即为断定性问题，被访问者如果根本不打算买房子，就无法回答。正确的处理办法是在此问题前加一条"过滤"性问题，即"您有买房子的打算吗？"如果被访问者回答"有"，就可继续提问，否则就可中止提问。

4) 避免一问多答

例如,"您认为小区应该建设车库和游泳池吗?"这就使得那些只认为应该修建车库而不修建游泳池,或认为应该修建游泳池而不修建车库的人无法回答"是"或"否",防止出现此类问题的办法是分离问句中的提问部分,使得一个问句只问一个要点。

5) 避免带有导向性的问题

例如,"大部分人认为建筑设计上的欧陆风已经过时,您对此有何看法?"这种提问暗示出调查者的观点和见解,导致被访问者跟随调查者的倾向回答问题,是调查的大忌,常常会引出与事实不符的结论,影响调查结果。

6) 避免使用双重否定的问题

虽然知道双重否定等于肯定,但是,我们的思维方式还是比较习惯于直接肯定,而不是双重否定。双重否定的问题可能会导致被访问者选取他原来所不同意的答案。例如,"在物业管理费中不要不包括电梯维护费,您同意吗?"如果改为"在物业管理费中有必要包括电梯维护费,您同意吗?"就简单明了得多。

7) 避免敏感性问题

对于敏感性问题,被访者往往出于本能的自卫心理,容易产生种种顾虑,不愿意回答或不予真实回答,而且还会引起被访问者的反感,因此,问卷中应尽量避免。

8) 问句要考虑时间性

时间过久的问题易使人遗忘。例如,"您去年家庭生活费支出是多少?"这种问题相信绝大多数人一下子难以报出一个比较准确的数字。一般应该问:"您家上月生活费支出是多少?"显然,这样缩小时间范围可使问题回忆起来比较容易,回答也比较准确。

9) 凡是不能获得诚实回答的问题,都不应当设置在问卷中

例如,某大学想了解考生的情商,就增加了情商试题:

"当你受挫折后,你的反应是:

A) 非常沮丧,长时间不能恢复正常情绪

B) 很沮丧,较长时间不能恢复正常情绪

C) 很沮丧,但很快能恢复正常情绪

D) 无明显情绪变化,放弃就是了

E) 越失败、越受挫折,越想再干"

(6) 问句答案设计技巧

1) 答案要穷尽

要将问题的所有答案尽可能列出,才能使每个被调查者都有答案可选,不至于因被调查者找不到合适的可选答案而放弃回答。例如,"下列哪种原因,是您购买住宅的主要理由?

①想有套自己的房子;②现有住宅太小;③现有住宅地点不好;④现有住宅功能不全;⑤现有住宅已破旧;⑥想住更舒服的房子;⑦想住更气派的房子;⑧想要有一栋度假用的别墅;⑨想投资房地产;⑩其他原因"

前面 9 项答案可能并不完全包括被调查者想购买某某品牌商品房的原因，容易造成填写困难。为了防止出现列举不全的现象，可在问题答案设计的最后列出一项"其他原因"（第 10 项）。但需注意，如果一项问题选择"其他"类答案作为回答的人过多，说明答案的列举是不恰当的。

2）答案必须互斥

从逻辑上讲，互斥是指两个概念之间不能出现交叉和包容的现象。在设计答案时，一项问题所列出的不同答案必须互不相容，互不重叠，否则被调查者可能会作出有重复内容的双重选择，影响调查效果。例如，"您平均每月支出中，花费最多的是哪项？①食品；②服装；③书籍；④报纸杂志；⑤日用品；⑥娱乐；⑦交际；⑧饮料；⑨其他"

答案中，食品和饮料、书籍和报纸杂志等都是包容关系。所以在答案设计时，一定要用统一标准在同一层次上分类，避免答案之间有交叉或包容的现象。

3）避免问题与答案不一致

即所提问题与所设答案应做到一致。例如，"您打算购买多大的房子？①50m² 以下；②50～70m²；③70～100m²；④100m² 以上；⑤一房一厅；⑥两房一厅；⑦三房一厅"

对于房屋大小的提问和对于户型的了解，一般不能在同一问题答案中出现，两者宜分别进行。上例中提问的是房屋大小，就只有在面积中加以选择，而不能加上户型内容，否则会出现多余或矛盾的选择。

3. 问卷结尾

问卷的结尾可以设置开放题，征询被调查者的意见、感受，或是记录调查情况，也可以是感谢语以及其他补充说明

案例：某房地产项目消费者意愿调查

问卷结构：

1) 过滤性问题：1～2
2) 已经购房者调查：28～49
3) 准备购房者调查：4～27
4) 不准备购房者调查：3
5) 关于本项目调查：50～52
6) 消费者个人背景：53～59

尊敬的先生/女士：

您好！

我是××公司的访问员，为更好地服务我市居民，建造最经济、最适宜居住的房屋，很需要您能够给我们提供相关方面的意见，只要它能真实地反映您的想法，对我们就是极大的帮助。调查资料所涉及的个人信息，我们将完全保密。多谢您在百忙之中抽

出时间，对您的帮助我们深表感谢。

访问员信息

姓名	所属部门
编号	职位
访问日期	起止时间

1. 最近两年您是否购买过住宅？

回答"是"者跳到第28题，回答"否"者回答第2题。

2. 今后两年内您是否准备购买住宅？

回答"准备"者回答第3题，回答"不准备"者跳到第23题，回答"没有考虑过"者跳到第52题。

3. 您购房的目的是什么？
4. 您准备购买二手房还是新房？
5. 您准备购买期房还是现房？
6. 您准备购买何处之住宅？（可多选，不超过三个）
7. 请您对下列住宅因素重要性打分。
8. 购买时，您会优先考虑什么房型？
9. 您准备购买装修房还是毛坯房？（跳转到原因）

回答"装修房"者回答第10题，回答"毛坯房"者回答第11题，回答"都可以"者依次回答第10、11、12题，回答"没有考虑过"者回答第12题。

10. 您为什么选择购买装修房？
11. 您为什么选择购买毛坯房？
12. 购房后，您准备花费多少装修费？
13. 您对住宅内各功能分区的面积配比有何意向？（指导语：如认为卧室应在16~20m^2范围内，可勾出16和20两个数字，认为应大于40m^2，可只勾出40一个数字，以此类推）
14. 您准备购买什么楼型的住宅？
15. 购买住宅时，您准备选择哪一楼层？（指导语：可单独选择或选择一个楼层范围）
16. 您准备购买什么单价的住宅？
17. 您准备购买多大面积的住宅？
18. 您能承受的住宅总价是多少？
19. 你认为对住宅价格影响较大因素有哪些？（至多可选三项）
20. 电梯有何要求？
21. 物业管理有何要求？
22. 还有何特殊要求？
23. 您不准备购房的主要原因是什么？（可多选，最多三项）
24. 购房时，您准备首付多大比例房款？
25. 购房时，您是否准备贷款？

回答"是"者回答下题,回答"否"者跳到第 27 题。
26. 您准备申请多少贷款?
27. 您听说过或到过××花苑吗?
28. 您购房的目的是什么?
29. 您购买的是二手房还是新房?
30. 您购买的是期房还是现房?
31. 您购买的住宅处于什么区域?
32. 请您对下列住宅因素重要性打分。
33. 您购买的是什么房型?
34. 您购买的是装修房还是毛坯房?

回答"装修房"者回答第 35 题,回答"毛坯房"者回答第 38 题。

35. 您为什么选择购买装修房?

(回答完后跳到第 37 题)

36. 您为什么选择购买毛坯房?
37. 购房后,您花了多少装修费?
38. 您所购住宅内各功能分区的面积配比如何?(指导语:选择最接近的面积数)
39. 您购买的住宅是什么楼型?
40. 您购买的住宅处于哪一楼层?
41. 您购买的住宅是什么楼型?
42. 您购买的住宅处于哪一楼层?
43. 您购买的住宅单价是多少?
44. 您购买的住宅的面积是多大?
45. 您所购住宅的总价是多少?
46. 购房时,您认为对住宅价格影响较大的因素是哪些?(至多可选三项)
47. 您所购住宅的电梯情况如何?
48. 物业管理有何要求?
49. 还有何特殊要求?
50. 购房时,您首付多大比例房款?
51. 您申请了多少贷款?
52. 您听说过或到过××花苑吗?

回答"听说过"或"到过"者回答下题,回答"没有听说过"者跳到第 54 题。

53. ××花苑中的下列特点中,您最满意的是哪个?
54. ××花苑周边住宅的均价为 4000 元/m², 目前拟将绿地率从原设计的 30%提高到 50%, 价格也将有所提高,您认为价格提高多少可以承受?
55. 您的性别是:
56. 您的年龄是:
57. 您的职业是:
58. 您的婚姻状况是:

59. 您的家庭结构是：

60. 您的家庭月收入水平是：

61. 您现在居住的区域是：

复习思考题

1. 论述房地产市场调研的含义。
2. 房地产市场调研需求分析的内容包含哪些？
3. 房地产市场调研获取资料的方式有哪些？
4. 如何撰写房地产市场调研与分析的报告？
5. 房地产市场调研与分析中如何进行竞争性物业分析？
6. 房地产市场调研与分析中如何进行区域环境调查？

第 7 章 房地产投资

本章内容提要

本章从投资的概念入手,进一步深入到房地产投资。首先,对房地产投资进行概述,再对房地产投资的利弊和形式进行分析,使读者对房地产投资有定性的认识;之后,对房地产投资分析技术及风险进行讨论;最后,对房地产开发项目的投资与收入估算进行介绍。通过本章学习,应掌握以下专业知识点:

房地产投资的概念

房地产投资的类型及投资分析技术

房地产投资与收入估算

7.1 投资与房地产投资

7.1.1 投资概述

1. 投资的概念

投资,在金融和经济方面有数个相关的意象。它与进行财产的累积以求在未来取得收益有关。从技术上讲,这个词意味着"将某物品放入其他地方的行动";从金融学上讲,是为了在未来一定时间段内获得某种比较持续稳定的现金流收益,是未来收益的累积,投资相较于投机而言,其时间段更长;从经济角度理解,投资是利用资源或通过购买资本货物,以增加未来产出或财富的行为。

投资是运动的,只有通过人类有目的的活动,使投资资金遵循一定途径不断循环与周转运动,才能取得预期的效果——为个人提供更多的收益,为人类创造更多的财富,推动经济和科技的发展,推动人类社会的进步。而资金循环周转实现增值的过程,要依次经过三个阶段,相应采取三种不同的职能形式,才能使其价值达到增值,并在最后又回到原来的出发点进行新一轮的运动,开始新的循环过程。资金只有连续不断地运动才能实现价值的增值。图 7-1 是资金循环运动示意图。

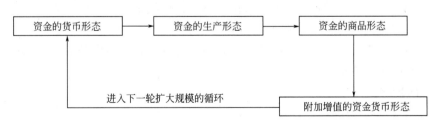

图 7-1 资金循环运动示意图

投资的作用主要体现在对经济增长的影响和对技术进步的促进两方面。投资与经济增长的关系非常紧密，在经济理论界，西方和我国有一个类似的观点，即认为经济增长情况主要是由投资决定，投资是经济增长的基本推动力，是经济增长的必要前提。投资对经济增长的影响，可以从要素投入和资源配置来分析，也可以从家庭投资理论和企业投资理论两类进行分析。消费、投资、出口是拉动经济增长的"三驾马车"，而投资需求又是在一国资本存量匮乏、基础设施不完善时期推动经济增长的主力。中国投资需求占GDP比重见表7-1。

中国投资需求占GDP比重　　　　　　　　　　表7-1

年份	支出GDP(亿元)	资本形成总额(亿元)	总投资率(%)
2000	100577.00	34526.00	34.33
2001	111250.00	40379.00	36.30
2002	122292.00	45130.00	36.90
2003	138315.00	55837.00	40.37
2004	162742.00	69421.00	42.66
2005	189190.00	77534.00	40.98
2006	221207.00	89823.00	40.61
2007	271699.00	112047.00	41.24
2008	319936.00	138243.00	43.21
2009	349883.00	162118.00	46.33
2010	410708.00	196653.00	47.88
2011	486038.00	233327.00	48.01
2012	540989.00	255240.00	47.18
2013	596963.00	282073.00	47.25
2014	647182.00	302717.00	46.77
2015	699109.00	312836.00	44.75
2016	745632.00	329138.00	44.14
2017	812038.00	360627.00	44.41

可以看出，自2000年以来，投资需求拉动GDP的增长率逐年上涨。投资对技术进步有很大的影响。一方面，投资是技术进步的载体，任何技术成果应用都必须通过某种投资活动来体现，它是技术与经济之间联系的纽带；另一方面，技术本身也是一种投资的结构，任何一项技术成果都是投入一定的人力资本和资源（如试验设备等）等的产物，技术进步的产生和应用都离不开投资。

2. 投资的分类

（1）短期投资和长期投资

按照投资期限的长短，可以分为短期投资和长期投资。短期投资是指能够随时变现并且持有时间不准备超过1年的投资。包括对股票、债券、基金等的投资。需要注意的是，

2006年新的会计制度中，将短期投资科目取消。短期投资科目和报表项目均被取消，代之以交易性金融资产。短期投资属于流动资产，很容易变现，风险相对较小，然而回报也就较低，一般不是为了长期持有，所以持有时间一般不准备超过一年。但这并不代表必须在一年内出售，如果实际持有时间已经超过一年，除非企业管理方改变投资目的，即改短期持有为长期持有，否则仍然作为短期投资核算。长期投资是指不满足短期投资条件的投资，即不准备在一年或长于一年的经营周期之内转变为现金的投资。企业管理层取得长期投资的目的在于持有，而不在于出售，这是与短期投资的一个重要区别。长期投资回收期长，短期变现能力较差导致风险较高，但长期投资盈利能力强。长期投资与短期投资的区别在于投资者的偏好，其分类并不固定。

(2) 直接投资和间接投资

直接投资是指投资者将货币资金直接投入投资项目，形成实物资产或者购买现有企业的投资，通过直接投资，投资者便可以拥有全部或一定数量的企业资产及经营的所有权，直接进行或参与投资的经营管理。间接投资主要是指投资人以购买外国或本国股票、债券等金融资产的方式所进行的投资。投资人按规定获取红利或股息，但一般不能直接干预和有效控制其投资资金的运用状况。直接投资与间接投资同属于投资者对预期能带来收益的资产的购买行为，但二者有着实质性的区别：直接投资是资金所有者和资金使用者的合一，是资产所有权和资产经营权的统一运动，一般是生产事业，会形成实物资产；而间接投资是资金所有者和资金使用者的分解，是资产所有权和资产经营权的分离运动，投资者对企业资产及其经营没有直接的所有权和控制权，其目的只是为了取得其资本收益或保值。随着现代经济的发展和生产规模急速扩大，仅靠一般的个别资本已很难从事技术高、规模大的项目的投资，而以购买证券及其交易为典型形式的间接投资使社会小额闲散资金集合成为企业所需要的长期的较为稳定的巨额投资资金，解决了投资需求的矛盾，是动员和再分配资金的重要渠道。因此，间接投资已逐渐成为主要和基本的投资方式。

(3) 金融投资和实物投资

实物投资是指企业以现金、实物、无形资产等投入其他企业进行的投资。实物投资直接形成生产经营活动的能力，并为从事某种生产经营活动创造必要条件。它具有与生产经营紧密联系、投资回收期较长、投资变现速度慢、流动性差等特点。实物投资包括联营投资、兼并投资等。金融投资是指投资者为获取预期收益从而预先垫付货币以形成金融资产的经济行为，投资对象主要是对有价证券和金融衍生工具，主要包括股票、债券、票据等求偿权的投资。金融投资与实物投资的主要区别在于：前者以最终获得金融资产为目的，后者通过投资直接实现社会积累。

(4) 生产性投资和非生产性投资

生产性投资是指投入到生产、建筑等物质生产领域，形成各种类型的生产性企业资产的投资。生产性投资通过循环和周转，不仅能收回投资，而且能实现投资的增值和积累，它一般又分为固定资产投资和流动资产投资。非生产性投资指投入到非物质生产领域中的投资。非生产性投资又可分为纯消费投资和可转化为无形商品的投资。纯消费性投资没有盈利且投资不能收回，其再投资依靠社会积累，如对学校、国防安全、社会福利设施等的投资。可转化为无形商品的投资，有盈利且能够收回投资，甚至可实现其增值和积累，如对影剧院、电视台、信息中心和咨询公司等的投资。

7.1.2 房地产投资概述

1. 房地产投资的概念

所谓房地产投资，是指资本所有者（经济主体）将其资本投入到房地产业，以期在将来获取预期收益的一种经济活动，包括直接投资和间接投资。由房地产开发商进行的房地产开发是人们常见的一种房地产投资；为了出租经营而购买住宅或办公楼也是相当普遍的一种房地产投资类型；将资金委托给信托投资公司用以购买或开发房地产也是房地产投资；企业建造工厂、学校建设校舍、政府修建水库等，都属于房地产投资。尽管它们表现形式各异，但它们都有一个共同的特点，即通过牺牲现在的某些利益换取预期收益。

2. 房地产投资的特点

（1）房地产投资对象的固定性和不可移动性

房地产投资对象是不动产，土地及其地上建筑物都具有固定性和不可移动性。不仅其在地球上的位置是固定的，而且土地上的建筑物及其某些附属物一旦形成，也不能移动。这一特点给房地产供给和需求带来重大影响，如果投资失误将会给投资者和城市建设造成严重后果，所以投资决策对房地产投资更为重要。不同于股票、债券、古玩等，如果持有人所在地没有这些投资品的交易市场，那么他可以很容易地将其拿到其他有此类交易市场的地方去交易。然而，房地产投资的收益和风险不仅受地区社会经济发展水平和发展状况的束缚，还受到其所处区位及周边市场环境的影响，房地产不能脱离周围环境而单独存在。一宗房地产的投资价值高低，不仅受其当前租金或价格水平的影响，而且与其所处区域的物业整体升值潜力及影响这种升值潜力的社会经济和环境等因素密切相关。

（2）房地产投资的高投入和高成本性

一是土地开发的高成本性：土地的位置固定，资源相对稀缺，土地所有者在出售和出租土地时就要按照土地预期的生产能力和位置、面积、环境等特点，作为要价的依据，收取较高的报酬，同时作为自然资源的土地，还需要投入一定的资本进行开发，所有这些因素都使土地开发的成本提高。二是由于房屋建筑的高价值性：房屋的建筑安装成本，通常高于一般产品的生产成本，房屋的建筑安装要耗费大量的建筑材料和物资，需要有大批技术熟练的劳动力、工程技术人员和施工管理人员，要使用许多大型施工机械。此外，房屋建筑施工周期长，占用资金量大，需要支付大量的利息成本，而房地产投入资金回收缓慢，都使房屋建筑的生产成本高于一般产品。

（3）房地产投资的长周期性

整个房地产投资的实际操作就是房地产整个开发过程。对每一个房地产投资项目而言，从土地所有权或使用权的获得、建筑物的建造，一直到建筑物的投入使用，最终收回全部投资资金需要相当长的时间。然而同时，房地产投资又非常适合作为一种长期投资。房地产同时具有经济寿命和自然寿命。经济寿命是指地上建筑物对房地产价值持续产生贡献的时间周期。自然寿命是指从地上建筑物竣工之日开始，到建筑物的主要结构构件和设备因自然老化或损坏而不能继续保证建筑物安全使用为止的持续时间。大部分情况下，房地产的自然寿命远远长于经济寿命，如果房地产的维护状况良好，其较长的自然寿命可以令投资者从一宗置业投资中获取几个经济寿命。因此，根据市场需求对房地产的功能进行及时的更新改造，往往不仅能够增加现时的收益，还可以保持并提升所持有的房地产的价值。

（4）房地产投资的低流动性

房地产投资成本高，不像一般商品买卖可以在短时间内马上完成、轻易脱手，房地产交易通常要一个月甚至更长的时间才能完成；而且投资者一旦将资金投入房地产买卖中，其资金很难在短期内变现。因此，房地产资金的流动性较低。虽然房地产资产证券化水平在逐渐提高，但也不能从根本上改变房地产资产流动性差的弱点。当然，房地产投资也有既耐久又能保值的优点。房地产商品一旦在房地产管理部门将产权登记入册，获取相应的产权凭证后，即得到了法律上的认可和保护，其耐久保值性能要高于其他投资对象。

（5）房地产投资的高风险性

由于房地产投资占用资金多，资金周转期长，市场瞬息万变，因此投资的风险因素也将增多。加上房地产资产的低流动性，不能轻易脱手，一旦投资失误造成房屋空置，资金不能按期收回，企业就会陷于被动，甚至债息负担沉重从而导致破产倒闭。同时，房地产投资还容易受到政府宏观调控和市场干预政策的影响。由于房地产在社会经济活动中的重要性，各国政府均对房地产市场倍加关注，经常会有新的政策措施出台，以调整房地产开发建设、交易和使用过程中的法律关系和经济利益关系。而房地产不可移动等特性的存在，使房地产投资者很难避免这些政策调整所带来的影响。政府土地供给、公共住房、房地产金融、税收和市场规制等政策的调整，都会对房地产的市场价值，进而对房地产投资意愿、投资效果产生影响。

（6）依赖专业管理

房地产投资由于具有以上特点，往往需要专业化的投资管理。从房地产开发投资过程到房地产置业投资都少不了专业管理的身影。比如在开发过程中，投资者在获取土地使用权、规划设计、工程管理、市场营销、项目融资等方面都需要专业背景的支撑，在置业投资中即便委托了专业物业资产管理公司，也需要有能力对物业资产管理公司进行审查批准。

3. 房地产投资的分类

房地产投资除了与一般投资行为一样划分为短期投资和长期投资、直接投资和间接投资、生产性投资和非生产性投资外，还可以按照如下标准分类：

（1）按照投资主体分类

按照投资主体分类，房地产投资可分为政府投资、非营利机构投资、企业投资和个人投资。政府投资和非营利机构投资更注重房地产投资的社会效益和环境生态效益，如公共租赁住房投资、绿色住宅示范项目投资等。企业投资和个人投资则更注重经济效益，如写字楼投资、商品住房投资等。

（2）按照经济活动类型分类

按照经济活动类型分类，可以将房地产投资划分为从事土地开发活动的土地开发投资、从事各类房屋开发活动的房地产开发投资和从事各类房地产出租经营活动的房地产经营投资。

（3）按照物业类型分类

按照物业类型分类，可以将房地产投资分为居住物业投资、商用物业投资、工业物业投资、特殊物业投资。

1）居住物业投资

居住物业是指居民赖以生存的空间和必要的条件，即住宅以及附属的设备和设施，是以居住为主要功能的物业。居住物业的类型有住宅小区、花园别墅和公寓等。现阶段我国居住物业呈现产权多元化、档次多样化以及管理体制和管理方式多样化的特点。居住物业投资主要表现为开发投资，将建成后的住房出售给购买者，而购买者大多是以满足自用为目的，也有少量购买者将所购买的住房作为投资，出租给租户使用。

2）商业物业投资

商用物业是指能同时供众多零售商和其他商业服务机构租赁，用于从事各种经营服务活动的大型收益性物业。商业物业有两层含义：一是以各种零售商店（或柜台、楼面）组合为主包括其他商业服务和金融机构在内的建筑群体；二是购物中心的楼层和摊位是专供出租给商人零售商品作为经营收入的物业。商业物业可以分为单一型和综合型两种。单一型是指商业楼宇的营业面积全部供商品零售使用。综合型物业是指商业楼宇的营业面积不仅供商品零售使用，同时还有饮食、娱乐、商品展示等，也有大楼的其他部分为办公用房或者居住用房。由于商用物业投资的收益主要来自物业出租经营收入和物业资产升值，因而更适合作为长期投资。

3）工业物业投资

工业物业是指对自然资源或农产品、半成品等进行生产加工，以建造各种生产资料、生活资料的生产活动的房屋及其附属的设备、设施和相关场所。工业物业具有投资大、非流动性、投资性、功能易过时、租赁期长的特点。工业物业按照其适用性可以分为普遍性、特殊性和单一性三类。普遍性工业物业具有广泛的适用性，它可以适用于许多行业的生产及仓储等；特殊性工业物业指受某种条件限制，仅适用于某些应用范围，比如说要求带有很强绝缘（热）性质的仓储设施；单一性工业物业是只适合于某一类产品的生产或某一类企业的物业，如钢铁厂，它一般无法被改作他用。

4）特殊物业投资

特殊物业是指物业空间内的经营活动需要得到政府特殊许可的房地产，包括飞机场、汽车加油站、车站、码头、高速公路、桥梁、隧道等。特殊物业的市场交易很少，这类物业投资多属长期投资，投资者靠日常经营活动的收益来回收投资、赚取投资收益。

4. 房地产投资的过程和形式

（1）房地产投资的过程

房地产投资过程实际上是房地产项目开发经营的全过程。房地产投资周期长、环节多，因此是一个相当复杂的过程，对此，在房地产开发一章已经进行了一定的阐述，房地产投资过程与开发过程是类似的，不过其侧重点不同。概括而言，房地产投资过程大体可分为投资分析、土地开发权获得、房地产生产开发及房地产销售经营这四个阶段。

（2）房地产投资的方式

从一般意义上讲，投资者投资房地产，主要有两条途径、四种方式。两条途径是指基本建设途径和房地产开发途径。四种方式是指基本建设途径中的基本建设式；房地产开发途径中的楼宇购买式、合作开发式和股权购买式。当然，对于基本建设途径中进行建设的房地产项目也可以采取购买、合作或股权收购的方式，只是对这类性质的房地产项目或楼宇采取这些方式不具有典型意义，而且如果这样做，多数情况将改变这些房地产项目或楼宇的性质，即转向房地产开发或使其进入房地产市场。

1）基本建设式是指按基建程序进行报建的方式，建设自用的房地产项目，在房地产开发市场化之前，这种方式是房地产项目建设主要方式。

2）楼宇购买式是投资人审查一家房地产开发商的资质、该房地产开发商所开发的楼宇的法律状态，并考查该写字楼的地理位置、建筑风格等状况，如认为符合投资人的意图，则投资人与该房地产开发商建立商品房买卖法律关系，通过商品房买卖程序获得楼宇的全部权利，这种方式最为简便，但拟购房产所在项目已完成相关法律程序的审批，其规划、建设等事项已很难更改。

3）合作开发式具体做法是如投资人本身不具备房地产开发资质和相关经营范围，则选择一家有相应资质、实力和资源的房地产开发商进行合作。这种合作既可以是建立合资、合作的房地产开发的项目公司，也可以是通过合作协议的方式进行约定。相较于楼宇购买式，这种方式的主要优点是投资人的可控性增加，然而与合作方的法律关系及协作配合相比楼宇购买式要更复杂一些。

4）股权购买式是由投资人或其关联公司对于一家已经存在或拟创设的房地产公司的股权进行全面收购。通过收购该房地产公司的股权，而实现对该公司开发建设或拥有的房地产项目或楼宇的占有、使用、收益和处分的权利。

7.1.3 房地产投资风险

1. 房地产投资风险的基本概念

（1）风险的定义

风险是指在某一特定环境下、某一特定时间段内，某种损失发生的可能性。风险是由风险因素、风险事故和风险损失等要素组成的。换句话说，在某一个特定时间段里，人们所期望达到的目标与实际出现的结果之间产生的距离称之为风险。风险的产生往往是由于对信息掌握得不完全，投资决策草率导致的，宏观形势出现意想不到的不利变化，由此引发多种风险。这在近年的经济生活中也经常遇到。如通货膨胀加剧、物价上涨等诱发建材价格上涨从而导致工程造价跟着上涨，又如房地产供求形势以及货币发行政策和银行信贷政策的变化等。这些将在后面进行详细的论述。

对房地产投资分析风险要预先假设投资项目进入经营阶段的可能收益状态，并依此来定量估算房地产投资风险。但风险度量涉及房地产投资项目可能结果的概率分布，可以用标准差进行度量。这里的投资结果主要是指房地产投资的报酬回报率。而对报酬回报率的概率分布也只有经过市场调查，通过已开发项目的资料使用数理统计的方法得出分布或其估计，甚至即便采用统计检验，其结果也只能在相对意义上代表拟开发项目的概率分布。

（2）风险与不确定性

风险与不确定性有着截然不同的含义。不确定性指事先不能准确知道某个事件或某种决策的结果。或者说，只要事件或决策的可能结果不止一种，就会产生不确定性。在经济学中，不确定性是指对于未来的收益和损失等经济状况的分布范围和状态不能确知。而风险则可以用标准差进行波动的估计。

2. 房地产投资的系统风险

系统风险又称市场风险，也称不可分散风险。系统风险的诱因发生在企业外部，房地产投资公司本身无法控制它。它是由共同因素引起的，经济方面如利率、现行汇率、通货膨胀、宏观经济政策与货币政策、能源危机、经济周期循环等，政治方面如政权更迭、战争冲突等，社会方面的如体制变革、所有制改造等。而由于系统风险往往波及大多数行业，因此系统风险很难通过投资分散进行规避。系统风险的常见来源如盲目从众的行为、经营环境的恶化、利率的提高、税收政策等。

房地产投资首先面临的是系统风险，投资者对这些风险不易判断和无法控制，主要有通货膨胀风险、市场供求风险、周期风险、变现风险、利率风险、政策风险、政治风险和或然损失风险等。

（1）通货膨胀风险

通货膨胀风险又叫购买力风险，是指由于通货膨胀因素使银行成本增加或实际收益减少的可能性。在通货膨胀时期，存款利率通常会相应提高从而直接加大银行的筹资成本，由于货币贬值，货币购买力水平下降，投资者的实际收益不仅没有增加，反而有所减少。房地产投资具有长周期的特点，因此更容易受到通货膨胀的影响。比如对于以固定不变的租金长期出租一宗物业的房地产持有者而言，面临着商品或服务价格上涨所带来的风险。以固定租金方式出租物业的租期越长，投资者所承担的购买力风险就越大。由于通货膨胀将导致未来收益的价值下降，按长期固定租金方式出租所拥有物业的投资者，实际上承担了本来应由承租人承担的风险。

（2）市场供求风险

市场供求风险是指投资者持有的房地产所在市场的供求关系的变化，给投资者带来的风险。供求关系的变化实际表现在租金收入的变化和房地产价格的变化。更为严峻的是，当房地产市场积压库存太多，导致投资者长期面临库存压力，资金流转不周，而这很容易导致投资者破产清算。因此，房地产投资决策以投资者对未来收益估计为基础。投资者需密切关注当地社会经济发展状况，正确使用投资分析结果，降低市场供求风险的影响。

（3）周期风险

周期风险包括经济周期波动风险和市场周期波动风险。经济周期波动风险往往是针对证券市场，是指房地产证券市场行情周期性变动而引起的风险，这种行情变动不是指证券价格的日常波动和中级波动，而是指证券行情长期趋势的改变。经济周期是指社会经济阶段性的循环和波动，是经济发展的客观规律。在房地产市场进行证券投资需要注意认清市场变动趋势并顺势而为，选择正确的投资策略，并且选择大企业和业绩优良的企业投资，因为这类企业对客观经济环境变化的承受能力和适应能力较强。

市场周期波动风险是指由空头和多头等周期性的房地产市场波动所导致的对投资者收益的影响。国内外房地产业发展的历史证明，由于房地产业的发展受到人口、政治、社会文化、法律制度、宏观经济发展等多种因素的影响以及房地产业本身运动规律的制约，房地产业在发展过程中会表现出周期性的波动，表现为房地产经济发展的高峰期和低谷期。房地产市场的周期性波动规律也可称房地产市场周期。房地产市场周期按其供需关系可以划分为四个时期。每个时期都有不同的供需矛盾，表现为不同的空房率。空房率是指房屋推向市场一定期限后空置房屋所占比率。这里有两个问题：一是"一定时期"在不同国家规定不同，西方国家多以两年为准，而亚洲国家多以一年为准，我国对空置率没有时间期限的规定；二是"所占比率"指的是占谁的比率，是占新房的比率，还是占所有存量房屋的比率。我国多指新房的比率，即占增量房屋的比率，称之为商品房空置率；西方国家多指存量房屋的比率，也可称之为空置率。另外，国外将房屋出租排除在空房以外，而我国很多时候空置房屋是指没有出售的房屋，没有将已出租的房屋扣除。房地产市场周期最基本的测定方法有直接测定法和剩余法。

（4）变现风险

变现风险是指投资者无法在资本市场上以正常的价格将投资对象平仓出货的可能性。投资者需要能够随时收回和转让现有投资，如果在短期内找不到愿意出合理价格的买主，投资者就会丧失其他新的投资机会或面临降价出售的损失。变现风险与房地产投资的低流动性的特点有关。由于房地产必须经过一个合理的较长时间才能在市场上脱手，所以房地产投资的变现性很差。决定房地产投资变现性的因素有很多，主要有以下几点：房地产价值量的大小、房地产的建设程度、房地产的地段好坏、房地产的市场行情和房地产的现金流量。房地产价值量越大，所需资金越多，所冒风险越大，越不易在房地产市场上找到买主，因而变现性越差。房地产的建设越处于初级状态，其变现性越差，比如，生地投资比熟地投资的变现性要差，单纯土地投资比一般房地产投资的变现性要差。房地产所处地段越好，升值潜力越大，则变现性越好，房地产投资的变现风险越小。房地产市场行情越好，房地产投资的变现性越好，房地产投资的变现风险越小。房地产的现金流量越大，房地产的变现性越好，房地产投资的变现风险越小，现金流量越大，表示房地产创收能力越强，也就更容易吸引买家购买。

（5）利率风险

利率风险是指市场利率变动的不确定性给房地产投资者造成损失的可能性。影响市场利率变动的风险主要有宏观经济环境、央行的政策、价格水平、股票和债券市场的情况和国际经济形势等。利率的调升会对房地产投资产生两方面的影响：一是导致房地产实际价值的折损，利用升高的利率对现金流折现，会使投资项目的财务净现值减小，甚至出现负值；二是会加大投资者的债务负担，导致还贷困难。利率提高还会抑制房地产市场上的需求数量，从而导致房地产价格下降。长期以来，房地产开发投资比较容易获得固定利率的抵押贷款，实际上相当于把利率风险转嫁给了金融机构。然而，房地产开发投资者得到固定贷款的难度逐渐增加，商业银行越来越注重对风险的调控，其放贷策略已转向短期融资或浮动利率贷款，我国各商业银行所提供的住房抵押贷款几乎都采用浮动利率。

（6）政策风险

政策风险是指因国家宏观政策（如货币政策、财政政策、行业政策、地区发展政策等）发生变化，导致市场价格波动而产生风险。政府有关房地产投资的税费政策、金融政策、住房政策、价格政策、土地供给政策、环境保护政策等，均对房地产投资者收益目标的实现产生巨大影响，从而给投资者带来风险。政策风险主要包括反向性政策风险和突变性政策风险等。反向性政策风险是指市场在一定时期内，由于政策的导向与资产重组内在发展方向不一致而产生的风险。突变性政策风险是指由于管理层政策口径突然发生变化而给资产重组造成的风险。

（7）政治风险

政治风险是指完全或部分由政府官员行使权力和政府组织的行为而产生的不确定性。政府的不作为或直接干预也可能产生政治风险。政治风险也指企业因一国政府或人民的举动而遭受损失的风险。政治风险常常分为两大类：宏观政治风险和微观政治风险。宏观政治风险对一国之内的所有企业都有潜在影响,如"内战"或"军事政变"等。微观政治风险仅对特定企业、产业或投资类型产生影响,如设立新的监管机构或对本国内的特殊企业征税。大量研究表明,绝大多数的政治风险问题属于微观层次的问题,而且更多地涉及企业或投资者经营收入和投资回报,而不是财产所有权。政治风险更多地存在于东道国或项目所处国给外国企业和外国投资者的不利的变化中。

(8) 或然损失风险

或然损失风险是指火灾、风灾或其他偶然发生的自然灾害等引起的置业投资损失。即便投资者购买了保险,但保险的赔付范围并不一定包罗了所有的损失。比如,一旦发生火灾或其他自然灾害,房屋不能再出租使用,房地产投资者的租金收入自然也就没有了。因此,有些投资者在物业投保的同时,还希望其租金收入也能有保障,从而对租金收益进行保险。然而,虽然投保的项目越多,其投资的安全程度就越高,但同样投保费用也就增加。

3. 房地产投资的个别风险

(1) 现金流量风险

现金流量风险是指企业现金流出与现金流入在时间上不一致所形成的风险。现金流量风险是投资者面临的主要财务风险,具有原因复杂、偶然性大、潜伏期长等特点。通常情况下,企业现金流量风险产生的原因主要有以下几方面:一是营运资金不足而引发的风险——营运资金风险;二是销售款不能被及时收回而引发的风险——信用风险;三是流动性不足而引发的风险——流动性风险;四是投资失误而引发的风险——投资风险;五是相关方损失而引发的风险——连带风险。无论是开发投资还是置业投资,都面临着以上五个方面的风险。

(2) 未来运营费用风险

未来运营费用风险是指因为物业实际运营费用支出超过预期运营费用而带来的损失的可能性。比如为了满足市场需求而进行的物业管理服务的调整,使后来的物业购买者不得不支付高昂的更新改造费用,而这在前期并不能预计到。

(3) 资本价值风险

资本价值在很大程度上取决于预期收益现金流和可能的未来运营费用水平。然而,即使收益和运营费用都不发生变化,资本价值也会随着收益率的变化而变化。这种变化使得预期资本价值和现实资本价值之间产生差异,即导致资本价值的风险,并在很大程度上影响着置业投资的绩效。

(4) 机会成本风险

机会成本是指在面临多方案择一决策时,被舍弃的选项中的最高价值者是本次决策的机会成本。机会成本风险又称比较风险,是指投资者将资金投入房地产后,失去了其他投资机会,此时也失去了相应的可能收益而给投资者带来的风险。

(5) 时间风险

时间风险是指房地产投资中与时间和时机选择因素相关的风险。房地产投资强调在适当的时间、选择合适的地点和物业类型进行投资,这样才能使其在获得最大投资收益的同时将风险降到最低限度。

(6) 持有期风险

持有期风险是指与房地产投资持有时间相关的风险。一般来说,投资项目的寿命周期越长，可能遇到的影响项目收益的不确定因素就越多，对不确定情况的预测随着时间的延长也就越不准确。因此，置业投资的实际收益和预期收益之间的差异是随着持有期的延长而加大的。

7.2 房地产开发项目投资与收入估算

7.2.1 房地产开发项目投资估算

房地产开发项目投资估算的范围包括土地费用、前期工程费、房屋开发费、管理费、财务费、销售费用、其他费用、开发期税费等。其各项费用构成复杂、变化因素多、不确定性大，尤其是由于不同建设项目类型的特点不同，其费用构成有较大的差异。

1. 房地产开发项目总投资

开发项目总投资包括开发建设投资和经营资金。

（1）开发建设投资。指在开发期内完成房地产产品开发建设所需投入的各项成本费用，主要包括：土地费用、前期工程费用、基础设施建设费用、建筑安装工程费用、公共配套设施建设费用、开发间接费用、管理费用、财务费用、销售费用、开发期税费、其他费用、不可预见费用等。

（2）经营资金是指房地产企业用于日常经营的周转资金。

（3）开发产品成本。开发产品成本是指房地产开发项目建成时，按照国家有关会计制度和财务制度的规定，转入房地产产品的开发建设投资。当房地产开发项目有多种产品（出售产品、出租产品、自营产品）时，可以通过开发建设投资的合理分摊，分别估算每种商品的成本费用。

房地产开发的总成本费用通常包括开发成本和开发费用两大部分。

开发成本包括土地取得成本（一般包括土地使用权出让金、市政基础设施配套费、契税、手续费等），前期工程费，建安工程费，基础设施建设费，公共配套设施建设费，开发期税费，其他费用，不可预见费。开发费用包括管理费用、销售费用和财务费用。在计算土地增值税的扣除项目时，一般采用此种划分方法。按用途分为：土地开发成本、房屋开发成本、配套设施开发成本。在核算上又分为：开发直接费（包括土地费用、前期工程费用、基础设施建设费用、建筑安装工程费用、公共配套设施建设费用）和开发间接费（包括管理费用、财务费用、销售费用、开发期税费、其他费用以及不可预见费用）。

（4）经营成本。经营成本是指在房地产产品出售、出租时，将开发产品成本按照国家有关财务和会计制度结转的成本。主要包括：商品房销售经营成本（含土地使用权转让成本、配套设施销售成本等）和商品房出租经营成本。对于分期收款的房地产开发项目，商品房销售经营成本和出租经营成本通常按当期销售或出租收入占全部销售收入和出租收入的比率（出租率），计算本期应结转的经营成本。这里的"开发产品成本"与"经营成本"来源于建设部2000年编制的《房地产开发项目经济评价方法》，不同于建设项目可行性分析和财务会计中的"经营成本"概念。

例如，某开发商开发一小区，总建筑面积为49781m²，其中住宅部分面积为47581m²，休养所面积为1200m²，综合商场面积为1000m²。住宅部分全部预售，休养所出租，综合商场为自营。该项目总投资为13057万元，其中开发建设投资13049万元，由开发产品成本12867万元和自营固定资产的182万元组成；综合商场在开发完毕后自营时，需经营资金8万元，到项目结束时一次性收回。

从图7-2中可以看出，如果该项目只有租售部分无自营部分，那么其总投资就不包括经营资金8万元；其中的开发建设投资也不包括自营固定资产182万元，而只余下开发产品成本12867万元。此时，总投资等于开发建设投资也等于开发产品成本12867万元。

如果是开发完成后用于租售的项目，项目总投资基本上等于开发建设投资并等于开发产品成本（也即总成本费用）。出售部分的成本一次性收回，出租部分的开发产品成本按比例结转为经营成本后以折旧形式收回。如住宅部分结转过来的经营成本为12550.48万元，因出售而一次性收回。休养所结转过来经营成本为316.52万元，假设未来出租20年，按直线折旧法计算每年折旧额为15.83万元，这部分折旧额成为休养所出租期间的"经营成本"，而在其出租期间发生的各种费用，如管理费用、销售费用、财务费用、房产税、物业服务费等视为"运营费用"或"经营费用"。

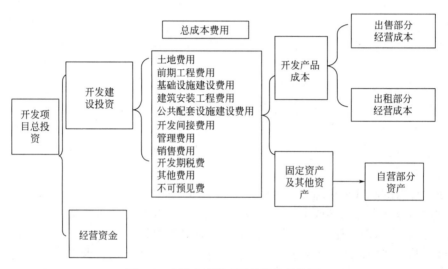

图7-2 房地产开发项目总投资结构图

（5）固定资产。指同时具有以下特征的有形资产：①为生产商品、出租、提供服务或经营管理而持有；②使用年限超过一年；③单位价值高。

（6）无形资产。企业为生产商品、提供劳务、出租给他人或为管理目的而持有的、没有实物形态的非货物性长期资产，可分为可辨认无形资产，如专利权、非专利技术、著作权、土地使用权等，以及不可辨认无形资产，如商誉。

（7）递延资产。指企业发生的不能全部计入当年损益而在以后年度内分期摊销的各类支出。包括企业开办费、摊销期限在一年以上的固定资产、出租房、周转房的大修理费用，以经营租赁方式租入的固定资产改良支出等。其中，开办费指企业在筹建期间发生的各项费用，包括筹建人员工资、办公费、培训费、差旅费、印刷费、注册登记费，以及不计入固定资产和无形资产构建成本的汇兑损益、利息支出等。递延资产应当在企业开始经营以后的一定年度内分期平均摊销，其摊销期限一般不应短于5年。

2. 关于计算期的估算

(1) 计算期的概念

也叫开发经营期,是指经济评价时为进行动态分析所设定的期限。一般来说,开发经营期的起点是取得房地产开发用地的时间,终点是开发完成后的房地产经营结束的日期。

(2) 计算期的构成

$$计算期 = 建设期 + 经营期 = 前期 + 建造期 + 经营期$$

1) 建设期的起点与开发经营期的起点相同,终点是开发完成后的房地产竣工之日(前期是自取得房地产开发用地之日起至动工开发之日止的时间;建造期是自动工开发之日起至房地产竣工之日止的时间)。

2) 经营期可分为销售期和运营期

销售期是自开始销售开发完成后的房地产之日起至其售出之日止的时间。在有预售的情况下,销售期与建设期有重叠。运营期的起点是开发完成后的房地产竣工之日,终点是开发完成后的房地产经济寿命结束之日。在有延迟销售的情况下,销售期与运营期有重叠。

(3) 计算期的选取

不同类型的房地产投资项目,其计算期的选取规则不同。对于房地产开发后出售项目:计算期是项目建设期与销售期之和,通常为 3~5 年。对于房地产开发后出租或自营项目:计算期为建设期与经营期之和,通常为 10~20 年。房地产置业投资项目:计算期为经营准备期和经营期之和。

3. 房地产开发项目总成本费用的具体结算

(1) 土地费用估算

土地费用是为取得房地产项目用地使用权,并进行初步土地开发而发生的费用。土地使用权取得方式不同,其费用构成也不同。主要有以下几种:土地征用或拆迁费、出让土地的土地出让地价款、转让土地使用权的转让费、租用土地的土地租用费、股东投资入股土地的投资折价。

1) 土地征用或拆迁费

① 土地征用拆迁费

土地补偿费为该耕地被征用前三年平均年产值的 6~10 倍,不超过 30 倍。安置补偿费是按照需要安置的农业人口数量补偿,每个农业人口补偿标准是该耕地被征用前三年平均年产值的 4~6 倍。农业安置人口数量按照项目耕地面积除以人均耕地面积。需要注意的是,土地补偿费和安置补偿费之和不能超过 30 倍。包括青苗补偿费、地上附着物补偿费、新产地开发建设基金、征地管理费、耕地占用税、耕地开垦费、土地复垦费、其他费用(包括安置统筹费、动迁费、住房安置、搬迁过渡费等)。

② 城镇土地拆迁费包括地上建筑物、构筑物、附着物补偿费、临时搬迁安置费、周转房摊销、搬家费以及对于原用地单位停产、停业补偿费、拆迁管理费、拆迁委托代办费等。

2) 土地出让地价款

指国家以土地所有者的身份将土地使用权在一定年限内让与使用者,并由土地使用者向国家支付的土地使用权出让金及其他款项。主要包括向政府缴付的土地使用权出让金和根据土地原有状况需要支付的拆迁补偿费、安置费、城市基础设施建设费或征地费。土地出让金是指为了获取土地使用权而支付的费用。其中：

农用地拆迁费＝征用农地的拆迁安置费＋土地出让金＋城市基础设施建设费

城镇土地拆迁费＝城市土地拆迁安置费＋土地出让金＋城市基础设施建设费

土地出让金＝每建筑平方米出让金单价×建筑面积

3）土地使用权转让费

是指土地使用权受让方向土地使用权转让方支付土地使用权的转让费。依法通过土地出让金或转让方式取得的土地使用权可以转让给其他合法使用者，土地使用权转让时，土地上建筑物及其他附着物的所有权随之转让。土地使用权转让来源是出让政府，受转让方是具备转让条件的开发商。

4）土地租用费

土地租用方向土地出租方支付的费用。采取租用可减少初期投资，但一般较少采用。

5）土地投资折价

房地产项目土地使用权可以来自房地产项目的一个和多个投资者的直接投资。不需要现金支付，但需要评价估价。

（2）前期工程费用

主要指开工建设前的准备费用。主要包括：

1）项目规划、设计、可行性研究费用。一般按总投资的一定百分比估算，项目规划、设计为建筑安装工程费的3％；可行性研究费用占项目总投资的1％～3％；也可按估计的工作量乘以正常工日费率估算。

2）项目水文、地质勘测费用。结合有关收费标准估算，一般为设计概算的0.5％。

3）土地开发中"七通一平"（给水、排水、通电、通路、通信、通暖气、通天然气或煤气以及场地平整）等工程费用。包括地上原有建筑物、构筑物的拆除费用，场地平整费用和通水、电、路等费用。

（3）基础设施建设费

基础设施建设费是指建筑物2m以外以及项目用地规划红线以内的各种管线和道路等工程的费用，主要包括供水、供电、供气、排污、绿化、道路、路灯、环卫设施等的建设费用以及各项设施与市政设施干线、干管、干道的接口费用。一般按实际工程估算。详细估算时，可按单位指标估算法来计算，具体如下：供水工程可按水增容量（t）指标计算；供电及变配电工程可按电容量（kVA）指标计算；采暖工程按耗热量（W/h）指标计算；管线工程按长度（m）指标计算；室外道路按道路面积（m^2）指标计算；粗略估算时，可按建筑平方米或用地平方米造价计算。

（4）建筑安装工程费

1）建筑安装工程费的内容

建筑安装工程费是指直接用于工程建设的总成本费用，主要包括建筑工程费（结构、建筑、特殊装修工程费），设备及安装工程费（给水排水、电气照明、电梯、空调、煤气管道、消防、防雷、弱电等设备及安装）以及室内装修工程费用等。

2）建筑安装工程费的估算方法

① 单元估算法：以基本建设单元的综合投资乘以单元数得到项目或单项工程总投资

的估算方法。如以每间客房的综合投资乘以客房数估算一座酒店的总投资,以每张病床的综合投资乘以病床数估算一座医院的总投资。

② 单位指标估算法:以单位工程量投资乘以工程量得到单项工程投资的估算方法。土建工程、给水排水工程、照明工程可按建筑平方米造价计算;采暖工程按耗热量(kW/h)指标计算;变配电安装按设备容量(kVA)指标计算。集中空调安装按冷负荷量(kW/h)指标计算;供热锅炉安装按每小时产生蒸汽量(m^3/h)指标计算;各类围墙、室外管线工程按长度(m)指标计算;室外道路按道路面积(m^2)指标计算。

③ 工程量近似匡算法:先近似匡算工程量,配上相应的概预算定额单价和取费标准,近似计算项目的建筑工程投资。

④ 概算指标估算法:采用综合的单位建筑面积和建筑体积等按照建筑工程概算指标计算整个工程费用。

$$直接费＝每平方米造价指标\times建筑面积$$

⑤ 类似法:根据类似工程,并进行适当修正而得到。

(5) 公共配套设施建设费

是指居住小区内为居民服务配套建设的各种非营利性公共配套设施(又称公建设施)的建设费用。主要包括居委会、派出所、托儿所、幼儿园、公共厕所、停车场等。可按规划指标和实际工程量估算(参考建安估算法)。

(6) 开发间接费

指房地产开发企业所属独立核算单位在开发现场组织管理所发生的各项费用。主要包括:工资、福利费、折旧费、修理费、办公费、水电费、劳动保护费、周转房摊销和其他费用等。

(7) 管理费用

房地产开发企业的管理部门为组织和管理房地产项目的开发经营活动而发生的各项费用。主要包括:管理人员工资、工会经费、职工教育经费、劳动保险费、排污费、业务招待费等。其估算办法是按项目投资或前1～5项直接费用的一个百分比计算,一般为1%～4%。

(8) 财务费用

是指房地产开发企业在建设期为筹集资金而发生的各项费用。主要包括借款或债券的利息、金融机构手续费、融资代理费、外汇汇兑净损失以及企业筹资发生的其他财务费用。财务费用不单指借款或债券的利息,还有其他费用。因此计算时,以计算为主的同时增大利率以估算包括利息及其他费用的财务费用。

(9) 销售费用

指房地产开发企业在销售房地产产品过程中发生的各项费用,以及专设销售机构或委托销售代理的各项费用。主要包括销售人员工资、奖金、福利费、差旅费,销售机构的折旧费、修理费、物件消耗费、广告费、宣传费、代销手续费、销售服务费及预售许可证申领费等。具体费用如下:广告宣传及市场推广费,一般为销售收入的2%～3%;销售代理费,一般为销售收入的2%～3%;其他销售费用,一般为销售收入的0.5%～1%;销售费用占销售收入的2%～6%。

(10) 其他费用

主要指与房地产相关的税费、规费,包括政府行政性收费、事业性收费。具体指:临时用地费、临时建设费、固定资产投资方向调节税、建设项目环境评价费、建筑工程规划许可执照费、人防工程异地建设费、集中绿化建设费、城市建设配套费、交易综合费、招标投标管理费、建设工程综合费、工程质量监督费、施工图审查费、标底审查费、防雷设施检查费、新建房屋建筑白蚁预防费。

(11) 不可预见费

从谨慎角度出发，根据项目的复杂程度和前述各项费用估算的准确性，考虑适当的不可预见费，取上述费用之和的 2%~8%。

(12) 运营费用

运营费用（也叫经营费用），是指房地产项目开发完成后，在项目出租或经营期间发生的所有费用。具体包括：期间费用（管理费用、销售费用、财务费用），物业服务费（人员工资和办公费用、建筑物及相关场地的维护维修费用、公共设施设备运行费、维修及保养费、绿化费、清洁与保安等费用、保险费、广告宣传及市场推广费、租赁代理费和折旧费），城镇土地使用税，房产税等。

(13) 修理费用

以出租或自营方式获得收益的房地产项目在经营期间发生的物料消耗和维修费用。

7.2.2 房地产开发项目收入估算

1. 经营收入测算

房地产开发项目应在项目策划方案的基础上，制订出切实可行的房地产产品出售、出租、自营等计划（以下简称租售计划），通过该收入计划，正确地估算出开发项目可能的收入。租售计划应与开发商的营销策略相结合，同时还应遵守各级政府有关房地产租售方面的限制条件和规定。

(1) 制订房地产开发项目租售计划

房地产项目租售计划一般包括：可供租售的房地产类型、数量、租售价格、收款方式等内容。

1) 在确定可供租售的房地产类型及数量时，首先确定开发项目可以提供的房地产类型及数量，其次根据市场条件，确定开发项目在整个租售期内，每年、半年或季度，拟租售的房地产类型及数量。

2) 租售价格的确定应在市场调查与预测的基础上，结合房地产开发项目的具体情况，通过市场交易信息的分析与比较来完成。特别应注意已建成的、正在建设的以及潜在的竞争性房地产项目对拟开发项目租售价格的影响。

3) 确定收款方式时应考虑房地产交易的付款习惯和惯例。当分期付款时，应注意分期付款的期数与分期付款的比例。在制订租售计划时，应特别注意可租售面积比例的变化对租售收入的影响。

(2) 房地产开发项目租售收入的估算

租售收入的估算是要计算出每期所能获得的房地产收入，主要包括土地使用权转让收入、商品房销售收入、出租房租金收入、配套设施销售收入和开发企业自营收入等。

1) 房地产开发项目的出租出售收入，一般为可租售的项目建筑面积的数量与单位租售价格的乘积。对于出租的情况，应注意空置期和空置率对各期租金收入的影响，同时还应考虑经营期末出租物业的转售收入。

2) 房地产开发项目的自营收入,是指房地产开发企业以开发完成后的房地产产品为其进行商业和服务业等经营活动的载体,通过综合性的自营方式得到的收入。在进行自营收入的估算时,应充分考虑目前已有的商业和服务业设施对拟开发项目建成后所产生的影响,以及未来商业和服务业设施对拟开发项目建成后所产生的影响,未来商业和服务业市场可能发生的变化对拟开发项目的影响。

2. 税金估算

(1) 增值税

增值税是以商品(含应税劳务)在流转过程中产生的增值额作为计税依据而征收的一种流转税。2016年5月1日起,国家对建筑业、房地产业、金融业、生活服务业进行营改增试点,并将所有企业新增不动产所含增值税纳入抵扣范围。增值税相较于营业税而言,具有避免重复征税、以票管税的优点。应税行为的年应税销售额超过财政部和国家税务总局规定标准(500万元)的纳税人为一般纳税人,未超过规定标准的纳税人为小规模纳税人。年应税销售额未超过规定标准的纳税人,会计核算健全,能够提供准确税务资料的,可以向主管税务机关办理一般纳税人资格登记,成为一般纳税人。

1) 销售额的计算

销售额是指纳税人发生应税行为取得的全部价款和价外费用,财政部和国家税务总局另有规定的除外。价外费用,是指价外收取的各种性质的收费,但不包括以下项目:①代为收取并符合规定的政府性基金或者行政事业性收费;②以委托方名义开具发票代委托方收取的款项。一般情况下,建筑服务的增值税税率为11%;建筑服务的增值税征收率为3%。

销售额=(全部价款和价外费用-当期允许扣除的土地价款)÷(1+11%)

2) 当期允许扣除的土地价款计算

当期允许扣除的土地价款=(当期销售房地产项目建筑面积÷房地产项目可供销售建筑面积)×支付的土地价款

其中,当期销售房地产项目建筑面积,是指当期进行纳税申报的增值税销售额对应的建筑面积。房地产项目可供销售建筑面积,是指房地产项目可以出售的总建筑面积,不包括销售房地产项目时未单独作价结算的配套公共设施的建筑面积。支付的土地价款,是指向政府、土地管理部门或受政府委托收取土地价款的单位直接支付的土地价款。

3) 自行开发的房地产老项目

一般纳税人销售自行开发的房地产老项目,可以选择适用简易计税方法按照5%的征收率计税。房地产老项目是指:《建筑工程施工许可证》注明的合同开工日期在2016年4月30日前的房地产项目;《建筑工程施工许可证》未注明合同开工日期或者未取得《建筑工程施工许可证》但建筑工程承包合同注明的开工日期在2016年4月30日前的建筑工程项目。

4) 应预缴税款

一般纳税人采取预收款方式销售自行开发的房地产项目,应在收到预收款时按照3%的预征率预缴增值税。

应预缴税款=预收款÷(1+适用税率或征收率)×3%

5) 征收管理

① 一般纳税人以清包工方式提供的建筑服务,可以选择适用简易计税方法计税。以

清包工方式提供建筑服务,是指施工方不采购建筑工程所需的材料或只采购辅助材料,并收取人工费、管理费或者其他费用的建筑服务。

② 一般纳税人为甲供工程提供的建筑服务,可以选择适用简易计税方法计税。甲供工程是指全部或部分设备、材料、动力由工程发包方自行采购的建筑工程。

③ 一般纳税人为建筑工程老项目提供的建筑服务,可以选择适用简易计税方法计税。

④ 一般纳税人跨县(市)提供建筑服务,适用一般计税方法计税的,应以取得的全部价款和价外费用为销售额计算应纳税额。纳税人应以取得的全部价款和价外费用扣除支付的分包款后的余额,按照2%的预征率在建筑服务发生地预缴税款后,向机构所在地主管税务机关进行纳税申报。

⑤ 一般纳税人跨县(市)提供建筑服务,选择适用简易计税方法计税的,应以取得的全部价款和价外费用扣除支付的分包款后的余额为销售额,按照3%的征收率计算应纳税额。

6) 城市维护建设税

按增值税的实缴税额为计税依据,是专门用于城市建设、维护而征收的一种税。对房地产开发企业而言,城市维护建设税的计税依据是其实际缴纳的增值税。城市维护建设税的税率因纳税人所在的地区而有所差异。

7) 教育费附加

是国家为发展教育事业、筹集教育经费而征收的一种附加费,其计费依据与城市维护建设税相同。对房地产开发企业而言,教育费附加的计费依据是其实际缴纳的增值税。教育费附加的税率一般为3%。

(2) 城镇土地使用税

城镇土地使用税是房地产开发企业在开发经营过程中占有国有土地应缴纳的一种税。计税依据是将纳税人实际占有的土地面积采用分类、分级别的幅度确定税率,每平方米的年幅度税率按城市大小不同分四个不同档次。

(3) 房产税

房产税是以房屋为征税对象,按房价或出租租金收入征收的一种税。房产税暂行条例规定房产税在城市、县城、建制镇和工矿区征收。城市、县城、建制镇、工矿区的具体征税范围,由各省、自治区、直辖市人民政府确定。计算房产税应纳税额的法定比例:房产税分为按从价(房产余值)和从租(房产租金收入)两种计算缴纳。从价计算缴纳的,其税率为1.2%;从租计算缴纳的,税率为12%。

(4) 企业所得税

企业所得税是对企业生产经营活动所得和其他所得征收的一种税。就房地产开发活动而言,企业所得税的纳税人即为房地产开发企业,所得税计算公式是:

所得税税额=应税所得额×税率

应税所得额=利润总额-允许扣除项目的金额

对开发企业而言,其利润总额主要是开发建设及经营期间的组收收入,其允许扣除项目为总开发成本和经营成本。房地产开发企业所得税税率一般为25%。

(5) 土地增值税

土地增值税是指纳税人转让房地产所取得的收入减除规定扣除项目金额后的增值额,

再按比例缴纳的税收。土地增值税是对有偿转让国有土地使用权及地上建筑物和其他附着物的单位和个人征收的一种税。根据《中华人民共和国土地增值税暂行条例》，土地增值税的税率为四级超率累进税率：即增值额未超过扣除项目金额50%的，税率为30%；增值额占扣除金额50%～100%，税率为40%；增值额占比为100%～200%，税率为50%；增值额占比为200%以上，税率为60%。也就是说，转让增值的部分，分段按照比例征收土地增值税。

3. 借款还本付息的估算

（1）还本付息的资金来源

根据国家现行财税制度的规定，归还建设投资借款的资金来源主要是项目建成后可用于借款偿还的利润、折旧费、摊销费用等；对预售或预租的项目，还款资金还可以是预售或预租收入。

（2）还款方式和顺序

1）国外借款的还款方式

按照国际惯例，债权人一般对贷款本息的偿还期限有明确的规定，如按规定等额还本付息、等额本金偿还等方式。

2）国内借款的还款方式和顺序

一般按照先贷先还、后贷后还，高息先还、低息后还的顺序，或按双方的贷款协议归还国内借款。

（3）利息的计算

1）借款时的利息计算

按照国家有关规定，在进行建设项目经济评价时，对当年发生借款的，假定借款在当年年中发生，按半年计息，其后按全年计息，每年应计利息为：

$$每年应计利息＝（年初借款本息累计＋本年借款÷2）×利率$$

2）还款时的利息计算

① 等额偿还本利和

也称定期付息，即借款人每月按相等的金额偿还贷款本息。其中，每月贷款利息按月初剩余贷款本金计算并逐月结清。由于每月的还款额相等，因此，在贷款初期每月的还款中，剔除按月结清的利息后，所还的贷款本金就较少；而在贷款后期因贷款本金不断减少，每月的还款额中贷款利息也不断减少，每月所还的贷款本金就较多。

② 等额还本，利息照付

贷款人将本金分摊到每个月内，同时付清上一交易日至本次还款日之间的利息。这种还款方式相对等额本息而言，总的利息支出较低，但是前期支付的本金和利息较多，还款数逐月减少。

7.3 房地产投资分析技术

7.3.1 投资分析的基本概念

1. 现金流量

企业一定时期的现金和现金等价物的流入和流出的数量叫现金流量。现金流量管理中的现金，不是人们通常所理解的手持现金，而是指企业的库存现金和银行存款，还包括现金等价物（即企业持有的期限短、流动性强、容易转换为已知金额现金、价值变动风险很小的投资），也包括现金、可以随时用于支付的银行存款和其他货币资金。

2. 房地产置业投资

房地产置业投资是指投资者的投资对象是房地产投资者新建成的物业或房地产市场上的二手房产。这类投资的目的一般有两个：一是满足自身生活居住或生产经营的需要，即自用。二是作为投资将购入的物业出租给最终的使用者，获取较为稳定的经常性收入。从实物形态上看，房地产置业投资活动表现为投资者利用所购置的房地产，通过物业管理活动，最终为租户提供可入住的生产或生活空间。从货币形态上看，房地产置业投资活动表现为投入一定量的资金，花费一定量的成本，通过房屋出租或出售获得一定量的货币收入。房地产置业投资包括以下几种：

（1）房地产买卖投资

是指投资者购买到某类投资型物业后，低买高卖赚取差价获取投资收益；或者是购入物业后，等待一定时间，在价格上涨后再出售该物业获利，同时在未售出期间，还可以把购入的物业用于自己居住、自用或对外出租盈利。

（2）房地产租赁投资

通过租赁收取租金，置业投资者获取长期租赁收入。租赁投资还有一种特殊情况，就是包租，其含义是获得物业使用权的投资者，将物业以每年或每月固定租金的形式包租下来，然后投入一定资金，根据实际需要，对物业进行适当的装修改造后，对外转租从而获取转租收益。

（3）房地产自营投资

也就是房地产置业投资者在购入新增或存量房地产后用于经营，通过获取所经营的商品价格差，以及提供劳务服务收取服务费用的方式回收投资，取得经营收入。

（4）房地产混合投资

是置业投资者购入物业后，对物业进行出售与租赁的混合经营，即先通过出租或自营获取租赁或自营收益，当房地产价格上涨到一定水平时再把物业出售出去，获取出售收益。混合投资形式灵活，兼有长期性投资和投机性投资的优点，越来越受到广大投资者的青睐。

3. 房地产置业投资几个常见术语

（1）潜在毛租金收入

物业可以获取的最大租金收入称为潜在毛租金收入。它等于物业内全部可出租面积与最可能的租金的乘积。潜在毛租金收入并不代表物业实际获取的收入，它只是在建筑物全部出租且所有的租客均按时全额缴纳租金时，可以获得的租金收入。

（2）空置和收租损失

实际上，租金收入很少能够达到潜在毛租金收入的水平。一是空置的面积没有被出租，自然不能产生租金收入；二是租出的面积没有收到租金。在物业收入的现金流中，空置和收租损失从潜在毛租金收入中扣除后，就能得到某一报告期（通常为一个月）实际的租金收入。欠缴的租金和由于空置导致的租金损失一般分开记录，当欠缴的租金最终获得支付时，仍可以计入收入项目下，只有最终不予支付的租金才是实际的租金损失。

(3) 其他收入

物业中设置的自动售货机、投币电话等获得的收入称为其他收入。这部分收入是租金以外的收入，又称计划外收入。此外，一般将通过专业代理机构或法律程序催缴拖欠租金所获得的收入亦列入其他收入项目。

(4) 有效毛收入

从潜在毛租金收入中扣除空置和收租损失后，再加上其他收入，就得到了物业的有效毛收入，即：

$$有效毛收入＝潜在毛租金收入－空置和收租损失＋其他收入$$

(5) 运营费用

运营费用是企业本期已实现销售的商品产品成本和已对外提供劳务的成本。收益性物业的运营费用是除抵押贷款还本付息外物业发生的所有费用，包括人员工资及办公费用，保持物业正常运转的成本（建筑物及相关场地的维护、维修费），保险费，房产税，城镇土地使用税和法律费用等。

(6) 净运营收益

从有效毛收入中扣除运营费用后就可得到物业的净运营收益，简称净收益，即：

$$净运营收益＝有效毛收入－运营费用$$

(7) 抵押贷款还本付息

抵押贷款还本付息同样需要从净运营收益中扣除。当然，该项还本付息不是运营费用，它可以逐渐地转入业主对物业拥有的权益的价值中去。

(8) 准备金

准备金是业主或其委托的物业管理公司定期存入的用于支付未来费用的资金。如果这部分资金来自物业的收益，就应该从物业现金流中扣除。准备金通常用于支付物业经营过程中的资本性支出，包括房屋及设备、设施的大修理更新。

(9) 税金

房地产企业涉及税金见 7.2.2 节相关内容。

7.3.2　现值与现值的计算

1. 货币时间价值

货币时间价值是指货币随着时间的推移而发生的增值，也称为资金时间价值。这是因为，货币用于投资可获得收益，存入银行可获得利息，货币的购买力会因通货膨胀的影响而改变。今天可以用来投资的一笔资金，即使不考虑通货膨胀因素，也比将来可获得的同样数额的资金更有价值。生产建设过程中的大小投资活动，从发生、发展到结束，都需要经历一个时间的过程。对于投资者来说，现金流量的发生往往有先有后，对房地产投资项目的经济效果或对不同投资方案进行经济比较时，不仅要考虑支出和收入的数额，还必须考虑每笔现金流量发生的时间，以某一个相同的时间点为基准，把不同时间点上的支出和收入折算到同一个时间点上，才能得出正确的结论。

货币时间价值有以下几个特点：货币时间价值是资源稀缺性的体现；货币时间价值是信用货币制度下，流通中货币的固有特征；货币时间价值是人们认知心理的反映。

2. 利息与利率

（1）利息

利息是指在偿还借款时，大于本金的那部分金额。是指在借贷关系中，由借入方支付给贷出方的报酬。利息是资金所有者由于借出资金而取得的报酬，它来自生产者使用该笔资金发挥营运职能而形成的利润的一部分。是指货币资金在向实体经济部门注入并回流时所带来的增值额。利息的多少取决于三个因素：本金、存期和利息率水平。

（2）利率

利率，又叫利息率，是衡量利息高低的指标。是一定时期内利息额和本金的比率。按计算利息的期限单位可划分为年利率、月利率和日利率；根据计算方法不同，可分为单利和复利；按借贷期间内利率是否浮动，划分为固定利率和浮动利率；按利率的作用，划分为基础利率和差别利率，基础利率是在各种利率中起决定作用的利率，差别利率是根据不同的情况试图限制或鼓励性的利率；根据与通货膨胀的关系，分为名义利率和实际利率。

3. 单利与复利

（1）单利

单利是指在借贷期限内，只对本金计算利息，对本金所产生的利息不再另外计算利息。单利的计算取决于所借款项或贷款的金额（本金）、资金借用时间的长短及市场一般利率水平等因素。按照单利计算的方法，只要本金在贷款期限中获得利息，不管时间多长，所生利息均不加入本金重复计算利息。

单利利息的计算公式为：

$$利息（I）= 本金（P）\times 利率（i）\times 时间（t）$$

n 个计息周期后的本利和为：

$$F_n（本利和）= P（1+i \cdot n）$$

例如，某企业有一张带息期票，面额为 1200 元，票面利率为 4%，出票日期是 6 月 17 日，8 月 16 日到期（共 60 天），则到期时利息为：

$$I = 1200 \times 4\% \times 60 \div 360 = 8（元）$$

在计算利息时，除非特别指明，给出的利率是指年利率。对于不足一年的利息，以一年等于 360 天来折算。

（2）复利

复利是指在借贷期限内，除了在原来本金上计算利息外，还要把本金所产生的利息重新计入本金、重复计算利息，俗称利滚利。从定义上可以看出复利的要素有三个：报酬率、初始本金和时间。

1）复利终值

复利终值是指本金在约定的期限内获得利息后，将利息加入本金再计利息，逐期滚算到约定期末的本金之和。

2）复利现值

复利现值是指在计算复利的情况下，要达到未来某一特定的资金金额，现在必须投入的本金。

我国房地产开发贷款和住房抵押贷款都是按复利计息的。由于复利计息比较符合资金在社会再生产过程中运动的实际状况，所以在投资分析中，一般采用复利计息。

4. 名义利率与实际利率

(1) 名义利率与实际利率

名义利率是指没有剔除通货膨胀因素的利率，也就是借款合同或单据上标明的利率，即利息（报酬）的货币额与本金的货币额的比率。例如，张某在银行存入100元的一年期存款，一年到期时获得5元利息，利率则为5%，这个利率就是名义利率。在之前的讨论中，利率都是以一年为期计算，然而现实情况不全是如此。在实际经济活动中，计息周期有年、季度、月、周、日等。这样就出现了不同计息周期的利率换算问题。也就是说，当利率标明的时间单位与计息周期不一致时，就出现了名义利率和实际利率的区别。

(2) 名义利率与实际利率的计算

设名义利率为 r，若年初借款为 P，在一年中计算利息 m 次，则每一计息周期的利率为 $\frac{r}{m}$，一年后的本利和为：$F=P\left(1+\frac{r}{m}\right)^m$，其中，利息 $I=F-P$。故实际利率 i 与名义利率 r 的关系式为：

$$i=\left(1+\frac{r}{m}\right)^m-1$$

7.3.3 房地产投资分析评价指标

1. 投资回收与投资回报

房地产投资的收益或总回报，包括投资回收和投资回报两部分。投资回收是指投资者对其所投入资本的回收，投资回报是指投资者所投入的资本在经营过程中所获得的报酬。例如，借款人支付的利息，就是金融机构所获得的投资回报，借款人支付的本金就是金融机构的投资回收。

投资回收和投资回报对投资者来说都是非常重要的，投资回收是投资回报的前提。投资回收通常是用提取折旧的方式获得，而投资回报则常常表现为投资者所获得的或期望获得的收益率或利息率。就房地产开发投资来说，投资回收主要是指开发商所投入的总开发成本的回收，而其投资回报则主要表现为开发商利润。

2. 财务评价指标体系

对房地产投资进行分析，也就是对房地产投资项目的盈利能力和清偿能力进行考量。

盈利能力指标，是用来考察项目盈利能力水平的指标，包括静态指标和动态指标两类。静态指标和动态指标的区别在于是否考虑资金时间价值。动态评价指标，能比较全面地反映投资方案整个计算期的经济效果，适用于详细可行性研究阶段的经济评价和计算期较长的投资项目。

清偿能力指标，是指考察项目计算期内偿债能力的指标。除了投资者重视项目的偿债能力外，为项目提供融资的金融机构，更加重视项目偿债能力的评价结果。

房地产投资项目财务评价指标体系如图7-3所示。

3. 盈利指标计算方法

(1) 动态指标

1) 财务净现值

财务净现值（NPV）是指把项目计算期内各年的财务净现金流量，按照一个给定的标准折现率（基准收益率）折算到建设期初（项目计算期第一年年初）的现值之和，是房

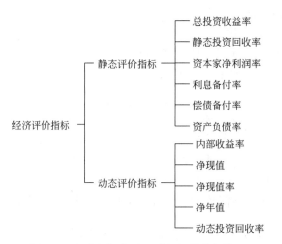

图 7-3 房地产投资项目财务评价指标体系

地产开发项目财务评价中的一个重要经济指标。

基准收益率也称基准折现率,是企业或行业或投资者以动态的观点所确定的、可接受的投资项目最低标准的收益水平,称为最低要求收益率(MARR)。基准收益率主要取决于资金来源的构成、投资的机会成本、项目风险、通货膨胀率等几个因素。

财务净现值的计算公式为:

$$NPV = \sum_{t=0}^{n}(CI-CO)_t(1+i_c)^{-t}$$

式中 NPV——财务净现值;
CI——现金流入量;
CO——现金流出量;
$(CI-CO)_t$——项目在第 t 年的净现金流量;
t——项目进行的时间点;
n——计算期,即项目的开发或经营周期(年、半年、季度或月);
i_c——基准收益率或设定的目标收益率。

2)财务内部收益率

财务内部收益率(IRR),是指能够使未来现金流入量现值等于未来现金流出量现值的折现率,或者说是使投资方案净现值为 0 的折现率,是评估项目盈利性的基本指标。IRR 是由特定的现金流量确定的,无论实际再投资多少,内部收益率都是确定的。其计算公式为:

$$\sum_{t=0}^{n}(CI-CO)_t(1+IRR)^{-t}=0$$

式中 CI——现金流入量;
CO——现金流出量;
$(CI-CO)_t$——项目在第 t 年的净现金流量;
t——项目进行的时间点;
n——计算期,即项目的开发或经营周期(年、半年、季度或月)。

财务内部收益率可以通过内插法求得。即先按目标收益率或基准收益率求得项目的财务净现值，如果为正，则采用更高的折现率使净现值为接近于零的正值和负值各一个，最后用内插公式求出，内插法公式为：

$$IRR = i_1 + \frac{NPV_2(i_2 - i_1)}{NPV_2 + NPV_1}$$

式中 i_1——当净现值为接近于零的正值时的折现率；

i_2——当净现值为接近于零的负值时的折现率；

NPV_1——采用低折现率时净现值的正值；

NPV_2——采用高折现率时净现值的负值。

IRR 是一个折现的相对量正指标，是投资项目的预期报酬率，而资本成本则可以看作是投资者对投资项目所要求达到的最低报酬率。如果投资项目的内涵报酬低于资本成本，那么该项目的报酬率就达不到投资者所要求的最低标准。只有当项目的内部收益率超过资本成本时，投资者才能赚到更高的收益率。因此，当内部收益率大于资本成本时，方案可行；否则，方案不可行。

3）动态投资回收期

动态投资回收期是指在考虑货币时间价值的条件下，以投资项目净现金流量的现值抵偿原始投资现值所需要的全部时间。即：动态投资回收期是项目从投资开始起，到累计折现现金流量等于 0 时所需的时间。动态投资回收期法考虑了资金的时间价值，克服了静态投资回收期法的缺陷，因而优于静态投资回收期法。但它仍然具有主观性，忽略了回收期以后的净现金流量。当未来年份的净现金流量为负数时，动态投资回收期可能变得无效，甚至做出错误的决策。对房地产投资项目来说，动态投资回收期自投资起始点算起，累计净现值等于零或出现正值的年份即为投资回收终止年份，其计算公式为：

$$\sum_{t=0}^{P'_b}(CI-CO)_t(1+i_t)^{-t} = 0$$

式中 P'_b——动态投资回收期。

动态投资回收期与基准回收期相比较，如果 $P_b \leqslant P_c$，则该开发项目在财务上就是可以接受的。

(2) 静态指标

1）静态投资回收期

静态投资回收期是指在不考虑时间价值的情况下，收回全部原始投资额所需要的时间，即投资项目在经营期间内预计净现金流量的累加数恰巧抵偿其在建设期内预计现金流出量所需要的时间，也就是使投资项目累计净现金流量恰巧等于零所对应期间。一般以年表示。对房地产投资项目来说，静态投资回收期自投资起始点算起。静态投资回收期能够直观地反映原始总投资的返本期限，计算也比较简单，但未考虑资金时间价值因素以及同样忽略了回收期满后继续发生的现金流量，不能正确反映投资方式不同对项目的影响。其计算公式为：

$$\sum_{t=0}^{P_b}(CI-CO)_t = 0$$

式中 P_b——静态投资回收期。

静态投资回收期可以根据财务现金流量表中累计净现金流量求得，其详细计算公式为：

$$P_b = (累计净现金流量现值开始出现正值期数 - 1) + \left(\frac{上期累计净现金流量绝对值}{当期净现金流量现值}\right)$$

当然，静态投资回收期也可以采取列表法进行计算。

2）现金回报率

现金回报率是指房地产置业投资过程中，每年所获得的现金报酬与投资者初始投入的权益资本的比率。该指标反映了初始现金投资或首付款与年现金收入之间的关系。现金回报率有税前现金回报率和税后现金回报率。其中，税前现金回报率等于净运营收益扣除还本付息后的净现金流量除以投资者的初始现金投资；税后现金回报率等于税后净现金流量除以投资者的初始现金投资。它与资本化率不同，因为资本化率通常不考虑还本付息的影响；与一般意义上的回报率也不同，因为该回报率可能是税前的，也可能是税后的。

3）投资回报率

投资回报率涵盖了企业的获利目标，是指房地产置业投资过程中，通过投资而应返回的价值，是企业从一项投资性商业活动的投资中得到的经济回报。相对于现金回报率来说，投资回报率中的收益包括了还本付息中投资者所获得的物业权益增加的价值，还可以考虑将物业升值所带来的收益计入投资收益。投资报酬率能反映投资中心的综合盈利能力，且由于剔除了因投资额不同而导致的利润差异的不可比因素，因而具有横向可比性，有利于判断各投资中心经营业绩的优劣。

不考虑物业增值收益时：

投资回报率＝(税后现金流量＋投资者权益增加值)÷权益投资数额

考虑物业增值收益时：

投资回报率＝(税后现金流量＋投资者权益增加值＋物业增值收益)÷权益投资数额

4. 偿债能力指标计算方法

偿债能力指标包括长期偿债能力指标和短期偿债能力指标。长期偿债能力指标是反映企业偿还长期负债能力的指标。短期偿债能力指标是指企业以流动资产偿还流动负债的能力，反映企业偿付日常到期债务的实力。对企业短期偿债能力的指标分析，主要可采用流动负债和流动资产对比的指标，包括营运资金、流动比率、速动比率、现金比率等。长期偿债能力指标主要包括利息备付率、偿债备付率、资产负债率。

（1）短期偿债能力指标

1）营运资金

营运资金是指流动资产减去流动负债后的差额，也称净营运资本，表示企业的流动资产在偿还全部流动负债后还有多少剩余。从财务观点看，如果流动资产高于流动负债，表示企业具有一定的短期偿付能力。该指标越高，表示企业可用于偿还流动负债的资金越充足，企业的短期偿付能力越强，企业所面临的短期流动性风险越小，债权人安全程度越高。因此，可将营运资金作为衡量企业短期偿债能力的绝对数指标。其计算公式为：

营运资金＝流动资产－流动负债

2）流动比率

流动比率是指流动资产与流动负债的比率，表示每一元的流动负债有多少流动资产作为偿还保证。从债权人立场上说，流动比率越高表示企业的偿付能力越强，企业所面临的短期流动性风险越小,债权越有保障,借出的资金越安全。但从经营者和所有者角度看,由于杠杆的存在,在一定偿债能力允许的范围内,根据经营需要,进行负债经营也是现代企业经营的策略之一。需要注意的是,流动比率与流动资产与流动负债的比例有关,然而没有考虑到公司或者投资项目的规模,其计算公式如下:

$$流动比率=\frac{流动资产}{流动负债}$$

3) 速动比率

速动比率是指企业的速动资产与流动负债的比率,是用来衡量企业流动资产中速动资产变现偿付流动负债的能力。速动资产是指流动资产减去变现能力较差且不稳定的存货、预付账款、一年内到期的非流动资产和其他流动资产之后的余额。速动比率可以用作流动比率的辅助指标,消除了流动性较差的流动资产的影响,部分弥补了速动比率的缺陷,其计算公式如下:

$$速动比率=\frac{速动资产}{流动负债}$$

4) 现金比率

现金比率是指现金类资产对流动负债的比率,该指标有以下两种表示方式。

① 现金类资产仅指货币资金

当现金类资产仅指货币资金时,现金比率的计算公式表示如下:

$$现金比率=\frac{货币资金}{流动负债}$$

② 现金类资产包括货币资金和现金等价物

当现金类资产除包括货币资金以外,还包括现金等价物时,即企业把持有的期限短、流动性强、易于转换为已知金额的现金、价值变动风险很小的投资视为现金等价物。按照这种理解,现金比率的计算公式表示如下:

$$现金比率=\frac{货币资金+现金等价物}{流动负债}$$

(2) 长期偿债能力指标

1) 利息备付率

利息备付率也叫利息保障倍数,是指企业息税前利润与利息费用之比,又称已获利息倍数,用以衡量偿付借款利息的能力。利息保障倍数不仅反映了企业获利能力的大小,而且反映了获利能力对偿还到期债务的保证程度,它既是企业举债经营的前提依据,也是衡量企业长期偿债能力大小的重要标志。利息备付率分年计算,要维持正常偿债能力,利息保障倍数至少应大于1,且比值越高,企业长期偿债能力越强。如果利息保障倍数过低,企业将面临亏损,偿债的安全性与稳定性下降的风险。

$$利息备付率=\frac{息税前利润}{利息费用}\times100\%$$

2) 偿债备付率

偿债备付率是指项目在借款偿还期内,各年可用于还本付息资金与当期应还本付息金额的比值。可用于还本付息的资金包括:可用于还款的折旧和摊销,成本中列支的利息费用,可用于还款的利润等。当期应还本付息金额包括当期应还贷款本金及计入成本的全部利息。融资租赁的本息和运营期内的短期借款本息也应纳入还本付息的金额。偿债备付率最好在借款偿还期内分年计算，也可以按项目的借款偿还期内总数据计算，分年计算的偿债备付率更能反映偿债能力。偿债备付率表示可用于还本付息的资金偿还借款本息的保证倍率。偿债备付率在正常情况下应当大于1，当指标小于1时，表示当年资金来源不足以偿付当期债务，需要通过短期借款偿付已到期债务。其计算公式如下：

$$偿债备付率 = \frac{净利润 + 利息 + 折旧 + 摊销}{应还本付息金额} \times 100\%$$

3）资产负债率

资产负债率是企业负债总额占企业资产总额的百分比。这个指标反映了在企业的全部资产中由债权人提供的资产所占比重的大小，反映了债权人向企业提供信贷资金的风险程度，也反映了企业举债经营的能力。从债权人的立场看，他们最关心的是各种融资方式安全程度，以及是否能按期收回本金和利息等，因此，债权人希望资产负债率越低越好，企业偿债有保证，融给企业的资金不会有太大的风险。从投资者的立场看，投资者所关心的是全部资本利润率是否超过借入资本的利率，即借入资金的利息率，在全部资本利润率高于借入资本利息的前提下，投资人希望资产负债率越高越好，否则反之。其计算公式如下：

$$资产负债率 = \frac{负债合计}{资产合计} \times 100\%$$

复习思考题

1. 房地产投资的含义是什么？
2. 房地产投资的分类和特点是什么？
3. 说明房地产投资风险的概念和分类。
4. 简述房地产投资分析财务指标分类及计算。
5. 房地产投资估算费用项包括哪些？
6. 房地产投资收入估算费用项包括哪些？

第8章 房地产融资

本章内容提要

本章从房地产融资的概念入手，通过将房地产融资与其他非房地产项目的融资进行对比，从而突出房地产融资特点。并进一步对房地产融资的资金来源、融资的主要方式、成本管理、风险管理等方面进行论述。通过本章学习，应掌握以下专业知识点：

房地产融资的概念
房地产融资的资金来源
房地产融资成本管理
房地产融资风险管理

8.1 房地产融资概述

8.1.1 房地产融资的相关概念

1. 房地产资本市场

房地产业是资金密集型行业，具有投资大、风险高、周期久、供应链长的特点。无论是进行中短期的房地产开发项目投资，还是进行长期的置业投资，都需要雄厚的资金支持。一个项目能否进行顺利的运作从而达到其应有的效果，其中的关键因素就是资金的支持是否足够，资金的融通渠道是否畅通，而这也影响着房地产业的健康发展。

资本市场是长期资金市场，是指进行证券融资和经营一年以上的资金借贷和证券交易的场所，也称中长期资金市场，它包括所有关系到提供和需求长期资本的机构和交易。资本市场是金融市场的一部分。房地产金融是与房地产活动有关的一切金融活动，如对房地产金融机构发行债券，安排房地产企业和基金上市，成立按揭类的证券公司，抵押贷款证券化，房地产保险，房地产典当等。

房地产资本市场的产生有其历史因素。在房地产价值还较低的时候，房地产投资者自身持有的资金尚足以满足进行房地产项目的开发或者置业投资的资金需求时，几乎没有进行融资的需要。随着房地产价值逐渐升高，房地产投资者自身实力不足以满足进行投资的需要时，就需要从金融机构进行贷款，房地产信贷随之流行。传统的房地产金融机构，为了规避相关贷款风险而实施抵押贷款证券化，将手中持有的流动性较差但又具有未来现金流的抵押贷款转换成易于流动的证券。

同时，商用房地产价值提高，单个自然人已然无法支持全部权益资本，因此大宗商用房地产逐渐变成由公司、房地产有限责任合伙企业、房地产投资信托等机构持有，这些机构通过发行股票和债券等方式，为房地产开发投资活动获得融资而实现了房地产权益的证券化。资产证券化源于20世纪70年代美国的住房抵押证券，随后证券化技术被广泛应用于抵押债权以外的非抵押债权资产，并于 20 世纪 80 年代在欧美市场获得蓬勃发展。从 20 世纪 90 年代起，资产证券化开始出现在亚洲市场上，特别是东南亚金融危机爆发以后，在一些亚洲国家得到迅速发展。

在房地产资本市场发展初期，资本市场上的融资渠道较为单一，基本来源于商业银行。随着房地产市场规模的扩展和资本市场本身的发展，房地产资本市场上的融资渠道开始扩大。目前，房地产资本市场主要包括土地储备贷款、房地产开发贷款、个人住房贷款、商业用房贷款、房地产股份有限责任公司和房地产投资信托公司的股票、房地产抵押贷款支持证券等。我国房地产资本市场以私人债务融资的商业银行融资为主，公众权益融资的上市融资为辅。按照房地产市场各类资金的来源渠道划分，房地产资本市场由私人权益融资、私人债务融资、公开权益融资和公开债务融资四个部分组成，如图 8-1 所示。

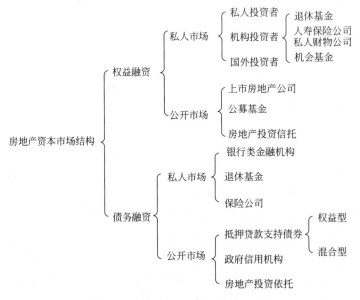

图 8-1　房地产资本市场结构分类图

房地产资本市场中私人市场和公开市场的主要区别在于资本投资是否可以进行公开交易。例如，上市房地产公司公开发行股票获得权益投资，其股票可在股票市场上公开交易，因此，上市融资渠道就属于公开市场融资。上市房地产公司与私人投资者合作，通过转让部分企业股权给私人投资者或机构投资者来筹措权益投资，由于这些股权不能在市场上公开交易，因此这种权益融资渠道就属于私人市场渠道。对于权益融资和债务融资，权益融资是指项目为了获取可供长期或永久使用的资金而采取的资金融通方式。这种方式所筹集的资金直接构成项目的资本，其性质是项目的自有资金。权益性资金是通过增加企业的所有者权益来获取的，如发行股票、增资扩股、利润留存。权益性资金是企业的自有资金，不需要偿还以及支付利息，但可以视企业经营情况，进行分红、派息。债务筹资是指项目投资者通过信用方式取得资金，并按预先规定的利率支付报酬的一种资金融通方式。从理论上讲，债务筹资形式一般不受时间、地点、范围的限制，甚至不受资本的限制。只要筹资者有足够的资信水平，就可以获得超过资本金数倍的资金。利用债务性资金的激进型企业敢于筹借较多的债务性资金，利用财务杠杆"借鸡生蛋"，但同时会增加企业的经营成本和债务风险。

2. 房地产开发资金构成

房地产开发资金包括自有资金、预租售收入和借入资金三部分。

(1) 自有资金

所谓自有资金，是指企业为进行生产经营活动所经常持有、可以自行支配使用并无需偿还的那部分资金。包括形成项目的资本金和资本溢价。

《关于固定资产投资项目试行资本金制度的规定》（国发［1996］35号）及历年来国务院关于加强项目资本金合理的系列通知中明确，对各种经营性投资项目，包括国有单位的基本建设、技术改造、房地产开发项目和集体投资项目，试行资本金制度，投资项目必须首先落实资本金才能进行建设。个体和私营企业的经营性投资项目参照本通知的规定执行。公益性投资项目不实行资本金制度。外商投资项目（包括中外合作经营项目、外商独资、中外合资）按现行有关法规执行。投资项目资本金，是指在投资项目总投资中，由投资者认缴的出资额，对投资项目来说是非债务性资金，项目法人不承担这部分资金的任何利息和债务；投资者可按其出资的比例依法享有所有者权益，也可转让出资，但不得以任何方式抽回。投资项目资本金可以用货币出资，也可以用实物、工业产权、非专利技术、土地使用权作价出资。投资者以货币方式认缴的资本金，其资金来源有：

1) 各级人民政府的财政预算内资金、国家批准的各种专项建设基金、"拨改款"和经营性基本建设基金回收的本息、土地批租收入、国有企业产权转让收入、地方人民政府按国家有关规定收取的各种规费及其他预算外资金。

2) 国家授权的投资机构及企业法人的所有者权益（包括资本金、资本公积金、盈余公积金和未分配利润、股票上市收益等）、企业折旧资金以及投资者按照国家规定从资金市场上筹措的资金。

资本溢价是企业或者项目建设单位自筹集资本金活动中，投资人的投入资本超过其注册资金的数额。最为典型的即是上市房地产公司发行股票时的溢价净收入。

3) 社会个人合法所有的资金。

4) 国家规定的其他可以用作投资项目资本金的资金。

(2) 预租售收入

在房地产开发项目中，进行房地产商品预租售的现象十分普遍。其形成的预租售收入往往也成为项目进行的重要资金来源。

(3) 借入资金

借入资金也称为债务资金，即以企业或者项目法人的名义从金融机构或者资本市场借入的资金，需要偿还的固定资产投资资金和流动资金。包括长期负债和流动负债。

长期负债是指期限超过一年的债务，包括长期借款、长期应付款、应付长期债务等。长期负债的应计利息支出，在建设项目筹建期间，计入开办费；在建设经营期间，计入财务费用。长期负债一般采用银行中长期贷款、发行债券等方式来筹集。

流动负债是指在一份资产负债表中，一年内或者超过一年的一个营业周期内需要偿还的债务合计。主要包括短期借款、应付票据、应付账款、预收账款、应付工资、应付福利费、应付股利、应交税费、其他暂收应付款项、预提费用和一年内到期的长期借款等。流动负债的应计利息支出计入财务费用。流动负债资金可以采用商业信用、银行短期贷款、商业票据等方式来筹集。

3. 融资主体

项目的融资主体是指进行项目融资活动，并承担融资责任和风险的经济实体。《中华人民共和国公司法》规定实施项目法人责任制，由项目法人对项目的策划、资金筹措、建设实施、生产经营、债务偿还和资产的保值增值，实行全过程负责。

项目的融资主体分为新设法人和既有法人。新设法人融资是指组建新的项目法人并进行项目建设的融资活动。既有法人融资是指既有法人作为项目法人进行项目建设的融资活动。既有法人融资在既有法人资产和信用的基础上进行，并形成增量资产。

4. 房地产项目融资

从广义上说，房地项目产融资是指房地产投资发起人为确保房地产开发项目或者投资经营项目活动能够顺利进行，在房地产开发、流通、经营、消费过程中，通过货币流通和信用渠道进行的资金融通活动。从狭义上说，房地项目产融资是指房地产企业及房地产项目直接和间接融资的总和，包括房地产信贷和资本市场融资等。房地产开发商取得建设用地使用权，只是进行房地产开发的第一步，后续的开发工作没有足够的资金支持或者不能合理利用资金就可能造成资金周转问题，导致项目以失败告终。

8.1.2 房地产融资的意义与原则

1. 房地产融资的意义

对于拥有闲置资金方来说，进行项目融资可以提高闲置资金使用效率，分享项目收益。如果不能将其拥有的闲置资金及时融出，将会负担由于资金利息和资金闲置造成的损失，使资金占用成本增加。因此，针对房地产行业高收益、高风险的特点，金融机构在对比分析房地产项目的风险和收益，通过抵押或担保等措施控制风险后，将其资金投入综合收益高的房地产企业，以获取较高的贷款利息收益，以及派生出的房地产企业存款及结算收益、按揭贷款及个人储蓄存款收益。对于融入资金的房地产投资者而言，可以弥补投资能力的不足，摆脱自身资金限制，从而以较少的资金来启动相对较大的投资项目，从而获得更大的经济效益。房地产行业大量运用银行贷款，带动银行业发展，继而银行业对房地产业的金融服务品质得以增加，从而又带动了房地产行业的进一步发展。然而，需要警惕的是，对房地产行业发展若不加以控制，将形成房地产泡沫，泡沫破裂导致的后果早已有前车之鉴：日本经济泡沫的破裂使日本的经济至今尚未恢复，连续多年GDP为零增长或负增长；美国次贷危机对整个世界经济造成的阵痛也持续至今。

2. 房地产融资的原则

（1）适当性原则

适当性原则是指进行房地产融资时的时机适当、期限适当、融资规模适当。时机适当是指企业在筹集资金的过程中，必须根据项目的投资时间和投资需要，安排确定的、适当的、合理的筹集时机，从而避免因取得资金时间过早而造成资金闲置，过晚而影响项目的实施运行。审时度势，关注资金市场上筹集资金的最佳时机，把握好资金市场的筹资时机和项目本身需求的平衡。融资规模适当是指筹集资金额度要合理供应，又要不超过合理要求：既要满足进行活动的需要，又要满足在安全合理的负债限度内。期限适当是指各种资金的举债时限要注意合理搭配，短期借款与长期借款相配合。还款时间与生产经营活动相配合，同时还要注意不要过于集中，以避免资金需求的高峰，尽可能地降低还贷压力。

(2) 安全性原则

企业在筹集资金时，不得不考虑项目现有或预期的收益能力与偿债能力，使企业的权益资本和债务资本保持合理的比例，降低企业财务风险。融资中的债务融资和金融租赁一般会造成公司债务增加，而权益融资会造成公司股权的稀释，削弱投资发起人对公司的控制权，会给公司带来风险。房地产行业本身属于高风险行业，应当尽可能降低筹资方案的风险。

(3) 可行性原则

筹集资金除了要考虑企业与项目自身的情况以外，还受到政府法律法规、财税制度和筹资运作管理的约束，以及考虑不同筹资方式和筹资渠道的适配。同时，还需要从融资成本和经济效益两方面考虑筹资方案的可行性。

1) 融资成本

资金筹措的本质在于获取资金在一段时间内的使用权，这种使用权的获得需要付出一定的成本，这种成本在经济上表现为融资成本。融资成本应该尽可能低，并在企业负担能力之内。

2) 经济效益

资金筹措的动力在于经济效益。筹集资金之后获取的回报是否能够至少与市场平均回报相符合是筹资方案可行性的重要方面。一般用融资杠杆来评价融资方案的经济效果。常用的融资杠杆有融资利润率、融资成本率、融资成本效益指数等。

8.1.3 房地产融资的分类

1. 从融资主体来看，分为房地产企业融资和房地产项目融资

(1) 房地产企业融资

房地产企业融资是指房地产企业为满足自身经营发展的需要而进行的融资过程，是利用企业自身的经济实力进行的融资，它与其他生产经营性企业融资一样具有一般性特点。筹集资金的方式包括股本融资、债券融资、信贷融资、信托融资、海外融资、短期借贷等。外部资金拥有者决定是否进行投资或贷款时，主要是将房地产企业作为一个整体，全盘审核资产负债及利润情况，并结合房地产企业的项目综合考虑，但并不限定资金用于哪些具体项目。

我国房地产开发企业资金来源主要是房地产企业自身的内源融资和外源融资。内源融资是指公司经营活动结果产生的资金，即公司内部融通的资金，它主要由留存收益和折旧构成，是企业不断将自己的储蓄（主要包括留存盈利、折旧和定额负债）转化为投资的过程。外源融资指吸收其他经济主体的储蓄，以转化为自己投资的过程。只有当内源融资无法满足企业资金需要时，企业才会转向外源融资。企业外源融资分为直接融资为主或以间接融资为主，除了受自身财务状况的影响外，还受国家融资体制等的制约。外部资金来源渠道也很多，可以根据外部资金来源供应的可靠性、充足性以及融资成本、融资风险等，选择合适的外部资金来源渠道。当前我国建设项目外部资金主要来源渠道有：

① 中央和地方政府可用于项目建设的财政性资金。
② 商业银行和政策性银行的信贷资金。
③ 证券市场的资金。
④ 国际金融机构的信贷资金。
⑤ 非银行金融机构的资金。
⑥ 外国政府提供的信贷资金、赠款。
⑦ 企业、团体和个人可用于项目建设投资的资金。
⑧ 外国公司或个人直接投资的资金。

(2) 房地产项目融资

在房地产项目融资中，外部资金拥有者决定是否进行投资或进行贷款时，主要考虑的是房地产项目本身的未来现金流等是否满足投资或还款的需要。通过选择房地产项目、测算房地产项目的现金流融资成本、设计合理的融资结构，以达到满足房地产开发商具体项目融资需求的目的。房地产项目融资的传统方式包括银行信贷、发行股票和债券。

房地产项目融资是指贷款人向特定的房地产项目提供贷款协议融资，对于该项目所产生的现金流量享有偿债请求权，并以该项目资产作为附属担保的融资类型。它是一种以项目的未来收益和资产作为偿还贷款的资金来源和安全保障的融资方式，其内涵是：为了分散房地产投融资的风险，而采取的以房地产项目未来可用于还款的净现金流和项目资产本身价值为融资要约的资金融通模式。实际上，项目融资的投资者只承担有限的债务责任，贷款银行一般在贷款的某个特定阶段（如项目的建设期）或特定范围可以对投资者实行追索。同时，房地产项目资金来源渠道多样、项目各具特点、融资环境不尽相同、项目融资的方式也多种多样，项目融资所需资金量大、风险高，所以，往往由多家金融机构参与提供资金，并通过书面协议明确各贷款银行承担风险的程度，一般还会形成结构严谨而复杂的担保体系。例如，澳大利亚波特兰铝厂项目，由5家澳大利亚银行、比利时国民银行、美国信孚银行、澳洲国民资源信托资金等多家金融机构参与运作。由于项目融资自身特点，可以实现资产负债表外融资，即项目的债务不表现在投资者公司的资产负债表中，而这可以保证使某些财力有限的公司能够从事更多的投资。

2. 从融资渠道来看，分为直接融资和间接融资

(1) 直接融资

直接融资是指拥有暂时闲置资金的单位（包括企业、机构和个人）与资金短缺而需要补充资金的房地产企业，相互之间直接进行协议，或者在金融市场上前者购买后者发行的有价证券，将货币资金提供给需要补充资金的单位使用，从而完成资金融通的过程。其基本特点是：拥有暂时闲置资金的单位和需要资金的单位直接进行资金融通，不经过任何中介环节。

1) 房地产直接融资的特征

房地产直接融资具有直接性、分散性、信誉上差异较大、部分不可逆性、相对较强的自主性等特点。

① 直接性。房地产直接融资中，资金的需求者直接从资金的供应者手中获得资金，

并在资金的供应者和资金的需求者之间建立直接的债权债务关系。

② 分散性。直接融资是在房地产企业相互之间、政府与房地产企业和个人之间、个人与个人之间，或者房地产企业与个人之间进行的，因此融资活动分散于各种场合，具有一定的分散性。

③ 信誉上差异较大。由于房地产直接融资是在企业和企业之间、个人与个人之间，或者企业与个人之间进行的，而不同的企业或者个人，其信誉好坏有较大的差异，债权人往往难以全面、深入了解债务人的信誉状况，从而带来融资信誉的较大差异和风险性。

④ 部分不可逆性。在房地产直接融资中，需要注意的是：部分融资一旦实行，就不能退回。比如，资金欠缺的企业通过发行股票而获取的资金，投资者无权要求中途返还，而只能到市场上去出售股票，股票只能够在不同的投资者之间互相转让。

⑤ 相对较强的自主性。在直接融资中，在法律允许的范围内，融资者可以自己决定融资的对象和数量。例如，在商业信用中，赊买和赊卖者可以在双方自愿的前提下，决定赊买或者赊卖的品种、数量和对象；在股票融资中，股票投资者可以随时决定买卖股票的品种和数量等。

房地产直接融资的优点在于资金供求双方直接联系，可以根据各自融资的条件，例如借款期限、数量和利率水平等方面的要求，实现资金的融通。同时，资金供求双方直接形成债权及债务关系，资金供应方自然十分关注债务人的经营活动，从而促进债务人提高资金的使用效益。但直接融资也有其局限性，如直接融资双方在资金数量、期限、利率等方面受到限制比间接融资多。对资金供给者来说，由于缺乏中介的缓冲，直接融资风险比间接融资要大。

直接融资受政府金融政策、企业或项目经营状况的限制较大。同时，直接融资必须依附于一定的载体，如股票、债券等有价证券。

2) 房地产直接融资种类

① 商业信用融资

商业信用融资是指企业之间在买卖商品时，以商品形式提供的借贷活动，是经济活动中一种最普遍的债权债务关系。房地产商业信用融资主要表现在房地产企业与其他企业之间相互提供的、与房地产行业相联系的融资行为。比如，建筑施工企业先行垫付资金进行施工，就是房地产开发企业运用自身商业信用，以施工作为商品，使建筑施工企业为房地产开发企业提供的商业信誉融资。又比如，房地产开发企业在进行与房地产相关产品交易基础上的预付定金等。使用商业信用融资的前提条件是房地产企业具备一定商业信用基础、合作方同样能够在商业信用融资中受益。同时，需要注意的是，商业信用对于任何企业都是生产发展的根本，务必谨慎使用商业信用。

② 投资性商业信用融资

投资性商业信用融资是指其他企业因看重房地产企业的商业信用，为了获得资金回报，从而将资金投入房地产开发企业的行为，主要是指其他企业对房地产开发企业的直接投资。

③ 消费性信用融资

消费信用指的是企业、金融机构对于个人以商品或货币形式提供的信用，包括：企业以分期付款的形式向消费者个人提供房屋或者高档耐用消费品，或金融机构对消费者提供的住房贷款、汽车贷款、助学贷款等。消费性信用投资是指房地产购买者或金融机构对房地产企业提供的以货币形式为表现的信用，包括企业及金融机构以分期付款的方式对房地产开发企业提供的资金等。

(2) 间接融资

间接融资是指拥有暂时闲置货币资金的单位通过存款的形式，或者购买银行、信托、保险等金融机构发行的有价证券，将其暂时闲置的资金先行提供给这些金融中介机构，然后再由这些金融机构以贷款、贴现等形式，或通过购买需要资金的房地产企业发行的有价证券，把资金提供给这些企业使用，从而实现资金融通的过程。

1) 房地产间接融资的特征

① 间接性。在房地产间接融资中，资金缺乏的房地产企业和有闲置资金的资金初始供应者之间不发生直接借贷关系，而是由金融中介发挥桥梁作用。资金初始供应者与资金需求者只是与金融中介机构发生融资关系。

② 相对的集中性。间接融资通过金融中介机构进行。在多数情况下，金融中介并非某一个资金供应者与某一个资金需求者之间一对一的对应性中介；而是一方，面对资金供应者群体，另一方，面对资金需求者群体的综合性中介。

③ 信誉的差异性较小。由于间接融资相对集中于金融机构，世界各国对于金融机构的管理一般都较严格，金融机构自身的经营也受到相应稳健型经营管理原则的约束，加上一些国家还实行了存款保险制度，因此，相对于直接融资来说，间接融资的信誉程度较高，风险性也相对较小，融资的稳定性较强。

④ 全部具有可逆性。通过金融中介的间接融资均属于借贷性融资，到期均必须返还，并支付利息，具有可逆性。

⑤ 融资的主动权主要掌握在金融中介手中。在间接融资中，资金主要集中于金融机构，资金贷给谁不贷给谁，并非由资金的初始供应者决定，而是由金融机构决定。对于资金的初始供应者来说，虽然有供应资金的主动权，但是这种主动权实际上受到一定的限制。因此，间接融资的主动权在很大程度上受金融中介支配。

间接融资的优点在于，金融机构网点多，吸收存款的起点低，能够广泛筹集社会各方面闲散资金，积少成多，形成巨额资金；金融机构具有其专业性，它具有了解和掌握借款者有关信息的专长，而不需要每个资金盈余者自己去收集资金需求者的有关信息，因而降低了整个社会的融资成本。但同时需要注意的是，间接融资将产生摩擦成本，这些摩擦成本会抵减间接融资节省的信息收集成本。间接融资的局限性，主要在于资金供给者与资金短缺的房地产企业之间加入金融机构为中介，隔断了资金供求双方的直接联系，在一定程度上减少了投资者对房地产企业经营状况的关注和房地产企业在资金使用方面的压力和约束。

2) 房地产间接融资种类

① 银行信用

银行信用也可称为金融机构信用。主要是银行机构以及其他金融机构以货币形式向房地产企业提供的信用，它是以银行或其他金融机构作为中介所进行的资金融通形式。

② 消费信用

主要指的是银行向购房者个人提供用于购买住房的贷款,购房者再对房地产开发企业提供预付款。虽然银行没有直接向房地产开发企业提供贷款,但房地产企业仍然得到了融资。

3) 房地产直接融资和间接融资的关系

直接融资与间接融资的区别主要在于融资过程中资金的需求者与资金的供给者是否直接形成债权债务关系。在有金融中介机构参与的情况下,判断是否直接融资的标志在于该中介机构在这次融资行为中是否与资金的需求者、与资金的供给者分别形成了各自独立的债权债务关系。在直接融资中,融资的风险由债权人独自承担。而在间接融资中,由于金融机构的资产、负债是多样化的,融资风险便可由多样化的资产和负债结构分散承担,从而安全性较高。在许多情况下,单纯从活动中所使用的金融工具出发,尚不能准确地判断融资的性质究竟属于直接融资还是间接融资。

3. 从资金偿还特性来看,分为权益筹资和债务筹资

(1) 权益筹资

权益筹资是指项目为了获得可供长期或永久使用的资金而采取的资金融通方式。这种方式所筹集的资金直接构成了项目的资本金,其性质是项目自有资金。因此,权益筹资通常采用的是直接筹资的方式。权益筹资的优点是:对于筹资方来说不需要偿还本金,也没有固定的利息负担,因此财务风险低,但同时却又能增强企业的实力。但权益筹资也有不足之处:如容易分散对公司的控制权,在其财务风险较低的同时,其财务成本却较高。

(2) 债务筹资

债务筹资是指企业按约定代价和用途取得且需要按期还本付息的一种资金融通方式。就其性质而言,是不发生所有权变化的单方面资本使用权的临时让渡。债务筹资往往采取的是直接筹资与间接筹资相结合的方式,如借款筹资、企业债券等。通常来说,负债经营有利于提高企业的经营规模,增强企业的市场竞争能力。负债经营还可以减少货币贬值的损失,在通货膨胀的情况下,通货膨胀可以导致货币贬值,借款与还款时的利率差使债务人偿还资金的实际价值,比没发生通货膨胀时的价值要小,因此利用举债扩大再生产比自我积累资本更有利。还需要注意的是:企业进行负债经营必须保证投资收益高于资金成本,否则,将出现收不抵支或发生亏损,降低了偿债能力。最好是将长期债务与短期债务合理结合,保持合理的负债比例。

1) 企业债券筹资

发行企业债券的筹资成本较低。主要有三个原因:一是企业债券利息在所得税前利润中开支,属于免税费用;二是发行债券筹资也可使股东获得财务杠杆收益,当公司盈利时,可以增加每股税后盈余;三是债权人的求偿权先于普通股和优先股股东,因此往往募集资金的资金成本较低。

2) 借款筹资

借款筹集资金成本也较低。原因如下:借款属于直接筹资,筹资费用较少;借款利息在税前开支,属于免税支出;借款筹资可使股东获得财务杠杆收益;债权人风险较小,使筹资者的资金成本较低。

（3）权益筹资与债务筹资的区别

与权益筹资相比，债务筹资所筹得的资金需要按时偿还，无论企业经营好坏均需支付债务利息，要求项目的投资报酬率大于贷款利率，因而筹资风险较大。但同时，债务筹资相较于权益筹资而言财务成本较低，并且不会分散初始投资者对企业的控制权。

4. 其他分类方式

如之前提到的按照资金来源是在企业内，还是在企业外，筹资方式可分为外源融资和内源融资；根据资金来源是国内，还是国外，可以分为国内融资和国外融资；根据融资所获得的资源的形态，可以分为实物融资和货币融资；按照融资的时限长短，可以分为长期融资、中期融资和短期融资；根据融资是否具有政策性，可以分为政策性融资和商业性融资；根据融资风险大小，可以分为风险型融资和稳健型融资。这些分类方式都是从单方面进行区分，然而实际上的融资往往涉及时间、政策、风险等多方面因素，因此互相交错，并最终都归于直接融资与间接融资。

8.1.4 房地产融资的特点

1. 融资规模大

房地产开发占用大量土地资源、人力资源以及各种材料设备等工业产品，同时作为固定资产投资又有投资期长的特点，这都使房地产开发商需要大量的资金支持，而房地产市场逐年的发展如前所述，使房地产开发商往往难以独自支撑，况且独自负担整个开发还会使企业难以发挥资金杠杆融资的特点，有可能不能保证房地产项目的顺利开发，因而房地产开发商需要筹集大量的资金。

2. 资金回收期长

由于房地产开发经营的周期长、资金周转速度慢，一个项目从策划、建设、竣工验收到出售（出租）需1年以上的时间，且销售（出租）一定数量后才能收回成本乃至产生利润，因此融通资金的回收期也长。

3. 资金使用的地域性

房地产区位的固定性，加上房地产的流通和消费具有较强的地域性，从而使房地产项目的资金使用往往受项目所在区域显著影响，被局限在项目所在区域。

4. 高风险、高收益

高风险与高收益常结伴而行。房地产行业属于典型的高风险行业，这在前面已有讲述。但房地产项目一旦运作成功，带来的往往就是很高的收益。

5. 资金缺乏流动性

房地产项目与股票、债券等可以进行市场流通的证券相比难以进行变现，其进行变现交易价值大、手续繁杂，交易双方需要关注的东西也很多，比如区位等方面，都导致其难以变现。同时，房地产融资资金回收期长、融资规模大的特点也使房地产融资资金缺乏流动性。

6. 资金增值性强

中国城镇化进程还将持续多年，对房地产的需求也将持续上升，加上土地资源的稀缺、整体经济的不断发展等因素，房地产市场仍有稳定的发展空间，因此房地产投资属于较为稳健的投资。

8.2 房地产融资资金来源

8.2.1 房地产企业一般性资金来源

1. 自有资金

自有资金是指企业有权支配使用，由项目权益投资人以获得项目财产权和控制权的方式投入的资金，属于权益资金。它也称为资本或者权益资本，是企业依法长期持有、自主调配使用的资金，包括注册资本金、资本公积、盈余公积和未分配利润四部分。自有资金与借入资金对称。注册资金是国家授予企业法人经营管理的财产或者企业法人自有财产的数额体现。资本公积是企业收到的投资者的超出其在企业注册资本所占份额，以及直接计入所有者权益的利得和损失等。盈余公积是指企业按照规定从净利润中提取的各种积累资金。未分配利润是企业未做分配的利润，它在以后年度可继续进行分配，在未进行分配之前，属于所有者权益的组成部分。

2. 政府财政资金

对于某些房地产企业承揽的政府拨款并纳入国家或地方建设计划的建设项目，往往有政府财政资金流入。

3. 银行信贷

银行信贷一般是企业外源性资金最主要的来源。一般包括以下三种：

（1）流动资金贷款

流动资金贷款是为满足在生产经营过程中短期资金需求，保证生产经营活动正常进行而发放的贷款，按贷款方式可分为担保贷款和信用贷款。其中，担保贷款又有保证、抵押和质押等形式。一般不超过一年。

（2）固定资产贷款

固定资产贷款是银行以企业的固定资产购置、技术改造、技术引进和技术开发等的不同资金需要为对象而发放的贷款，一般期限较长。一般流动资金贷款的监督管理，只限于生产或流通过程，而固定资产贷款不仅对建设过程要管理，而且项目竣工投产后仍需要管理，直到还清全部本息为止。固定资产贷款项目不仅必须是纳入国家固定资产投资计划，并具备建设条件的项目，而且必须受信贷计划确定的固定资产贷款规模的约束。

（3）项目贷款及开发贷款

房地产开发企业通过银行信贷获取的资金主要用于房地产开发项目，也就是房地产开发贷款。房地产开发贷款是指对房地产开发企业发放的用于住房、商业用房和其他房地产开发建设的中长期项目贷款。房地产开发贷款的对象是注册的有房地产开发、经营权的国有、集体、外资和股份制企业。房地产开发贷款期限一般不超过三年（含三年）。按照开发内容的不同，房地产开发贷款又有以下几种类型：住房开发贷款、商业用房开发贷款、土地开发贷款、房地产开发企业流动资金贷款。其中，房地产开发企业流动资金贷款是指房地产开发企业因资金周转所需申请的贷款，不与具体项目相联系，由于最终仍然用来支持房地产开发，因此这类贷款仍属房地产开发贷款。

4. 股票、债券、合资、租赁、商业信用等多种筹资方式

（1）股票筹资

发行股票进行筹资是上市房地产企业常常选择的一种筹资方式。股票是作为持有人对企业拥有相应权利的一种股权凭证，一方面代表着股东对企业净资产的要求权；另一方面，普通股股东凭借其所拥有的股份，以及被授权行使权利的股份总额，有权行使其相应的、对企业生产经营管理及其决策进行控制或参与的权利。发行股票所筹措的资金无需偿还，具有永久性并可以长期占用，一次性筹措的资金数额相对较大，用款限制也相对较为宽松，还有利于提高公司的知名度。

（2）债券筹资

债券筹资是指企业通过发行债券来筹集资金的方式，也是企业一种重要的筹资方式，其筹资范围很广。若发行的债券符合国家的有关规定，债券可以在市场上流通与自由转让。与股票的股利相比，债券的利息允许在所得税前支付，公司可享受税收上的利益，故公司实际负担的债券成本一般低于股票成本。持券者一般无权参与发行公司的管理决策，因此发行债券一般不会分散公司控制权。但债券通常有固定的到期日，需要定期还本付息，财务上始终有压力。同时，发行债券的限制条件较长期借款、融资租赁的限制条件多且严格，从而限制了公司对债券融资的使用，甚至会影响公司以后的筹资能力。

（3）合资联营

合资联营是指企业在组建时，可吸收联营的股东各方及关联方的投资，形成联营企业的自有资本。合资联营的合同或协议一般规定税后分利的办法，有的还规定了还本的方式和期限。

（4）租赁筹资

租赁筹资是指出租人以收取租金为条件，授予承租人在约定的期限内占有和使用财产权利的一种契约性行为。其行为实质是一种借贷属性，不过它直接涉及的是物，而不是钱。租赁设备往往比借款购置设备更迅速与灵活。因为租赁是筹资与设备购置同时进行的，可以缩短设备的购进、安装时间，使企业尽快形成生产能力，有利于企业尽快占领市场，打开销路。筹资成本高是租赁筹资的主要缺点，租金总额占设备价值的比例一般要高于同期银行贷款的利率。由于租赁资产所有权一般归出租人所有，因此承租企业未经出租人同意，往往不得擅自对租赁资产加以改良以满足企业生产经营的需要。在我国，租赁方式主要包括经营性租赁和融资性租赁两种。

经营性租赁是为满足承租人临时使用资产的需要而安排的"不完全支付"式租赁。它是一种纯粹的、传统意义上的租赁。承租人租赁资产只是为了满足经营上短期的、临时的或季节性的需要，并没有添置资产上的企图。在可撤销合同期间，承租人可中止合同，退回设备以租赁更先进的设备。

融资性租赁又称设备租赁，是指实质上转移与资产所有权有关的全部或绝大部分风险和报酬的租赁。资产的所有权最终可以转移，也可以不转移。它的具体内容是指出租人根据承租人对租赁物件的特定要求和对供货人的选择，出资向供货人购买租赁物件，并租给承租人使用，承租人则分期向出租人支付租金，在租赁期内租赁物件的所有权属于出租人所有，承租人拥有租赁物件的使用权。租期届满，租金支付完毕，并且承租人根据融资租赁合同的规定履行完全部义务后，租赁物件所有权即转归承租人所有。《中华人民共和国合同法》第二百三十七条规定：融资租赁合同是出租人根据承租人对出卖人、租赁物的选择，向出卖人购买租赁物，提供给承租人使用，承租人支付租金的合同。

(5) 预收定金

房地产企业在向客户提供商品或服务前，为防止客户不履行合约而先行向客户收取的一部分资金，同样可以作为房地产开发项目的资金来源。

(6) 商业信用

商业信用是指企业在正常的经营活动和商品交易中由于延期付款或预收账款所形成的企业常见的信贷关系，是企业之间的一种直接的信用关系。包括赊购商品和预收货款两种方式。

5. 其他资金来源

除了之前介绍的几种筹资资金来源以外，一般企业经营还可以利用外资进行经营，或者利用非银行金融机构进行筹资。

8.2.2 房地产其他资金来源

1. 房地产抵押贷款

抵押贷款也叫抵押放款或财产担保放款，指银行或其他金融机构要求借款人提供一定的财产作为还款的物质保证，而发放的贷款。房地产抵押贷款则是银行或其他金融机构以借款人提供房产或地产作为还款的物质保证的抵押贷款。在房地产开发项目中，由于房地产项目自身资产价值大、回报率高、市场稳健等特点，可以将房地产项目作为抵押，向银行申请贷款。我国2011年末房地产贷款为10.73万亿元，其中，房地产开发贷款为2.72万亿元、个人住房抵押贷款为7.14万亿元。这些房地产贷款全部由商业银行提供，房地产贷款的债权也几乎全部由商业银行持有。

(1) 个人住房抵押贷款

个人住房抵押贷款，是指个人购买住房时，以所购买住房作为抵押担保，向金融机构申请的贷款。个人住房贷款包括商业性住房抵押贷款和政策性（住房公积金）住房抵押贷款两种，属于购房者的消费性贷款，通常与开发商没有直接的关系。但在项目预售阶段，购房者申请的个人住房抵押贷款是项目预售收入的重要组成部分，也是开发商后续开发建设资金投入的重要来源。

(2) 商用房地产抵押贷款

商用房地产抵押贷款，是指购买商用房地产的机构或个人，以所购买的房地产作为抵押担保，向金融机构申请的贷款。开发商不能像住宅开发项目那样通过预售筹措部分建设资金，但如果开发商能够获得商用房地产抵押贷款承诺，也就是有金融机构承诺当开发项目竣工，或达到某一出租率水平时，可发放长期商用房地产抵押贷款，则开发商就比较容易凭此长期贷款承诺，获得短期建设贷款。

(3) 在建工程抵押贷款

在建工程抵押贷款，是指抵押人为取得在建工程后续建造资金的贷款。以获得的土地使用权连同在建工程的投入资产，以不转移占有的方式，抵押给贷款银行作为履行担保而获得的贷款。

2. 预售资金

房产预售是指房地产开发企业在建设房屋的工程尚未竣工之前,将正在施工的房屋预先出售给购买者的行为。预售获得的资金同样可用于房地产项目的开发。预售资金无资金成本且资金回流快,是房地产企业资金的重要来源。

8.3 房地产融资方式

8.3.1 银行贷款融资

银行信贷是房地产企业债务融资的主要资金来源。与房地产开发投资相关的银行信贷融资,主要包括房地产开发贷款、土地储备贷款和房地产抵押贷款。这些贷款的共同特征是以所开发的房地产项目或所购买的房地产资产作为贷款的抵押物,为贷款的偿还提供担保。

1. 房地产企业应满足的贷款条件

除一般贷款所要求的条件外,申请房地产开发贷款的借款人还应具备以下条件:

(1) 有企业法人营业执照。

(2) 具有一定比例的自有资金(一般应达到项目预算投资总额的30%),并能够在银行贷款之前投入项目建设。

(3) 经工商行政管理部门核准登记并办理年检手续。

(4) 经营管理制度健全、财务状况良好。

(5) 在银行开立账户保持正常业务往来。

(6) 开发商须对建设的房地产进行保险,且第一受益人为贷款银行。

2. 房地产开发项目应满足的条件

(1) 已取得贷款项目的土地使用权,且土地使用权终止时间长于贷款终止时间。

(2) 已取得贷款项目的各种许可证,并完成各项立项手续,且全部立项文件完整、真实、有效。

(3) 贷款项目申报用途与其功能相符,并能够有效地满足当地城市规划和房地产市场的需求。

(4) 贷款项目工程预算、施工计划符合国家和当地政府的有关规定,工程预算投资总额能满足项目完工前,由于通货膨胀及不可预见等因素追加预算的需要。

(5) 贷款用途合理、担保方式可接受。

(6) 期限和利率合理。

3. 房地产开发贷款的风险

房地产开发贷款主要面临的风险有政策风险、市场风险、经营风险、财务风险、完工风险、抵押物估价风险。

(1) 政策风险

政策风险是指因国家宏观政策(如货币政策、财政政策、行业政策、地区发展政策等)发生变化,导致市场价格波动而产生的风险。房地产投资区位性很强,又有固定性,往往受到政策条例的影响很大,例如产业政策、投资政策、金融政策、土地政策、税费政策、住房政策和房地产市场管理政策等。在进行房地产开发贷款时,必须谨慎注意政策的变动倾向，做好政策环境调研，从而对会给投资者带来风险并最终波及银行的信贷资产质量的波动进行预判，将损失尽可能地减小。

（2）市场风险

市场风险是指由房地产市场状况变化的不确定性给房地产开发投资、贷款带来的风险。对市场变化的防范的重要性此前已有论述，在此不再重复。

（3）经营风险

经营风险又称营业风险，是指由于房地产投资经营上的失误，而造成可能实际经营成果偏离期望值并最终导致难以归还贷款。经营风险有一定的客观性，经营风险一直存在，只是在步入商品经济社会之后，经营风险的存在更为普遍和突出。

（4）财务风险

财务风险是指由于房地产投资者使用债务融资进行房地产开发贷款，但现金收益不足以偿还债务的可能性。

（5）完工风险

完工风险是指房地产开发项目不能完工或者按时完工的可能性。实际上，房地产项目投资大、周期长、涉及资源众多、管理复杂，很容易产生完工风险。而不能按时完工不仅会使项目不能按时产生效益，更会引起一系列其他的风险，如财务风险、经营风险等。

（6）抵押物估价风险

贷款抵押物估价是指由专门的估价机构，如会计师事务所，按照科学公正的办法，对抵押物的即期以及贷款到期时的价值、变现能力进行的综合测算。在实际操作中，有可能产生银行对贷款抵押物估值偏低而造成损失的情况。

4. 房地产开发贷款申请程序

房地产开发贷款操作流程图如图 8-2 所示。

图 8-2 房地产开发贷款操作流程图

（1）房地产开发贷款申请

1）借款人资格

借款人申请房地产开发贷款，必须符合以下基本条件：

①借款人是经工商行政管理机关（或主管机关）核准登记的企（事）业法人，其他经济组织；②有经工商行政管理部门核准登记，并办理年检的法人营业执照或有权部门批准设立的证明文件；③经营管理制度健全，财务状况良好；④信用良好，具有按期偿还贷款本息的能力；⑤有贷款证，并在贷款行开立基本账户或一般账户；⑥有贷款人认可的有效担保；⑦贷款项目已纳入国家或地方建设开发计划，其立项文件合法、完整、真实、有效；⑧借款人已经取得《建设用地规划许可证》《建设工程规划许可证》《国有土地使

证》《建筑工程施工开工证》；⑨贷款项目实际用途与项目规划相符，符合当地市场的需求，有规范的可行性研究报告；⑩贷款项目工程预算报告合理真实；⑪贷款人计划投入贷款项目的自有资金不低于银行规定的比例，并能够在使用银行贷款之前投入项目建设；⑫企业信用等级和风险度符合贷款人的要求；⑬贷款人规定的其他条件。

2) 申请贷款资料

开发商应向银行提交公司和贷款项目的相关资料。

(2) 房地产开发贷款的银行审查与审批

贷款审查是贷款审查部门根据贷款"三性"原则和贷款投向政策，对贷款调查部门提供的资料进行核实，评价贷款风险，复测贷款风险度，并提出贷款决策建议以供贷款决策人参考。主要内容包括：审查调查部门提供的数据、资料是否完整；根据国家产业政策、贷款原则审查贷款投向是否符合规定；审查贷款项目是否需要评估，有无评估报告，有否超权限评估，评估报告是否已批准，项目情况是否可行；审查贷款用途是否合法合理，贷款金额能否满足项目的需要，利率是否在规定上下限范围内，借款人的还款能力，是否有可靠的还款来源；审查贷款期限；审查担保的合法性、合规性、可靠性；复算贷款风险度、贷款资产风险度；审查该笔贷款发放后，企业贷款总余额有无超过该企业贷款最高限额，授信额有无超过单个企业贷款占全行贷款总额最高比例10%；按照授权授信管理办法，确定该笔贷款的最终审批人。

(3) 贷后管理

依照各银行出台的贷后管理办法执行。房地产开发贷款的贷后管理主要制度包括专人管理负责制、贷后检查管理制、风险早期预警制。

8.3.2 股票融资

房地产股票是指房地产企业或公司发给股东作为入股凭证，并借以取得股息的一种有价证券。每股股票都代表股东对企业拥有一个基本单位的所有权，这种所有权代表一种综合权利，如参加股东大会、投票表决、参与公司重大决策、收取股息或分享红利等。同一类别的每一份股票所代表的对公司的所有权是相等的。房地产股票募得的资金没有使用期限，也无需归还，股票融资对房地产企业改善自身资金结构有重要意义。

1. 股票的类型

(1) 按照股东权利，可分为普通股、优先股

普通股是指在公司的经营管理和盈利及财产分配上享有普通权利的股份，代表满足所有债权偿付要求，及优先股股东的收益权与求偿权要求后，对企业盈利和剩余财产的索取权，它是构成公司资本的基础，是股票的一种基本形式，也是发行量最大、最为重要的股票。优先股是相对于普通股而言的，主要指在利润分红及剩余财产分配的权利方面，优先于普通股，而且享受固定数额的股息，即优先股的股息率都是固定的，普通股的红利不固定。优先股又分为累计优先股和非累计优先股。累计优先股指的是将以往营业年度内未支付的股息累计起来，由以后营业年度的盈利一起支付的优先股股票。非累计优先股是按当年盈利分派股息，对累计下来的未足额的股息不予补付的优先股股票。

(2) 按照股票记名与否，可分为记名股票和不记名股票

所谓记名股票，是指在股票票面和股份公司的股东名册上记载股东姓名的股票。股份

有限公司向发起人、国家授权投资的机构、法人发行的股票,应当是记名股票,并应当记载该发起人、机构或者法人的名称,不得另立户名或以代表人姓名记名。对社会公众发行的股票,可以是记名股票,也可以是不记名股票。发行记名股票的,应当置备股东名册,记载下列事项:股东的姓名或者名称及住所、各股东所持股份数、各股东所持股票的编号、各股东取得股份的日期。

(3) 按照股票有无面额,可分为有面额股票和无面额股票

所谓有面额股票,是指在股票票面上记载一定金额的股票。这一记载的金额也称之为股票票面金额、股票票面价值或股票面值。我国《中华人民共和国公司法》规定,股票发行价格可以和票面金额相等,也可以超过票面金额,但不得低于票面金额。这样,有面额股票的票面金额就成为发行价格的最低界限。

2. 股票发行方式

(1) 包销发行

是由代理股票发行的证券商一次性将上市公司所新发行的全部或部分股票承购下来,并垫付相当股票发行价格的全部资本。由于金融机构一般都有较雄厚的资金,可以预先垫付,以满足上市公司急需大量资金的需要,所以上市公司一般都愿意将其新发行的股票一次性转让给证券商包销。如果股票发行的数量太大,还可以由几家证券公司联合起来包销。股票上市包销发行方式,虽然上市公司能够在短期内筹集到大量资金,以应付资金方面的急需,但一般包销出去的证券,证券承销商都只按股票的一级发行价或更低的价格收购,从而不免使上市公司丧失了部分应有的收获。

(2) 代销发行

由上市公司自己发行,中间只委托证券公司代为推销,证券公司代销证券只向上市公司收取一定的代理手续费。代销发行方式对上市公司来说,虽然相对于包销发行方式能获得更多的资金,但整个筹款时间可能很长,从而不能使上市公司及时得到自己所需的资金。

3. 股票发行价格

发行价格是公司发行股票时向投资者收取的价格。发行价格的制定要考虑多种因素,如发行人业绩增长性、股票的股利分配、市场利率以及证券市场的供求关系等。

(1) 平价发行

平价发行也称为等额发行或面额发行,是指发行人以票面金额作为发行价格。如某公司股票面额为1元,如果采用平价发行方式,那么该公司发行股票时的售价也是1元。由于股票上市后的交易价格通常要高于面额,因此绝大多数投资者都乐于认购。平价发行方式较为简单易行,但其主要缺陷是发行人筹集资金量较少。其多在证券市场不发达的国家和地区采用。

(2) 溢价发行

溢价发行是指发行人按高于面额的价格发行股票,因此可使公司用较少的股份筹集到较多的资金,同时还可降低筹资成本。溢价发行又可分为时价发行和中间价发行两种方式。时价发行也称市价发行,是指以同种或同类股票的流通价格为基准来确定股票发行价格,股票公开发行通常采用这种形式。中间价发行是指以介于面额和时价之间的价格来发行股票,我国股份公司对老股东配股时,基本上都采用中间价发行。

(3) 折价发行

折价发行是指以低于面额的价格出售新股,即按面额打一定折扣后发行股票,折扣的大小主要取决于发行公司的业绩和承销商的能力。在我国,股票发行价格可以按票面金额,也可以超过票面金额,但不得低于票面金额。因此,我国不允许折价发行股票。

4. 股票发行程序

(1) 公司成立发行的程序

1) 发起人在被准予注册登记取得独立的法人资格后,订立招股章程,主要目的是供公众阅览,以便了解情况,作为认购股票的参考。

2) 发起人向上级主管部门提交招股申请书,除了上述招股章程的内容以外,还要列出股票推销机构的名称及地点、开户银行的名称及地点、注册会计师证明等。

3) 主管部门同意颁发许可证后,公司与证券发行中介机构签订委托募集合同,内容包括推销募集方法、发行价格、推销股数、委托手续费等。

4) 投资者认购。公司或发行中介机构用广告或书面通知等方式招股,投资者通过公司及承销机构规定的方式认购股票。

5) 股票交割。投资者在认购以后,必须在规定的日期缴纳股金,才能领取股票,同样,发行者必须在认购后的规定日期交付所卖的股票,才能收受股金款,这种一手缴纳股金、一手交付股票的活动称之为交割。股票在交割的翌日产生效力。

6) 登记。股票交割后一定时期,公司董事会应向证券管理部门登记,内容包括发行总额和每股金额,募集期和股金收足日期,股东名单、公司董事和监事名单等,为日后增发新股和上市审查做准备。

(2) 公司增发股票的程序

1) 制订新股发行计划,拟定所发行股票的种类、发行方式和价格。

2) 形成董事会决议。

3) 向主管部门提交发行申请书,为认购者编制增股说明书。

4) 如在现有股东之间进行分摊,则要冻结股东名簿,停止办理股票转让后的过户手续。

5) 签订委托推销合同。

6) 向现有股东发出通知或公告。

7) 股东认购或公开发行。

8) 股票交割。

9) 处理零股或失权股。

10) 向证券管理部门登记发行情况和结果。

8.3.3 房地产债券融资

1. 债券的类型

(1) 按照发行主体,可划分为政府债券、金融债券和公司债券

政府债券是政府为筹集资金而发行的债券。主要包括国债、地方政府债券等,其中最主要的是国债。金融债券是由银行和非银行金融机构发行的债券。在我国,目前金融债券主要由国家开发银行、中国进出口银行等政策性银行发行。公司(企业)债券是企业依照法定程序发行、约定在一定期限内还本付息的债券。

(2) 按照发行区域，可划分为国际债券和国内债券

国内债券，就是由本国的发行主体以本国货币为单位在国内金融市场上发行的债券；国际债券则是本国的发行主体到别国或国际金融组织等以外国货币为单位在国际金融市场上发行的债券。如最近几年我国的一些公司在日本或新加坡发行的债券都可称为国际债券。

(3) 按付息方式，可划分为贴现债券、零息债券、附息债券、固定利率债券、浮动利率债券

贴现债券指债券券面上不附有息票，发行时按规定的折扣率，以低于债券面值的价格发行，到期按面值支付本息的债券。零息债券指债券到期时和本金一起一次性付息、利随本清的债券，也可称为到期付息债券。附息债券指债券券面上附有息票的债券，是按照债券票面载明的利率及支付方式支付利息的债券。固定利率债券就是在偿还期内利率固定的债券。浮动利率债券是指利率可以变动的债券。

(4) 按计息方式，可划分为单利债券、复利债券、累进利率债券。

(5) 按债务形态，可划分为实物债券、凭证式债券、记账式债券。

2. 债券发行条件

《中华人民共和国证券法》（2019 年修订版）第十五条：公开发行公司债券，应当符合下列条件：

（一）具备健全且运行良好的组织机构；

（二）最近三年平均可分配利润足以支付公司债券一年的利息；

（三）国务院规定的其他条件。

同时，债券发行单位对自身债券发行的面额、期限、利率等的要求也可称为债券发行条件。

3. 债券发行方式

按照债券的发行对象，可分为私募发行和公募发行两种方式。

(1) 私募发行

私募发行是指面向少数特定的投资者发行债券，而不对所有的投资者公开出售。具体发行对象有两类：一类是机构投资者，如大的金融机构或与发行者有密切业务往来的企业等；另一类是个人投资者，如发行者自身企业的员工等。私募发行一般采用直接销售的方式，而不经过证券发行中介机构，也不用向证券管理部门办理发行债券的手续。

(2) 公募发行

公募发行是指公开向广泛不特定的投资者发行债券。公募债券发行者必须向证券管理机关办理发行注册手续。由于发行数额一般较大，通常采用间接销售的方式。一般又分为余额包销、代销和全额包销三种方式。

1) 代销

发行者和承销者签订协议，由承销者代为向社会销售债券。承销者按约定的发行条件尽力推销，如果在约定期限内未能按照原定发行数额全部销售出去，债券剩余部分可退还给发行者，承销者不承担发行风险。代销方式一般费用较低。

2) 余额包销

承销者按约定的发行条件以及发行数额向社会推销债券，在约定期限内如果债券仍有剩余，则由承销者负责认购。采用这种方式销售债券，承销者承担部分发行风险，能够保

证发行者筹资计划的实现,但承销费用高于代销费用。

3) 全额包销

承销者按照约定条件将债券全部承购下来,并立即向发行者支付全部债券价款,然后再由承销者向投资者分次推销。采用全额包销方式销售债券,承销者承担了全部发行风险,可以保证发行者及时筹集到所需要的资金,但相应的全额包销费用比余额包销费用要高。

4. 债券发行程序

(1) 证券承销商审查发行债券的企业发行章程和其他有关文件的真实性、准确性和完整性后,与企业签订承销协议,明确双方的责任。

(2) 主承销商与分销商签订分销协议,协议中应对承销团成员在承销过程中的权利和义务等作出详细的规定。

(3) 主承销商与其他证券经营机构签订代销协议,未销出部分,可退还给主承销商;

(4) 开展广泛的宣传活动。

(5) 各承销团成员利用自己的销售网络,向金融机构、企事业单位及个人投资者销售。

(6) 在规定的时间内,承销商将所筹款项转到企业的账户上。

8.3.4 房地产信托与私募基金融资

1. 房地产信托

(1) 房地产信托概述

房地产信托是指房地产信托机构受委托人的委托,为了受益人的利益,代为管理、营运或处理委托人托管的房地产及相关资财的一种信托行为。它包括两个方面的含义:一是不动产信托。就是不动产所有权人作为委托人,将所有权转移给受托人,为受益人的利益或特定目的,使其依照信托合同来管理运用不动产的一种法律关系。二是房地产资金信托。就是委托人基于对信托投资公司的信任,将自己合法拥有的资金委托给信托投资公司,由信托投资公司按委托人的意愿以自己的名义,为受益人的利益或特定目的,将资金投向房地产业并对其进行管理和处分的行为。房地产资金信托其委托人数量在两个及以上的为集合资金信托,每个信托计划仅有一个委托人的称为单一资金信托。

(2) 房地产信托运营模式

1) 抵押贷款类信托

即将房地产财产进行抵押。这是房地产信托所最常用的方式,其原因在于将房地产财产进行抵押贷款可以比照银行抵押贷款方式设计,较为成熟。

2) 股权投资类信托

股权投资类信托是指将信托资金通过对房地产企业或项目进行股权投资的方式加以运用,进而成为房地产企业或项目的股东或所有者,并由此获得企业或项目所得,作为信托投资收益来源。

3) 股权证券化信托

股权证券化信托与股权投资类信托都是信托投资公司对房地产企业或者项目进行股权占有的方式,但股权证券化信托并不直接经营项目,而是与企业或项目的相关当事人签订协议,相关当事人按照协议在未来某一时期对信托投资公司占有的股份进行回购。

4）权益转让模式

房地产开发公司以合法可售的房屋交易为担保，信托公司通过购买房地产开发公司（资金需求方）的商品（主要为期房），并将其预售登记作为担保，或以收益性房产的收益转让作为担保发行资金信托计划。这种模式为多期开发项目的后期运作或多个房地产项目的运作，以及为有良好的在售物业的房地产公司提供了融资条件。这种模式的风险主要在于：在建工程到竣工交屋的阶段性风险；房屋销售的市场风险；权属登记的法律风险。

2. 私募基金融资

（1）私募基金概述

私募基金是相对于公募基金而言，是一种针对少数投资者而非公开地募集资金，并成立运作的投资基金，因此它又被称为向特定对象募集的基金或地下基金。私募基金与公募基金的最大区别就是基金投资主体不同，私募基金面向特定投资者，满足特定基金投资群体的需要。私募基金的基本方式有两种：一是基于签订委托投资合同的契约型集合投资基金，二是基于共同出资入股成立股份公司的公司型集合投资基金。

（2）房地产私募基金类型

根据私募基金主导地位的不同，国内房地产私募基金类型分为金融机构主导型、房地产开发公司主导型以及专业机构主导型。

1）金融机构主导型

房地产私募基金虽然是非公开地进行募集资金，但同样少不了金融机构的参与。金融机构主导型私募基金就是以信托公司、证券公司、资产管理公司和保险公司等金融机构为发起人，进行资金募集活动。这类金融机构往往具有强大的资金募集能力和项目开拓能力。

2）房地产开发公司主导型

以房地产开发公司为主导进行私募基金的募集，主要是房地产公司设立一家基金管理公司进行资金的募集，或者通过金融机构、第三方理财机构代为募集资金。这种方式强调了房地产开发公司自身的地位，不仅可以通过自身的基金管理公司募集资金，支持房地产开发公司的发展，还可以帮助房地产开发公司进行公司转型，从房地产开发商过渡到房地产财务投资人的角色。

3）专业机构主导型

目前，我国国内以专业机构进行主导从而募集资金主要是由外资背景的专业机构或是第三方理财机构进行。专业机构一般需要具备房地产投资、运营、管理等咨询服务的良好的专业素养。

随着资本市场的发展，房地产信托与私募基金也得到发展。房地产信托和私募基金基本上是两种独立的融资方式，根据市场的需要，房地产信托和私募基金开始进行嫁接，即房地产信托成为私募基金的有限合伙人。

8.3.5 房地产投资信托基金

1. 房地产投资信托基金概述

房地产投资信托基金（Real Estate Investment Trusts，REITs）是指信托公司与委托人（投资者）签订信托投资合同，根据信托投资计划，将委托人的基金通过发行信托受益凭证或者股票的方式投资于房地产行业，并委托专业机构进行经营管理的一种投资方式。REITs基于房地产六大环节（资本运作、设计策划、拆迁征地、建设施工、销售租赁、物业服务）的分工合作而出现。房地产行业由于其高回报和拥有租金等稳定现金流的缘故，一直是投资的热点，然而其投资所需金额大、投资回报期长的特点又使很多社会闲散资金望而却步，由此 REITs 产生。

REITs 资金来源广泛，而且通过专业机构进行房地产项目的投资选择及运作管理，因此在资金运作、资金管理、投资策略的制订上都具有专业化优势。

对于投资者而言，REITs 风险低，回报稳定。首先，REITs 一般是由专业的房地产公司发起并管理，能够合理地选择投资的项目，并能对其进行科学的管理。其次，通过房地产投资信托可以广泛投资于各种类型的房地产项目，从而分散了投资风险。最后，REITs 投资于房地产市场，房地产市场拥有稳定的租金的现金流，收益率也比较可观。

对于房地产企业而言，REITs 是以股权形式的投资，可以避免债务融资的风险。相较于银行贷款，房地产企业不用按时还款，并且对于某些项目而言，获取融资的机会也较大。但与股票融资相比，REITs 往往分散投资，其在一个房地产企业的投资不会超过基金净值的规定比例，因而房地产企业不会丧失对企业和项目的控制权和自主经营权。

2. 房地产投资信托基金与国内房地产信托

（1）在市场上流通性不同。房地产投资信托基金作为标准化可流通的金融产品，一般收购地产资产包，且严格限制资产出售，能够在证券交易所上市流通。目前国内房地产信托计划是有 200 份合同限制的集合非标准化金融产品，一般不涉及收购房地产资产包的行为，目前尚无二级市场，不能在证券交易所上市流通。

（2）利润来源不同。REITs 的较大部分收益来源于房地产租金收入、房地产抵押利息，房地产信托收益视信托计划的方案设置而定。

（3）对利润的分配不同。REITs 对投资者的回报需要把收入的大部分分配给投资者，比如美国要求把所得利润的 95% 分配给投资者。国内的房地产信托计划对投资者的回报目前一般在 3%~9%。

（4）运作方式不同。在 REITs 中，资金的提供方负责组建资产管理公司或经营团队，聘请专业团队进行投资运营。国内的房地产信托的运作方式是：提供资金、监管资金使用安全，或部分或局部参与项目公司运作获取回报。

（5）产品周期长短不同。REITs 的产品周期一般在 8~10 年，更注重于已完工的房地产项目的经营。国内的房地产信托计划产品周期较短，一般为 1~3 年。

（6）国内的房地产信托概念较为宽泛，可以是 REITs 模式，也可以是贷款信托、优先购买权信托、财产权信托、受益权转让信托等。

3. 房地产投资信托基金融资分类

（1）按投资业务分类

按投资业务不同，REITs 可分为权益型 REITs、抵押型 REITs 和混合型 REITs 三种。权益型 REITs 是以收益性物业的出租、经营管理和开发为主营业务，其主要收入来源是房地产出租收入。抵押型 REITs 主要为房地产开发商和置业投资者提供抵押贷款服务，或经营抵押贷款支持证券（MBS）业务，主要收入来源是抵押贷款的利息收入。混合型 REITs 则同时经营上述两种形式的业务。

（2）按信托性质分类

按信托性质分类，REITs 可以分为伞形合伙 REITs 和多重合伙 REITs。伞形合伙

REITs 是指 REITs 不直接购买房地产,而是通过一个经营合伙制企业控制房地产。伞形合伙 REITs 流行的原因是:一个非上市的房地产企业可以在不转让房地产的情况下用已有的房地产组成 REITs,或者用房地产资产与 REITs 交换受益凭证(如股票),从而套现资金,这样可以避免支付因出售物业获得资本收益的所得税。多重合伙 REITs 是 REITs 直接拥有房地产的同时,还通过经营合伙制企业的方式拥有部分房地产。这种灵活的股权交换,不但使 REITs 的投资者获得了经营权股份,而且会给原物业所有者带来资产组合多元化和合理避税效应。

> **案例:某租赁住房 REITs**
>
> 我国 REITs 可追溯到 21 世纪初信托业务一系列法律法规的出台。2001 年原国家发展计划委员会曾牵头起草了《产业投资基金管理暂行办法》并向社会公开征求意见,2003 年深圳证券交易所开始研究发行 REITs 的可行性。其后,监管方针对 REITs 进行了大量研究论证,并通过不断完善资产证券化业务规范带动实务发展。市场方面从 2006 年越秀集团赴港发行 REITs 开始,到鹏华前海万科 REITs 发行等创新性业务产生,再到 2018 年中信启航 ABS 带动下的类 REITs 在境内大量涌现。截至 2019 年末,境内各证券交易所共发行类 REITs 产品 69 只,上市资产规模达到 1388 亿元,境外则共有 16 只 REITs 持有中国内地 103 处不动产,为在境内市场推出公募 REITs 奠定了良好的市场条件。
>
> 《中华人民共和国国民经济和社会发展第十四个五年规划和 2035 年远景目标纲要》明确提出:"推动基础设施领域不动产投资信托基金(REITs)健康发展,有效盘活存量资产,形成存量资产和新增投资的良性循环"。2020 年 4 月,中国证监会和国家发改委联合发布《关于推进基础设施领域不动产投资信托基金(REITs)试点相关工作的通知》,标志着中国版公募 REITs 迈出实质性的一步 2020 年,2021 年 6 月,首批基础设施公募 REITs 在沪深证券交易所上市。2021 年,《国家发展改革委关于进一步做好基础设施领域不动产投资信托(REITs)试点工作的通知》(发改投资〔2021〕958 号),进一步将 REITs 试点范围扩大到清洁能源、保障性租赁住房、旅游、水利等基础设施领域。

复习思考题

1. 论述房地产融资的含义。
2. 论述房地产融资方式及各自应满足的条件及特点。
3. 论述股票融资与债务融资异同。
4. 论述房地产企业开发项目资金来源。
5. 论述房地产融资分类。
6. 论述房地产资本市场、房地产融资主体、房地产项目融资的含义。

第 9 章　房地产市场营销

本章内容提要

房地产市场营销作为房地产开发与经营中由项目建设转至销售阶段的一个重要环节，是实现房地产项目盈利的关键，房地产市场营销的好坏关系到项目能否产生应当有的甚至是超额的效益。本章首先简单阐述了房地产市场营销的概念、市场营销的基本理论，对房地产市场营销新的发展趋势进行了讨论，之后对如何进行房地产市场定位的全过程进行了一个陈述，最后对房地产产品定价、营销渠道和促销策略进行论述。通过本章的学习，应掌握以下专业知识点：

房地产市场营销的概念

房地产市场营销的 4P 理论

房地产市场营销的 4C 理论

房地产市场定位理论与应用

房地产产品的定价策略、房地产市场营销渠道、房地产市场促销策略

9.1　房地产市场营销的概念

9.1.1　房地产市场营销概述

1. 市场营销

市场营销译自英文"Marketing"一词，它包含了两种含义：一是指企业的具体活动或行为，就是平常所说的"市场营销活动"；另一种是指以企业的市场营销活动为研究对象的一门科学，称之为"市场学""市场营销学"。国际上对市场营销有多种定义，但当前普遍比较认同的有两种表述。

美国市场营销学会认为市场营销是在创造、沟通、传播和交换产品中，为顾客、客户、合作伙伴以及整个社会带来价值的一系列活动、过程和体系；菲利普·科特勒在《营销学导论》中提出市场营销是个人和集体通过创造产品和价值并同别人自由交换产品和价值，来获得其所需所欲之物的一种社会和管理过程。值得注意的是，市场营销的概念和定义并非如数学公式那样有标准形式，通常是基于观点人自己的理解和体会，即使是营销管理学专家通常也会不断更新自己对于市场营销的定义。

2. 房地产市场营销

房地产市场营销是市场营销的一个重要分支，是通过交易过程满足顾客对土地或房屋需求的一种综合性营销活动，也就是把土地或房屋产品转换成现金的流通过程。房地产市场营销通过专业人员的服务，不仅可以帮助客户选到理想的房地产产品，而且使企业迅速收回投资，增强市场竞争能力，提高经济效益。房地产市场营销的目标和核心，是通过运

用既定的程序以及随机的技巧，使房地产交易迅速达成，使商品最终实现价值。房地产市场营销的目标是满足消费者对房地产商品和劳务的需求，在市场经济的条件下，房地产企业要树立以市场为导向、以消费需求为导向的观念，市场和消费需求是市场营销的导向，而不是以企业为导向。现在的产品生产的源头是消费者的需求，而不是如同之前的企业在不考虑消费者需求的情况下各自生产产品，之后再通过营销推广将产品卖出。企业只有通过市场了解消费者对房地产商品和劳务的需求，并且通过开发房地产适时地满足他们的需求，才能最终完成销售，实现企业的最终盈利目标。房地产市场营销的核心是实现商品的交换。因此，企业的一切营销活动、营销策略必须紧紧围绕交换而展开，通过交换的顺利进行实现企业产品的价值和再生产的良性循环。

3. 房地产市场营销的特点

（1）复杂性

房地产市场营销涵盖了市场调研、地段选择、土地征用、营销环境分析、项目定位、房地产产品的设计和施工、楼盘的命名、产品的定价和价格执行、销售渠道的选择、促销以及物业管理等一系列复杂的过程。这一过程涉及诸多行业，牵扯众多部门，涉及复杂的经济以及法律关系，需要多领域专业人员参与。房地产营销还极易受到外部环境的影响。例如，一国的方针政策、经济发展局势、法律法规、通货膨胀、金融风波、股市波动等都会对房地产市场营销活动产生巨大的影响。这些因素决定了房地产市场营销比普通商品的营销更加复杂。

（2）风险性

房地产产品开发周期较长，在漫长的开发周期内，企业内外部环境很可能发生变化，如企业战略的调整、企业自身定位的调整、消费者偏好的变化等，都会影响营销计划的执行，从而加大了房地产市场营销的风险。

（3）差异性

房地产产品往往具有很大的差异性，这既是由房地产产品的定位决定的，也是由房地产项目的区位等内外部环境决定的。这种差异性决定了客户的购买行为也往往具有差异性。此外，房地产产品的购买对大多数客户来说都是一个相对重大的投资决策，其购买行为一般经过了深思熟虑，同时也很少会进行重复购买，因此也缺少习惯性的购买行为模式，而是相反的复杂的学习型购买模式。由此可以看出，房地产营销是典型的一对一营销，人员推销的作用较其他商品销售过程中人员推销的作用要大得多。因此，针对不同客户制订差异性的营销战略和策略是房地产市场营销独有的特点。

（4）协同性

房地产业与建筑业、建材业、金融业、交通运输业、城市基础设施、园林绿化等产业密切相关，只有各行业通力协作，才能产生好的房地产营销。房地产企业同样需要市场调研部门、建筑设计部门、建筑施工部门、建筑监理部门、中间商和物业管理机构等部门的通力合作。同时，房地产营销也涉及多学科的专业知识，如城市规划、建筑施工、建筑结构、建筑设备、建筑设计、地质学、经济学、管理学、市场学、心理学、社会学、历史学、广告学、美学、气象学等。因此，房地产营销是多行业、多部门、多学科的交叉融合、通力协同之后的行为，其中任意部门的缺失都可能会对房地产营销产生不利的影响。

9.1.2 房地产市场营销的基本理论

1. 房地产市场营销的 4P 理论

杰瑞·麦卡锡在其《营销学》中最早提出了 4P 理论。房地产市场营销中的"4P"又可以称为市场营销组合，即指在特定时期向特定市场销售特定产品的市场营销决策的优化组合。影响房地产企业业绩的因素有很多，有些存在于企业外部，如人口变化、政策环境、地理因素等，是不可控因素；另一些则存在于企业内部，如广告和产品设计，是企业内部的可控变量因素。通过对这些变量的调控，调整企业经营对策以适应市场目标需求的过程即为营销组合。企业可控制的变量因素大致可分为：产品（Product）、价格（Price）、渠道（Place）和促销（Promotion）。

（1）产品

产品是对目标市场提供的商品和服务。产品是一个整体概念，可被分为若干层次。菲利普·科特勒把产品定义为五个层次，即核心利益（遮风避雨、家的归属地等功能）、基础产品（地段、空间面积、安全、价格等）、期望产品（质量、户型设计、私密性、性价比、交通便捷度、公共设施配备等）、附加产品（绿化面积、环境卫生、社区文化、物业服务等）、潜在产品（升值潜力、周边环境状况等）。从消费特点上看，房地产产品是耐用消费品，价值高、使用周期长，因此消费者购买商品房时会综合考虑房子的各个方面，然后才做出决策。

（2）价格

价格是消费者为获得产品而支付货币的数量。价格关系到买卖双方的切身利益，是交换过程中的焦点问题，是消费者决策的主导因素。在房地产市场营销过程中，最敏感也最吸引消费者的就是房地产开发商对其产品的定价。对房地产开发商而言，价格是各项成本及其基于成本的利润空间，定价能够确定房地产开发商的利润水平，判断是否能达到其预期的利润等。买卖双方达成协议的最根本的问题就是价格问题。

（3）渠道

每一种产品由于生产与消费之间存在着时间与空间的错位，所以必须依托于一定的渠道使生产和消费实现对接。销售渠道可以分为直接渠道和间接渠道。直接渠道是指通过个人联系，以信件、电话、电子手段、交流往来等方式将产品从公司出售给潜在的客户。间接渠道是指通过第三方中间人（如代理或经纪人代表等）出售产品。

房地产企业一般采用直接渠道销售楼盘。购房的过程是一个消费者介入程度非常高、付出努力非常大的决策过程，消费者买房前一般要经过多方面的、广泛的信息收集、评价。他们会在现场考察、阅读楼书，咨询售楼人员及相关群体，了解开发商的实力、形象，反复比较不同楼盘之间的差距，评价楼盘的质量、价格等。因此，促使消费者购买房地产产品的主要信息（如企业信誉、承诺、楼盘的规划设计、质量的保证等），只有通过面对面的交流才能有所了解。

（4）促销

促销理论上包括广告、人员推销、营业推广和公共关系等活动内容，可以根据设定的促销目标进行组合、配比使用。促销的目的是对消费者或使用者传递产品和企业的信息，唤起顾客对商品的需求，以开拓市场，树立产品和企业形象，目的是吸引潜在的顾客成为企业产品的购买者。房地产促销的方式可以分为人员促销和非人员促销两大类。在实际促销过程中，不同方式的组合、选择和应用，构成促销组合策略。

总而言之，4P 理论的出现为企业的营销策划提供了一个有用的框架。但是，4P 理论只是站在销售方的立场，而不是从客户的角度去考虑，只是"请消费者注意，而不是注意消费者"。4P 营销模式主要是采用各种手段让消费者了解企业的产品，从而有机会购买其产品。这种引导思想往往让开发商投入相当大的金钱与精力，却不一定有好的效果。

2. 房地产市场营销的 4C 理论

1990 年，美国的劳特明教授提出了整合营销理论，强调用 4C 组合来进行营销策略安排。整合营销理论又称 4C 理论，该理论强调消费者（Consumer）、消费者购买的便利性（Convenience）、购买成本（Cost）、沟通（Communication）。此时的生产商不再强调卖给消费者所制造的产品，而是强调销售消费者购买的产品，营销代理商的传播重点由"消费者请注意"转变为"请注意消费者"，消费者成为市场的主角。

(1) 消费者

房地产对消费者来说是一项金额较大的投资，其购买行为非常复杂，只有当产品的综合素质真正满足其需求时，才会引发其购买行为。由于消费者的生活经历、受教育程度、工作性质、家庭结构、个人审美情趣各不相同，每个人对房地产产品的需求侧重点也大不相同。

4C 理论认为：了解并满足消费者的需求，不能仅表现在一时一处的热情，而应当贯穿于楼盘开发的全过程。房地产开发商需要全面分析土地的地理特征、交通条件、周边社区环境，分析消费者希望以什么样的方式和什么样的节奏来组织各种大小户外空间，采用何种安全保障系统，对小区环境要求怎样，对车库需求如何，想要什么样的户型、面积、结构、入户平台以及采光通风，从而充分满足消费者的需要。反之，那些忽视消费者需求的产品，在市场上很难会有销路。

(2) 消费者购买的便利性

影响消费者购房的便利性主要有三大因素：

1) 咨询、销售人员的服务心态、知识素养、信息掌握量、语言交流水平，都会影响消费者能否及时了解房地产产品和物业的信息，甚至影响消费者最终的购买决策。

2) 消费者购买前的行为非常谨慎，需要多方收集资料、反复比较权衡。为消费者提供尽可能多的、涵盖各方面的、真实可靠的资料，才能赢得消费者的信任。

3) 不断完善和改进购房服务的每一细节，为消费者提供便捷，而价格、信息、质量完全统一的服务，使交易过程变得更加透明与简约化。

(3) 购买成本

消费者为满足其需求所愿意支付的成本，包括消费者因投资而必须承受的心理压力（风险）和为化解或降低风险而耗费的时间、精力、金钱等。消费者在购房时必然要面对一系列的风险：建筑质量是否优良，户型结构是否适用，能否及时交付，配套设施是否完善，交通条件能否改善，面积分摊计算是否合理，装修的材质水准，物业管理水平如何，有关法律手续是否齐备，所购物业能否得到人际圈的认可等。

化解或降低客户心理压力（风险）最有效的方法莫过于树立良好的企业形象和品牌声誉。品牌是开发商专业化、规范化的运作机制及其不断成功运作的积累，且能更高层次挖掘它的物业价值。

（4）沟通

房地产营销与客户的沟通，总体上可以分为两个层面：

第一，宣传推广上对客户的影响，即合适的推广定位与媒体配合推广直接影响与客户沟通的有效性。

第二，在终端上与客户的沟通，包括组建客户俱乐部，组织积分消费活动和产品推介会，开展其他的讲座、幸运抽奖、方案征集、拍摄、征文等。

4C理论是站在消费者的角度来看营销，其中的便利性、成本、沟通、消费者直接影响着开发商在终端的出货与未来。在现代房地产营销中，尤其是市场竞争比较激烈的城市，越来越多的开发商开始把关注的重点从产品转移到客户，"以客户为导向"越来越成为营销策划工作的基准法则。

9.1.3 房地产市场营销理念的发展

房地产市场营销理论与实践的不断发展，以及不同时期消费群体主流的变化，必然会导致消费理念的变化和更新，房地产市场营销要迎合这些变化的需求，不断引导或推出一些新的消费和营销观念，这样才能在市场中居于积极和主动地位。目前，国内流行的营销理论包括以下几种：

（1）全程营销

实际上，销售阶段的营销只是营销链中的一个环节。房地产开发是一项复杂的综合工程，房地产营销的实施应该始于项目可行性研究阶段，贯穿项目的设计、建造、销售、物业管理整个过程。营销管理在项目前期的介入，目的在于了解、熟悉房地产市场，进行产品的市场定位，并作出房地产投资决策，为市场推广做准备。而售后服务是项目成功的重要保证，因为即使一个项目本身的质量、价格都非常有竞争力，但如果在后续手续、配套设施、物业管理等方面没有协调好，也会使消费者怨声载道，从而损害企业形象。全程营销要求房地产企业既要注重营销观念在整个房地产开发过程中的体现，也要注意与地方政府、金融机构、物业公司和其他社会组织的合作。一个好的房地产产品不应只是开发商的单赢，而是消费者、代理商、金融机构、物业管理公司、广告商等的多赢。

（2）文化营销

文化营销是指通过激发产品的文化属性以及构筑亲和力，把企业营销缔造成为文化沟通，并通过与消费者及社会文化的价值共振，将各种利益关系群体紧密维系在一起的企业营销活动。房地产文化营销就是在对房地产进行营销时，为营销活动注入文化的精髓。文化营销是现代房地产市场营销的新理念，它源于人们对居家文化内涵的渴望。随着人们生活水平的提高，对住房的要求已不再只是能遮风避雨的"钢筋水泥的丛林"。由于房地产产品本身就是文化的一种形态，表达着一种文化内涵，因此开发商在实施文化营销以满足消费者居住文化需求时，可以更好地提升建筑的品位与魅力，改善建筑的社会文化环境，从而增加房地产的附加值，达到企业、消费者和社会"多赢"的局面。

房地产产品的文化内涵可以细分为三种：一是指人文文化，即借助人文文化开展项目营销。例如，房地产企业设立"顾客会"，定期给业主新的福利，设立高标准化的物业管理，为业主提供优质的生活服务等。二是指金融文化，即利用规划或实际中的金融中心建设，以提高金融文化品位，促进楼盘的销售。三是指商业文化，使人们在享受现代购物乐趣的同时，也感受到了历史文化的氛围。"文化牌"无疑提升了房地产项目的价值，对客户文化素质和修养的提高也起到了积极的促进作用，也说明了房地产产业正不断走向成熟。

(3) 关系营销

关系营销主张重视消费者导向，强调通过企业与消费者的双向沟通，建立长久稳定的对应关系，在市场上树立企业和品牌的竞争优势，其营销理念的核心就是让顾客满意。任何购买某种产品或服务的消费者，在发生交易之前，都会对商家提供的产品或服务有所期待，在获得商品或服务之后，对商品或服务有所评价。开发商是否能站在消费者的角度想消费者之所想，向消费者提供达到或超过消费者心理预期的产品或服务，是建立和维持与消费者的良好关系并取得企业营销成功的关键。例如，在购房过程中，开发商需要考虑如何使消费者放心且方便地购买，为此开发商开展大规模的住房知识普及活动，向广大消费者介绍房屋建筑选择标准、住宅装修知识、住房贷款方法和程序、商品房购置手续和政府相关税费规定，在增加消费者房地产知识的同时，也提高了消费者对开发商的认同感。

(4) 体验式营销

体验式营销就是站在消费者的感官、情感、思考、行动和关联五个方面，重新设计营销的思考方式。体验式营销观点突破了传统上"理性消费者"的假设，认为消费者在消费时是理性与感性兼具的，消费者在消费前、消费时、消费后的体验，才是项目营销和品牌经营的关键。企业的产品、服务赢得消费者青睐的关键在于他们能够创造出值得消费者回忆的、难忘的经历和体验。房地产产品对购房者而言，不仅仅是一个遮风挡雨、休息睡觉的处所，更多的是一种对生活品质的追求，精神上的享受和体验。销售人员亲切的笑容和得当的言行举止、悦耳的背景音乐、优美的小区景观、完善的配套设施，无不传达出开发商大力提倡生态环保，力求达到自然、建筑和人三者之间和谐统一的理念。进入样板间，精美的装修让人印象深刻，消费者甚至还可以坐在沙发上品茶聊天，消费者会渐渐认同开发商以人为本、融入现代设计理念和文化理念的建设思路。要完成这种体验，通常需要消费者亲临现场。当然，现在有不少开发商开始利用虚拟现实技术和宽带网络建设网上看房系统，逼真地展示其楼盘和样板房场景，例如 VR 技术在样板间的应用，通过增加一些互动功能，使得看房者只需利用"键盘加鼠标"就可以在虚拟的世界里获得身临其境的感受。

(5) 差异化营销

所谓差异化战略，就是企业通过在产品、服务、经销网络、品牌形象等方面形成独特的品质来满足用户的需要。房地产的差异化营销，是指通过产品差异化、服务差异化和品牌差异化来提高房地产产品的价值，从而形成竞争优势。这就要求企业在产品的研究和开发上有较强的创新能力，在生产技术上具有较高的适应能力和应变能力，在市场营销中有明确的目标市场，并能采取有效的经营手段和方法到达目标市场。

与其他产品相比，房地产产品的位置固定性决定其本身有较大的差异性。此外，房地产产品差异化还可以从性能、特色、风格和设计等方面入手，体现在品质上的质优耐用、安全放心，区位的出行便捷、人文优越和升值潜力，环境的自然、生态和健康以及整体布局的大方、精巧，单体设计的实用、合理和完善，设备设施的充分、新颖和高效，特别是配套生活的方便，居住的愉快、舒适等。服务的差异化要求在传统客户服务的基础上进行服务升级，升级后的客户服务，不再是传统意义上仅仅对产品售后的客户服务，而应涵盖产品设计、生产、销售、使用中所有的服务环节，而且越来越强调多元化、人性化、规模化和个性化。从现在的趋势来看，房地产基本进入了服务经济时代，开发商只有通过丰富客户服务的内涵、扩大服务的宽度、延长服务的时间，再一次赢得属于自己的市场空间。最后，企业文化的差异化也应该受到企业的重视，房地产文化一旦建立即可成为企业的核心竞争力。

9.2 房地产市场定位

市场定位是企业选择、确定，并提供给目标顾客的营销要素的某一特征，这一特征是目标顾客最为关注，并且具有相对明显竞争优势的利益或价值点。市场定位理论的核心是要解决"什么定位（范围或是外延）""定位什么（内容或内涵）"和"如何定位（方法或步骤）"的问题。市场定位钻石图法如图 9-1 所示。

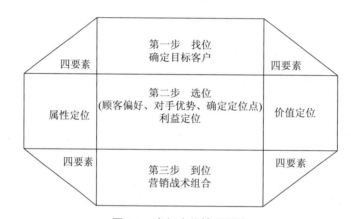

图 9-1　市场定位钻石图法

房地产定位即是房地产企业根据竞争者现有产品在市场上所处的位置，针对消费者或用户对该产品某种特征或属性的重视程度，强有力地塑造出本企业产品与众不同的、给人印象鲜明的个性或形象，并把这种形象生动地传递给顾客，从而使该产品在市场上确定适当的位置，房地产定位是市场战略的核心环节，其明确了房地产开发的目标，是楼盘竞争优势的来源。房地产定位的目标是针对不同的目标消费群体，提供不同的房地产产品，树立不同的楼盘形象，实行产品差异化。房地产定位一般包括：市场定位、客户定位、产品定位、价格定位。

确定目标顾客是房地产市场营销的第一步。企业及其生产的产品，只能满足一部分人的一部分需要，因此定位的最终目标就是找到这部分特定顾客的特定需要，而确定特定需求的首要任务就是确定目标顾客。确定目标顾客具体分为房地产市场细分、选择目标市场两步。

9.2.1 房地产市场细分

房地产市场细分是房地产企业实行目标市场战略的基础环节和必备前提。房地产市场细分的依据是房地产消费者或购买者的现实需求，其最终目标是将房地产市场总体细分为若干具有相似需求和欲望的房地产购买者群体。温德尔·史密斯在《市场营销策略中的产品差异化与细分市场》中认为进行市场细分的原因在于两点：①市场细分是市场竞争的产物，是为了寻找新的市场机会；②市场细分是以消费者的需求差异为立足点。

1. 房地产市场细分的概念

房地产市场细分，是指房地产企业在"目标市场营销"观念的指导下，依据一定的细分变数，将房地产市场总体细分为若干具有相似需求和欲望的房地产购买者群体的过程。房地产市场细分概念包含三层基本意思：

（1）房地产市场细分是房地产企业实行目标市场战略的基础环节和必备前提。

（2）房地产市场细分的依据是反映房地产消费者或购买者现实需求、欲望等差异的一系列"细分变数"。

（3）房地产市场细分的最终目标，是要把房地产市场中的买方总体，划分为一个个需求欲望相似的购买者群体。

2. 房地产市场细分的原则

（1）可衡量性。即各个市场的现实（或潜在）购买力和市场规模大小可以被大致测定。

（2）可进入性。即房地产经营企业有可能进入所选定的分市场的程度。

（3）可盈利性。即房地产经营企业所选定的分市场的规模足以使其有利可图。

（4）可行性。即房地产经营企业能否对自己所选择的分市场，制订和实施相应有效的市场营销计划。

3. 房地产市场细分的标准

房地产市场细分的依据是顾客需求的差异性，而造成顾客差异性的主要变量因素就是市场细分的标准。不同企业所处的市场环境各异，其营销条件与营销目标也各不相同，因此其细分标准具有选择性。细分市场的主要变量包括以下四类：地理变量、人口变量、心理变量和行为变量。以这些变量为依据来细分市场就产生出地理细分、人口细分、心理细分和行为细分四种市场细分的基本形式。如表9-1～表9-4所示。

细分市场（地理细分） 表9-1

细分变量	典型分类
地理区域	东北、华北、西北、华东、华南和华中
城市规模	50000人以下、50000～99999人、100000～249999人、250000～499999人、500000～999999人、1000000～3999999人、4000000人以上
城乡区域	城市、乡镇、农村

细分市场（人口细分） 表9-2

细分变量	典型分类
年龄	25岁以下、26～35岁、36～45岁、45岁以上
性别	男、女
职业	工人、农民、教师、职员、经理人、公务员、家庭主妇、退休者等
家庭规模	2人及以下、3～5人、5人以上
家庭生命周期	单身、新婚(无子女)、满巢期(子女为未独立)、空巢期(子女另住)、孤独期(单身老人)
家庭月收入	高、中、低或是按具体数额进行划分

细分市场（心理细分）　　　　　　　　　　　　　　　　表 9-3

细分变量	典型分类
购买动机	自用、投资、炫耀身份
生活方式	传统型和新潮型、节俭型和奢侈型、保守型和前卫型
性格	冲动型、理智型、进攻型、交际型、独处型
价值观念	进取型、传统型、助人型、温情型、享乐型、创造型

细分市场（行为细分）　　　　　　　　　　　　　　　　表 9-4

细分变量	典型分类
购买时机	一般时机、特殊时机
追求利益	室内设计、工程质量、周围环境、配套设施、价格、交通、增值潜力、物业管理、品牌
使用率	不使用、少量使用、中量使用、大量使用
忠诚度	没有忠诚度、较低忠诚度、中等忠诚度、较高忠诚度、很高忠诚度
购买阶段	不了解、了解、熟知、感兴趣、想买

4. 房地产市场细分的步骤

（1）选择市场范围

在明确企业任务和战略目标的前提下，对市场环境充分调查分析之后，首先从市场需求（顾客的需求和爱好）出发选定一个可能的产品市场范围。毫无疑问，任何市场营销计划的成功，都取决于企业是否善于鉴别顾客的需求，并选择那些为这些需求服务的极其有利的特定产品种类。

（2）列出潜在顾客的基本需求

企业决策者从地理因素、心理因素和购买行为因素等不同方面，估计潜在顾客对产品的基本需求，从而为市场细分提供可靠依据。

（3）分析潜在顾客的不同需求

企业根据人口因素做抽样调查，向不同的潜在顾客了解上述的哪些需求对他们更重要，初步形成几个消费需求相近的细分市场。

（4）排除潜在顾客的共同需求

对初步形成的几个细分市场之间的共同需求加以剔除，以它们之间需求的差异性作为细分市场的基础，筛选出最能发挥企业优势的细分市场。

（5）初步细分市场

为细分市场命名要富于创造性和个性，关键在于抓住潜在购买者的心理。

（6）进一步分析各细分市场的特点

在这一步，企业必须避免创造过多不同种类的产品或没有足够顾客需要的、过分的、毫无意义的产品。

（7）测量各细分市场的规模，估算盈利水平

市场细分使企业与市场更加协调一致，它还促使企业更加有效地利用企业资源，带来

较高的销售额和较高的利润。

5. 房地产市场细分的方法

（1）二因素列表法

房地产企业可选择两个重要因素列表，对市场进行细分。例如，选择房屋档次和消费者的购买力，可列表如表9-5所示。从表9-5中可以清晰地将市场有效细分，每个方框即代表一个细分市场。

（2）主导因素排列法

当一个子市场的选择存在多种影响因素时，可以从购房者的特征中确定占主导地位的因素，然后综合考虑其他因素，有机结合起来形成一个细分市场。当所选的主导因素不同时，细分市场也就产生差异。以住宅市场为例，排列如表9-6所示。

二因素列表法　　　　　　　　　　　　　　　　　　　　　表9-5

档次	高收入	中等收入	低收入
别墅			
高档住宅			
中档住宅			
低档住宅			

主导因素排列法　　　　　　　　　　　　　　　　　　　　表9-6

收入	身份	房型	档次	层高	动机
高收入	归国者	一室户	低档	高层	求名
中等收入	管理人员	二室户	中档	多层	求实
低收入	工薪阶层	三室户	高档	小高层	求便
	机关干部		别墅		求廉
	知识分子				

（3）变量组合法

变量组合法是综合考虑多个变量细分市场。房地产企业变量组合法细分市场将房地产产品、消费者等相关变量列出进行综合分析，细分出房地产企业能够达到的目标市场，变量组合法见表9-7。

变量组合法　　　　　　　　　　　　　　　　　　　　　　表9-7

地理区域	建筑类别	用途	销售方式	付款方式	价格
市中心区域	多层建筑	商业用房	出售	优惠折扣	昂贵
市郊结合部	小高层建筑	写字楼	租赁	分期付款	高
新开发区域	高层建筑	厂房		组合贷款	中等
城镇		住宅			低

续表

年龄	性别	文化	职业	收入	兴趣	利益
25 岁以下	男	大学	学生	高	运动	改善
26～35 岁	女	中学	公务员	中上	艺术	工作
36～45 岁		小学	医生	中	文学	保值
45 岁以上		文盲	农民	低	其他	投资
			个体业主			

房地产市场细分后需要对各个细分市场进行评估。评估过程需要分析细分市场结构的吸引力,包括企业的目标和资源、市场规模、市场成长率、历史毛利率、竞争强度、技术要求及通货膨胀等多种因素,也就是评估细分市场对企业是否有吸引力,细分市场与企业的目标和资源的一致性。

案例:客户细分与市场定位策略

背景:2005 年,某公司以"颠覆、引领、共生"为理念确立了新的十年发展战略,也是该公司由关注产品转向关注客户的开始。该公司将美国著名房地产企业——Pulte Homes 作为自己的学习标杆,始终如一地提供超越期望的客户体验。"对于质量和客户满意度的承诺将证明是我们的竞争优势,并且是驱动我们销售额增长的动力,同时帮助我们提高利润和获取土地资源。"早期该公司按照基本情况、生活形态、房屋价值、房屋需求四个方面对客户进行细分,战略调整后主要按照家庭生命周期、价值观、支付能力三个维度共计 11 个类别对客户进行细分,见表 9-8。

客户细分　　　　　　　　　　　表 9-8

① 5 大类细分人群

特征	社会新锐	望子成龙	健康养老	富贵之家	务实之家
家庭特征	25～34 岁的青年或青年夫妻,无孩子,家庭成员是高学历	有 0～17 岁孩子的家庭	空巢家庭,有老人同住的家庭	家庭高收入,是社会所认同的成功人士	家庭低收入
购房动机	栖息,自己享受	孩子成长,改善住房条件	子女孝敬老人,老人自我享受	社会地位提升,独立功能,跟风	提升:比现在拥有更大的厅、卧室,置业
对房子的态度	自我享受,品味体现,社交娱乐	房屋是孩子成长的地方,也是自己稳定感和归属感的来源	子女照顾老人的地方,让老人安享晚年的地方	社会标签:是我事业成功的标志,可以给我家挣得面子,体现我家社会地位	栖身居住,生活保障

续表

特征	社会新锐	望子成龙	健康养老	富贵之家	务实之家
产品需求	健身娱乐，要求较好的户型，喜欢的建筑风格	与孩子成长相关的文化教育需求和安全需求	看重外部环境，靠近景色优美的风景，小区或周边有大规模的园林和良好绿化	带有社会标签意味的房屋特征明显，周边小区的档次也要很好、拥有高素质的小区居民、有名气的开发商	低的价格，方便的公交路线，附近或小区里有小规模的便利店、商店、超市、医疗机构

② 11小类的客户细分

价值维度	家庭生命周期维度	细分指标	详细描述
社会新锐	青年之家	业主年龄、是否与父母同住	25~44岁青年或青年伴侣
	青年持家		25~34岁或已婚青年+父母
望子成龙	小太阳	孩子年龄、是否与父母同住	0~11岁小孩+业主
	后小太阳		12~17岁小孩+业主
	三代同住		老人+业主+0~17岁孩子
	中年之家	业主和子女年龄	中年夫妇+18~24岁孩子
健康养老	老人1代	有老人家庭的直系代数	空巢中老年
	老人2代		老人+中年夫妻
	老人3代		老人+中年夫妻+18岁以上孩子
富贵之家	富贵之家	家庭年收入	收入(包括教育、职务等资源)远高于其他家庭，可分收藏、投资、商务、终极改善等
经济务实	务实之家	家庭年收入	收入(包括教育、职务等资源)远低于其他家庭

③ 核心产品系列下的客户细分

核心产品系列	特点	目标客户群
城市花园 花园新城	在城市中心区外围，交通条件和产业条件比较好，产品以多层为主，兼有高层和局部低密度联排别墅住宅，规模适中	金领、白领
四季花城	在城市郊区，多在大的发展之中区域(大型居住区或大型开发区)，产品类型多元化，规模较大	向往郊区生活的白领等中产阶级
金色家园	城市核心区或核心边缘，以高密度、高层建筑为主体，产品地位相对集中，户型不大，用地规模偏小	城市白领
自然人文	特殊地块、特别处理	社会成功人士

续表

④ 核心产品的主力客户细分					
城市花园	城郊改善居住环境	三代(孩子)	10%	35~45岁	改善
		后小太阳	20%	40~45岁	改善
		小太阳	30%	35~39岁	改善
		中年之家	5%	45~50岁	空巢
		青年持家	5%	30~35岁	改善

⑤ 不同目标客户群所对应的产品

客户类别	需求特征	选择产品	项目名称	产品共性
首次置业		多层、小高层	四季花城	1. 关注价格、交通、周边配套
		小高层、高层	魅力之城	2. 注重户型布局和小区景观绿化
				3. 需求户型以紧凑两房为主
小太阳家庭	改善居住	多层、小高层、高层	城市花园	1. 对交通状况的关注程度高于对价格的关注，注重户型布局
		小高层、高层	魅力之城	2. 对周边自然环境和教育文化配套较为重视
		高层	金色家园	3. 注重楼型及光照效果、小区绿化等
		小高层、高层	万科城	4. 期望在小区内有安全保障的儿童娱乐设施及一定人文氛围
		小高层、高层	新里程	5. 户型选择倾向于舒适性二房、三房

9.2.2 选择目标市场

目标市场选择与市场细分既有区别又有联系。市场细分就是按照消费者购买欲望和需求的不同，将整个市场分割成若干个子市场的过程，而目标市场的选择则是从细分后的各个子市场中选择一个或几个子市场作为房地产企业营销活动的目标。市场细分是目标市场选择的前提和基础，没有有效的市场细分，就没有科学的目标市场选择；同样，不选择目标市场，市场细分也就失去了实际意义。

1. 房地产目标市场选择的程序

房地产目标市场选择的程序如图9-2所示。

(1) 市场调研及市场细分

在进行目标市场的选择时，首先是要对房地产市场进行充分、深入的调查研究，分析市场中消费者及企业其他竞争对手的具体情况，并在各类细分变数中选择合适的几组细分变数对房地产市场进行细分，为目标市场的选择提供依据。

(2) 细分市场分析与评估

在对房地产市场细分的基础上，为了选择目标市场，开发商需要从有效性和可行性两个方面评估细分市场。

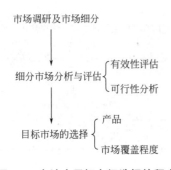

图9-2 房地产目标市场选择的程序

1）有效性评估

包括可度量性分析、可区分性分析和可界定性分析。可度量性分析即根据消费者需求与消费行为特征，初步划分细分市场群体后，对市场需求与市场潜力进行定量分析，使选择的目标市场确实可靠；可区分性分析即因为房地产市场的细分必须使不同的细分市场之间有一定的差异，才能应用相应的目标市场决策；可界定性分析即大致测定各个细分市场的现实（或潜在）购买力和市场规模大小。

2）可行性分析

根据房地产细分市场的规模及增长率，开发商收集、调查并分析目前各细分市场的销售情况，从中找出销售增长率及预期的边际利润，再甄选出具备适当规模和增长特性的细分市场，其中适当规模增长是关键。房地产细分市场的结构吸引力，指开发商需先观察几个长期影响细分市场吸引力的因素，衡量成本与效益。房地产企业的目标及实力，指即使某房地产细分市场规模及结构吸引力都令人满意，企业仍需优先考虑其自身的目标及实力与细分市场的关系。

（3）目标市场的选择

目标市场按照市场所拥有产品和市场覆盖程度可以分为以下五类，如图 9-3（a）～图 9-3（e）所示。

图 9-3（a）是密集单一市场。实行密集单一市场策略的通常是资源有限的小型房地产企业，或是初次进入新市场的大型房地产企业。企业可以扬长避短，发挥优势；集中使用有限的资源，充分发挥资源优势；节省各种费用开支；提高房地产企业及其产品知名度。但是，企业会有较大的潜在风险。图 9-3（b）是产品专业化。对房地产企业的资源要求较低，能降低开发商的开发成本，增加利润，但是风险较大。图 9-3（c）是市场专业化。图 9-3（d）是选择性专业化。图 9-3（e）是完全市场覆盖。一般只有实力雄厚的大公司才会采用这种策略。

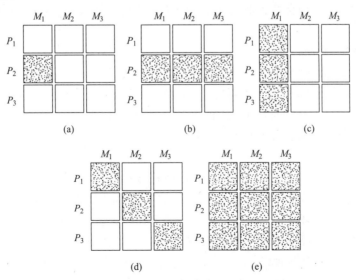

P 表示不同种类的产品；M 表示细分的市场

图 9-3　不同目标市场

2. 房地产目标市场决策

目标市场决策是企业究竟选择哪些细分市场作为目标市场，一般有三种策略可供选择，即市场整体化策略、市场细分化策略、市场密集型策略。房地产目标市场决策如图9-4所示。

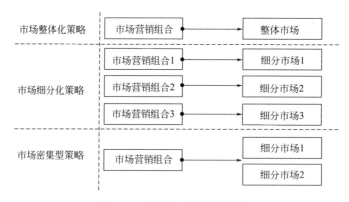

图 9-4 房地产目标市场决策

（1）市场整体化策略

又称为市场无差别策略，是以市场整体为服务对象，以一种产品、一种市场组合策略供应所有的顾客。市场整体化策略建立在市场所有顾客对新产品的需求大致相同的基础上。其产品类型单一，易于实行大批量生产，提高生产效率，同时有助于争创名牌，提高产品声誉，而且营销费用较低。但是这种策略的经营风险大，消费者满足度低。

（2）市场细分化策略

又称为市场差别策略，是根据消费者需要与消费行为的差异性，将某种产品的整体市场划分为若干分市场，企业从中选择一个或几个分市场作为经营对象。市场细分化策略能满足各类顾客的需要，但会使企业增加生产成本与市场营销费用，如果经营不当，容易降低经营效益。

（3）市场密集型策略

又称为集中市场营销策略。它是企业根据自身条件，以一个或少数细分市场为经营对象，采取集中的市场营销策略，为目标市场的顾客服务。市场密集型策略实行专业化经营，提高了投资收益率，在采取强有力的市场营销措施后，可以提高市场占有率。但是如果市场环境发生变化，则会给企业带来风险。

3. 市场规模的确定

市场规模，即市场容量，是在不考虑产品价格或供应商策略的前提下，市场在一定时期内能够吸纳某种产品或劳务的单位数量。从消费者的角度出发，市场规模就是特定商品的购买者数量。评估市场规模的大小还需要考虑潜在购买者的影响。潜在购买者一般具有三个特点：兴趣（对产品有潜在兴趣的人数）、收入（潜在消费者是否有足够的收入）与途径（途径的限制使市场规模缩小）。

市场规模确定的三个层次：一是总体市场容量，根据历年城市房地产销售量预测明年需求量或依据分类需求预测法，进行加权统计分析预测城市未来市场容量；二是区域市场容量，根据历年比例分析法（近几年该区域商品房销售量所占城市总销量的比例走势预测）或问卷比例分析法（通过问卷调查了解居民选择去该区域购房的倾向比例），进行加权统计分析预测区域未来市场容量；三是本案市场容量，通过供需对比，确定本案未来的推盘体量和本案未来销售基本底线。

4. 竞争对手分析

竞争无处不在。对于企业来说，竞争通常就是对顾客的争夺。因此，了解竞争者对有效营销的计划是非常关键的。一个公司必须经常将它的产品、价格、渠道和促销与相接近的对手进行比较。房地产企业必须了解的有关竞争者的5件事情是：

谁是我们的竞争者？他们的战略是什么？他们的目标是什么？他们的优势与劣势是什么？他们的反应模式是什么？

（1）市场竞争的层次

市场竞争的层次回答了"谁是我们的竞争者？"市场竞争一般包括以下四个层次：

1）品牌竞争

指能满足购买者某种愿望的同种产品的各种品牌之间的竞争。即指产品种类、规格、型号等均相同，但品牌不同的竞争者。例如，宝马和奔驰之间的竞争就是品牌竞争。

2）产品形式竞争

指能满足购买者某种愿望的各种产品不同型号之间的竞争，即指生产同种产品，但提供不同规格、型号、款式满足相同需求的竞争者之间的竞争，企业应重点考虑这一层次的竞争对手。例如，不同型号、款式的汽车之间的竞争就是产品形式竞争。

3）一般竞争

指能满足购买者某种愿望的各种方法之间的竞争，即提供能够满足同一种需求的不同产品的竞争者之间的竞争。例如，自行车、摩托车、小轿车（满足家庭交通）之间的竞争就是一般竞争。

4）愿望竞争

指消费者想要满足的各种目前愿望之间的竞争，即提供不同产品以满足不同需求的竞争者之间的竞争。例如，电视机制造商与生产冰箱、洗衣机、地毯等不同产品的厂家之间的竞争就是愿望竞争。

（2）竞争者目标分析

最初经营者推测，所有的竞争者都追求利润最大化，并以此为出发点采取各种行动。有些竞争者更趋向于获得"满意"的利润而不是"最大利润"。在利润目标的背后，竞争者的目标是一系列目标的组合，对这些目标竞争者各有侧重。了解了竞争者的目标组合，房地产企业就可以了解竞争者对目前的财力状况满意与否、对各种类型的竞争性攻击会作出什么样的反应等。

（3）竞争者的优势与劣势评估

各种竞争者能否执行他们的战略和达到其目标，这取决于每个竞争者的资源和能力。公司需要辨认每个竞争者的优势与劣势。第一步，公司应收集每个竞争者业务上最近的关键数据，包括：销量、市场份额、毛利、投资回报率、现金流量、新投资、设备能力利用等。第二步，一般情况下，每个公司在分析它的竞争者时，必须监视三个变量，即市场份额、心理份额、情感份额。

（4）竞争者的反应模式评估

竞争者的反应模式有四种，即从容型竞争者、选择型竞争者、凶狠型竞争者、随机型竞争者。

1) 从容型竞争者。表示一个竞争者对某一特定竞争者的行动没有迅速反应或反应不强烈。竞争者缺少反应的主要原因包括：①认为顾客是忠于他们的；②对竞争者主动行动的反应迟钝，因此没有反应。竞争者从容不迫行为背后的深意往往涉及之后竞争者之间的市场格局。

2) 选择型竞争者。表示竞争者可能只对某些类型的攻击作出反应，而对其他类型的攻击则无动于衷。竞争者可能经常对降价作出反应，为了说明对手的降价行为是枉费心机的，奈何他不得。但竞争者对广告费用的增加可能不作任何反应，认为这些并不构成威胁。了解主要竞争对手会在哪方面作出反应，可为公司提供最为可行的攻击类型。

3) 凶狠型竞争者。表示这类公司对向其所拥有的领域发动的任何进攻都会作出迅速而强烈的反应。凶狠型竞争者意在向另外一家公司表明，最好不要发起任何攻击。

4) 随机型竞争者。表示某些竞争者并不表露可以预知的反应模式。这一类型的竞争者在任何特定情况下可能会、也可能不会作出反击，而且根据其经济、历史或其他方面的情况，都无法预见竞争者会做什么事。许多小公司都是随机型竞争者，当他们发现能承受这种竞争时，就站在前沿竞争；而当竞争成本太高时，他们就躲到后面去。

9.3 房地产产品定价

价格是市场营销组合因素中十分敏感而又难以被控制的因素。对房地产开发商来说，价格直接关系到市场对其所开发产品的接受程度，影响着市场需求和企业利润，涉及开发商、投资者或使用者及中介公司等各方的利益。随着房地产市场的发展和完善，价格竞争越来越激烈，掌握科学的房地产定价方法，灵活运用定价策略，确保预期利润和其他目标的实现，是房地产开发经营的核心之一。

9.3.1 定价策略

1. 低开高走定价策略

低开高走定价策略指根据项目的施工进度和销售进展情况，每到一个调价时点，按预先确定的幅度有计划地调高一次售价。这种定价策略是房地产产品发售时较常见的定价策略，多用于中低档项目的期房销售，尤其适用于宏观经济转好阶段或人气较旺的待售楼盘。

低开高走策略可以根据工程形象进度调整价格，也就是按照项目开工、项目开盘和项目主体结构封顶等阶段来确定调价的时机。也可以根据销售进度调整价格，例如2000年南京河西的著名楼盘"典雅居"在销售过程中，开发商就利用"每月铁定上调1%"的方式来吸引客户，达到快速成交的意图，最终的销售均价比开盘价格提高了28%以上。开发项目的销售周期会随着开发产品的不同而存在差异，故还可以根据销售周期灵活调整价格。一般来说，对于总销售周期为一年左右的项目，销售期达两个月左右时即有调价的必要，同时调价的时机也可结合销售率来确定，当销售率达到20%时即可调价。若销售仅在三四周时间即达到30%的销售率，此时就有了调价的必要；若三成的销售率经过很长的时间才达到，此时调价危险性较高。

低开高走策略的主要优点：能促进快速成交、加速资金周转、形成良性循环；能够树立房地产增值的印象，给前期购房者足够的信心，并通过其口碑传播，能进一步形成人气，刺激购买欲。

低开高走策略的主要缺点在于：低于市场行情的售价往往首期利润不高，有的甚至没有利润，开发商因此将主要利润的获取寄希望于后续调价；高价位不一定代表高品质，但高品质是需要高价位来支撑的，较低的开盘价格使得楼盘形象难以提升；低价开盘只能作为局部的促销活动，不能作为企业的长久策略，否则必然会影响楼盘的档次定位和实际运作。

2. 高开低走定价策略

高开低走定价策略是指开发商在楼盘上市初期，以高价开盘销售，迅速从市场上获取丰厚的利润，力求尽快回笼资金，然后逐步降价。

高开低走定价策略的主要优点：在项目初期便于获取最大的利润；开盘价格水平定位较高，便于展示楼盘的品质和口碑，创造企业无形资产；由于价格是先高后低，或者定价高折扣大，后期的消费者会感到一定的实惠。

高开低走定价策略的主要缺点在于：后期价格直接调控的余地少；若价位偏离当地主流价位，则资金周转相对缓慢；由于价格较高，难以聚集人气，难以形成"抢购风"，楼盘营销有一定的风险。

高开低走定价策略一般适用于以下两种情况：第一是一些高档商品房，市场竞争趋于平缓，开发商在以高价开盘取得成功，基本完成了预期的营销目标后，希望通过降价将剩余部分迅速售出，以回笼资金；第二是楼盘或小区销售处于宏观经济周期的衰退阶段，或者由于竞争过度，高价开盘并未达到预期效果，开发商不得不调低售价，以推动市场吸纳物业，尽早收回投资。例如，2008年，上海御翠豪庭在年初售出的128套房源，均价高达44734元/m^2，到当年6月推出新房源，成交的162套房源均价仅为33806元/m^2。不到半年时间，新房源成交均价下跌了10928元/m^2。

低开高走策略与高开低走策略的比较，见表9-9。

低开高走策略与高开低走策略的比较   表9-9

价格走势	低开高走	高开低走
物业品牌	影响物业档次	展示物业形象
卖场人气	旺	一般
升值空间	先大后小	先小后大
开发商品牌	较易建立	较难建立
销售速度	快	慢

3. 稳定价格策略

稳定价格策略是指在整个营销期间，楼盘的售价始终保持相对稳定的状态，既不采用大幅度提价，也不采用大幅度降价，一般适用于房地产市场比较成熟稳定的区域，也适用于销售量较小的开发项目或短期销售。

4. 波浪螺旋策略

平稳推进的调价策略是一种较为理想的调价策略,然而在现实中很难维系。实践证明,很多项目因为位置、景观、交通等因素的影响而有较大差距,而且市场状况的好与坏在很多的情况下也是很难判断的。所以在房地产项目素质一般,规模较大,而市场发展趋势不是很明朗的情况下,多数项目采取的是波浪螺旋的调价策略。这种调价方式是根据房地产市场周期波动,使调整的价格与市场周期波动形成同步的策略,调价周期以房地产市场周期、项目的销售速度和最终利润的回收作为判断标准。

9.3.2 定价方法

房地产产品定价有三类基本方法,即成本导向定价法、购买者需求导向定价法和竞争导向定价法。

1. 成本导向定价法

(1) 成本加成定价法

指开发商按照所开发产品的单位面积成本加上一定百分比的加成(即利润率)来制定房地产的销售价格,用公式表示就是:

$$单价 = 单位面积成本价 \times (1 + 利润率)$$
$$单位面积成本 = 开发项目全部成本 / 销售面积$$

其中,开发项目全部成本包括开发成本和经营过程中的支出与税收,利润率则由房地产投资的风险和整个行业的平均利润综合测算确定。

例如,2006 年 7 月,某集团项目就采用了成本定价的方法。该项目的 10 项成本中,建筑安装成本最高,达到 1170 元/m^2,占总成本的 36.7%;其次是土地费,903.7 元/m^2,占总成本的 28.4%;此外还有设施设备、管网道路、装饰装修、环境绿化、勘察设计监理、各项行业规费、管理费以及税费共 10 项。10 项成本总和为建筑面积 3036 元/m^2,换算成套内面积价格为 3583 元/m^2。8 月 12 日该项目开盘,其在套内面积价格为 3600 元/m^2。

(2) 目标利润定价法

是根据房地产企业的总成本和计划的总销售量,再加上按投资收益率确定的目标利润额来定价的方法,用公式表示为:

$$单价 = (总成本 + 目标利润 + 税金) / 预计销售面积$$
$$目标利润 = 投资总额 \times (1 + 投资收益率)$$

上式中,投资收益率的确定是成本定价方法的关键,其下限是同期银行存款利率,具体取值由企业根据具体情况而定。

目标利润定价法的优点是可以较好地帮助企业实现其投资回收计划。缺点是价格较难把握,尤其是对总成本和销售量的预测要求较高,预测不准会使得制定的售价不合理,直接影响企业销售目标的实现。

2. 购买者需求导向定价法

(1) 认知价值定价法

是房地产商根据购买者对物业的认知价值来制定价格的一种方法。用这种方法定价的房地产商认为定价的关键是顾客对物业价值的认知,而不是生产者或销售者的成本。该方法利用市场营销组合中的非价格变量,在购买者心目中确立认知价值,并要求所制定的价格必须符合认知价值。

(2) 价值定价法

该方法确定的价格对于消费者来说，代表着"较低（相同）的价格，相同（更高）的质量"，即"物美价廉"。价值定价法不仅是制定的产品价格比竞争对手低，而且是对公司整体经营的重新设计，营造公司接近大众、关怀民生的良好形象，同时也能使公司成为真正的低成本开发商，做到薄利多销或中利多销。

例如，2009年4月，重庆某楼盘首次开盘，推出2号楼，共187套房源。2号楼为32层的高层，位于小区东北方向，2梯6户，全为毛坯房，仅顶层有两套跃层，其余均为平层。该楼盘本次开盘采取了拍卖定价的方式销售房源，分别从6个户型中各抽取1套房源进行拍卖，以建筑面积2009元/m^2作为起拍价，6套房源的拍卖平均价格，作为该楼盘的定价标准。经过拍卖，最高的一套，建筑面积价格达到了3100元/m^2，折算成套内面积价格为3677元/m^2；最低的一套，建筑面积价格也达到了2900元/m^2，折算成套内面积价格为3440元/m^2。但最终开盘价公布：最低价建筑面积2169元/m^2，最高价建筑面积2924元/m^2，均价在建筑面积2500～2600元/m^2。而价格达到3100元/m^2的房源，标价只有2539元/m^2。

3. 竞争导向定价法

与其他行业相比，房地产市场由于其异质性，使得房地产商有较大的自由度决定其产品价格，而购买者对价格差异也不是十分敏感。在激烈的市场竞争中，公司必须明确自身在整个行业中的位置，或充当市场领导者、或充当市场挑战者、或充当市场跟随者、或充当市场补缺者。相应地，公司在定价方面也要尽量与其整体市场营销策略相应，或充当高价角色、或充当中价角色、或充当低价角色，以应付价格竞争。

(1) 领导定价法

领导定价法实际上是一种定价策略，通常情况下，如果某公司在房地产业或同类物业开发中，实力雄厚，声望极佳，居于龙头老大地位，就具备了采用领导定价的条件，进而能够使其产品价格在同类物业中居于较高的价位。具体方法是：将本企业房地产商品的区位、质量、配套、套型、设计、建筑面积等与竞争对手相比较，分析造成差异的原因，判断竞争对手价格变化趋势，根据企业定价目标进行定价，始终抓住定价主动权，树立市场价格标杆。

(2) 挑战定价法

当物业质量与市场领导者的物业质量相近时，如果定价比市场领导价稍低或低得较多，则认为该开发商采用了挑战定价法。如果公司资金实力雄厚或产品的成本较低，具有向市场领导者挑战的实力，则房地产商可以采用挑战定价法。这种方法虽然利润较低，但可以扩大市场份额、提高声望，争取成为市场领导者。

(3) 随行就市定价法

采用随行就市定价法，公司在很大程度上就是以竞争对手的价格为定价基础的，而不太注重自身产品的成本或需求。一般在以下情况下采用这种定价方法：难以估算成本的项目；公司打算与同行和平共处；如果另行定价，很难了解购买者和竞争者对本公司产品价格的反应。应该注意的是：这种企业遇到市场价格急剧变动时，应均衡考虑企业实力、企业形象、未来市场占有率等因素，慎重决定其是否全部追随降价、部分追随降价或暂且不做动作。

9.3.3 房地产价格策略

1. 折扣定价策略

折扣定价策略是指房地产开发企业先为其产品确定一个正式价格,然后以此为基础进行适当减让,以吸引消费者购买的定价策略。主要包括以下几种类型。

(1) 期房折扣。习惯上把在建的、尚未完成的、不能交付使用的房屋称为期房,买期房在我国南方的某些城市地区被称为买"楼花",这是当前房地产开发商普遍采用的一种房屋销售方式。购买期房也就是购房者购买尚处于建造之中的房地产产品,其价格比现房的定价要低。

(2) 现金折扣。购买者如能及时付现或提早付现,公司则给予现金折扣。房地产销售中一次性付款可以给予优惠就是这种策略的具体表现。这种策略可增加买方在付款方式上选择的灵活性,同时卖方可降低发生呆账的风险。

(3) 数量折扣。顾客大量购买时,则给予价格上的优惠。这是公司薄利多销原则的体现,同时可以缩短销售周期,降低投资利息和经营成本,及早收回投资。但房屋价格高、金额巨大,而且每人所需有限,公司不可能以鼓励大量购买然后给予折扣的形式来销售,因此,这里的"数量"则需要慎重确定。更多数量甚至整幢大楼的购买虽然不多见(有时会出现机构购买的情况),一旦出现,购房者通常可以通过谈判获得更高的折扣。

(4) 功能折扣。中间商在产品分销过程中所处的环节不同,其所承担的功能、责任和风险也不同,企业据此给予不同的折扣称为功能折扣。

(5) 季节折扣。房地产产品的生产是连续的,而其消费却具有一定的季节性。为了调节供需矛盾,房地产生产企业可采用季节折扣的方式,对在淡季购买商品的顾客给予一定的优惠,使企业的生产和销售在一年四季能保持相对稳定。

(6) 价格折让(促销减价形式)。价格折让就是根据价目表给顾客以价格折扣的另一种类型,是减价的一种形式。例如,新产品试销折让,如商品标价 115 元,去掉零头,减价 5 元,顾客只付 110 元。

2. 心理定价策略

心理定价策略,是针对顾客心理而采用的一类定价策略。

(1) 声望定价。声望定价即针对消费者"便宜无好货、价高质必优"的心理,对在消费者心目中享有一定声望、具有较高信誉的产品制定高价。不少高级名牌产品和稀缺产品,如豪华轿车、高档手表、名牌时装、名人字画、珠宝古董等,在消费者心目中享有极高的声望值。购买这些产品的人,往往不在乎产品价格,而最关心的是产品能否显示其身份和地位,价格越高,心理满足的程度也就越大。

(2) 尾数定价。也称零头定价或缺额定价,即给产品定一个零头数结尾的非整数价格。大多数消费者在购买产品时,尤其是购买一般的日用消费品时,乐于接受尾数价格,如 0.99 元、9.98 元等。消费者会认为这种价格经过精确计算,购买不会吃亏,从而产生信任感。同时,价格虽离整数仅相差几分或几角钱,但给人少一位数的感觉,符合消费者求廉的心理愿望。这种定价策略通常适用于基本生活用品。

(3) 吉祥数字定价。吉祥数字定价是指企业根据不同消费者的偏好,以一些吉祥数字作为产品的价格,以吸引顾客、扩大销售的一种定价策略。

(4) 招徕定价。这是适应消费者"求廉"的心理,将产品价格定得低于一般市价,个别的甚至低于成本，以吸引顾客、扩大销售的一种定价策略。采用这种策略，虽然几种低价产品不赚钱，甚至亏本，但从总的经济效益看，由于低价产品带动了其他产品的销售，企业还是有利可图的。

3. 差别定价策略

所谓差别定价，也叫价格歧视，就是企业按照两种或两种以上不反映成本费用的比例差异价格来销售某种产品或劳务。

(1) 顾客差别定价。即企业按照不同的价格把同一种产品或劳务卖给不同的顾客。例如，某房地产开发商按照目标价格把某种户型房子卖给顾客 A，同时按照较低价格把同一种户型房子卖给顾客 B。这种价格歧视表明：顾客的需求强度和商品知识有所不同。

(2) 形式差别定价。即企业对不同型号或形式的产品分别制定不同的价格，但是不同型号或形式产品价格之间的差额和成本费用之间的差额并不成比例。

(3) 形象差别定价。形象差别定价是指企业根据不同的形象，给同一种产品定出两个不同的价格。

(4) 位置差别定价。即企业对于处在不同位置的产品或服务分别制定不同的价格，即使这些产品或服务的成本费用没有任何差异。例如剧院，虽然不同座位的成本费用都一样，但是不同座位的票价有所不同，这是因为人们对剧院的不同座位的偏好有所不同。

(5) 时间差别定价。即企业对于不同季节、不同时期、不同钟点的产品或服务分别制定不同的价格。

9.3.4　价格制定的程序

价格制定的程序一般包括 6 个步骤：确定定价目标、测算开发经营成本、估测目标市场需求、分析竞争者、选择定价方法并进行测算、确定销售价格。

(1) 确定定价目标。定价目标是企业预期通过价格策略所应达到的目的，服从和服务于企业的市场营销战略目标，直接影响定价方法的选择及价格策略的确定。如果房地产企业在市场竞争中处于劣势地位，希望通过扩大市场占有率，从而扭转在市场格局的不利局面，企业可以选择低价策略。

(2) 测算开发经营成本。由生产费用理论可知，企业的必须费用得到补偿是定价的前提，测算开发与经营成本的目的就是为房地产企业定价提供费用数据。考虑房地产营销的特点，如果直接将测算出的费用数据作为房地产价格，其结果往往偏于保守，所以一般将测算出的开发经营成本数据作为制定价格的下限。

(3) 估测目标市场需求。估测目标市场的需求主要是估测目标消费者的数量、支付能力、对一定价格区间的承受力等。由于没有考虑竞争项目的影响，测算出的消费者数量和消费者愿意承受的价格水平会过于乐观，因此企业会以本阶段的分析结论作为调整依据和制定价格的上限。

(4) 分析竞争者。房地产市场是一个垄断竞争的市场，企业在定价时不仅要考虑产品之间的替代性，还要考虑竞争者的营销策略。分析竞争者，就是要调查和分析竞争者提供的产品和服务、竞争者的价格策略及其变动、反应及促销手段等。房地产企业在已经确定的上下限价格水平之间，需要根据竞争者的情况制定合理的价格。

(5) 选择定价方法并进行测算。可供选择的定价方法主要有 3 类，即成本导向定价法、需求导向定价法和竞争导向定价法。每种定价方法的依据不同，分别适用于不同的环境和定价目标。房地产企业应根据企业的目标和所处的环境来选择适宜的定价方法,初步测算出销售价格。

(6) 确定销售价格。房地产企业需要对初步测算出的价格进行综合权衡和审核,考察其是否符合国家的方针政策和法律法规,是否符合企业的经营战略和定价目标,是否与其他营销策略协调一致,是否符合消费者的利益等。

9.4 房地产营销渠道

9.4.1 营销渠道的内涵

产品出售或分销的方式可以对品牌资产和最终的成功销售产生深刻的影响,这种方式的表现形式便是营销渠道。所谓营销渠道,是指产品生产者直接或间接向最后消费者或产业用户转移所有权所经过的途径。从经济的观点出发,营销渠道的基本职能在于把产品从生产者转移到消费者所必须完成的工作加以组织,以消除生产者与使用者之间的距离。

渠道按其作用主体可以分为直接渠道和间接渠道。直接渠道是指通过个人联系以信件、电话、电子手段、交流往来等方式将产品出售给潜在的客户。间接渠道是指通过第三方中间人(如代理或经纪人代表、批发商或分销商、零售商)出售产品。通过表9-10可以看出直接渠道和间接渠道所适合的场合是不同的。

直接渠道和间接渠道所适合的场合　　　　表 9-10

直接渠道比较可行的场合	间接渠道比较可行的场合
1. 对产品信息的需求高 2. 对产品顾客化的要求高 3. 采购的批量大小很重要 4. 物流很重要	1. 产品门类众多 2. 产品的易获性好 3. 重视售后服务

资料来源:王慧灵. 房地产品牌建设中的4P策略分析 [J]. 商场现代化, 2006 (11).

9.4.2 房地产营销的营销渠道

1. 房地产直接销售

房地产直接销售是房地产企业直接面对消费者进行销售,而不通过任何中间环节的销售渠道,简称直销。房地产直接销售的主要形式有以下3种:

(1) 订购销售。订购销售是指由房地产企业同消费者签订购房合同,按合同的约定提供商品房、收取款项的形式,如商品房的代建、商品房的预售等都属于这种形式。

(2) 自设机构或部门销售。自设机构或部门销售是房地产企业采用较多的一种直销形式,即由房地产企业设立自己的销售机构或部门,专门负责销售本企业开发的商品房。随着自身实力和营销能力的增强,这些自设机构和部门也开始销售其他房地产企业开发的商品房,成为中间商或代理中间商。

(3) 推销员推销。推销员推销是指由房地产企业派出推销员或通过电话访问等方式,直接向消费者推销商品房,现在这种形式已越来越少。

房地产直接销售的优点是企业能够了解市场,降低费用,加强推销,控制价格,提供优质服务。缺点是对房地产企业的开发和营销能力要求较高，不利于企业扩大经营规模；分散了房地产企业的人力、物力和财力，不符合社会分工发展的需要，相应地也增加了企业的经营费用；不利于房地产企业分散经营风险，一旦市场发生变化，企业必须独自承担全部风险和损失。

在我国房地产业发展的初期，房地产市场处于卖方市场，相关的中介服务业务缺乏发展的空间，直接销售是企业主要的销售渠道，绝大多数房地产企业都设有自己的销售机构或部门。在房地产市场发育比较成熟、市场运行机制比较健全的情况下，直接销售形式所占的比重不大。

2. 房地产间接销售

房地产间接销售是房地产企业通过房地产中间商向消费者销售开发的房地产产品，而自己并不承担销售业务的销售方式。房地产间接销售的主要渠道有以下两类：

（1）房地产中间商或经销商。房地产经销商是指拥有房地产商品所有权和处置权的中间商。我国房地产企业多是从原来承担房地产行政管理职能或其他行政部门分化出来，也有从其他行业的大企业衍生出来的，逐渐形成了目前业务比较独立的房地产企业。随着房地产市场的日益完善，房地产经销商已经从原来的兼营性转变成以房地产业务为主，甚至专营房地产业务，同时从原来的批发和零售兼具的方式转变成以零售为主。房地产经销商的出现和发展体现了房地产经营业务分工的发展，有力地弥补了房地产开发企业经营能力不足的缺陷，有助于降低房地产开发企业的经营费用，分担了房地产开发企业的市场风险。在房地产市场竞争加剧的情况下，房地产经销商的作用越来越突出和重要。

（2）房地产代理商。房地产代理商又称房地产中介，是指接受房地产企业或房地产经销商的委托，从事销售业务，但不拥有房地产商品所有权的中间商。传统的房地产中介主要是通过传递信息或居间介绍，等到交易达成后收取佣金。现代的房地产中介在服务的技术和内容上则有了很大的发展，具有较高的专业技术含量，其职能主要表现为：通过市场调查和分析，协助房地产开发企业或业主进行准确定位；通过市场促销活动，引导需求者；为置业人士提供购楼程序上的服务；协助交易双方进行融资计划和安排，为交易双方提供信息服务并且改善市场运行效率。

房地产代理商可以采取多种服务形式，既可以采取联合代理，也可以采取独家代理，既可以采取单一方代理（买方代理或卖方代理），也可以采取双重代理。另外，还可以由一家代理商担任首席代理，然后首席代理再去委托分代理。但无论采取何种具体的形式，如果房地产企业需要将销售任务委托给代理商，就必须尽早确定代理商及其代理的方式，以便让代理商更快地介入房地产开发项目，发挥代理商的专业特长，尽可能地降低项目开发经营的不确定性。

9.4.3 房地产营销渠道的选择

1. 选择的主要因素

（1）商品房因素。对于不同类型的商品房，要有针对性地选择营销渠道。对于普通居民住宅，由于面向一般收入居民，消费对象地域分布相对集中，可以采取直销方式；对于别墅住宅，由于主要是面向中高收入者，消费对象地域分布分散，宜采取非直销方式。

（2）市场因素。根据市场面的大小和客户数量的多少来选择营销方式。通过对客户的购买数量、客户的购买能力、客户对商品房使用功能的要求、市场竞争对手的营销渠道以及中介组织（经纪人）等方面的了解，确定目标产品的市场面，并据此选择营销方式。

（3）企业本身的因素。综合考虑包括企业的经营能力、管理能力、销售经营与推销技巧，以及企业可能提供的服务、企业的声誉和企业的发展策略等因素。

（4）国家政策、法令因素。国家的政策、法令等规范着房地产企业活动的全过程，对企业的整个开发经营活动的进行与成效都有着决定性的作用。

2. 选择的策略

在具体选择房地产的销售渠道时，主要应考虑以下几种情况：

（1）直接渠道和间接渠道。直接渠道是实现产销一体化的主要方式，选择这种方式的主要优点：便于了解客户的心理需求；便于控制价格，有较大的主动性和灵活性。主要缺点：房地产企业采用直接渠道可能牵扯太多的人力、物力。一般来讲，在销售市场中，当房地产销售范围小、销售价成本价相差大、企业有自己的营销队伍、营销经验丰富及财力雄厚时，可以采取直销的方式。否则，还是以间接销售为好。

（2）短渠道和长渠道。只经过一个中间商的销售渠道称为短渠道，经过两个或两个以上中间商的商品销售渠道称为长渠道，无论是短渠道还是长渠道均为间接渠道。一般情况下，应尽量减少中间环节，以利于节省商品流通费用及交易成本。

（3）宽渠道和窄渠道。销售渠道的宽窄是指在一个时期内有多少中间商为生产者销售某种产品，经手的销售商多，渠道就宽；反之，渠道就窄。通常，商品房数量大、市场面广、可广泛推销，可以选择多家中间商进行销售。某些高档商品房、特别的（独特风格）商品房，宜选择一家中间商经销。实际中，具体情况要具体分析，同时，多种渠道可搭配、组合使用。

9.5 房地产促销策略

9.5.1 房地产人员推销策略

房地产人员推销是房地产企业的销售人员直接与消费者接触，通过交谈来帮助和说服消费者，促成交易，扩大销售的过程。推销人员可以采取在售楼部与客户面对面直接交谈的现场推销方式，也可以采取电话询问、上门访谈的访问推销形式。

房地产产品的特性和交易的复杂性，决定了人员推销在房地产销售中具有不可替代的作用。在访问推销或现场推销中，推销人员在企业和消费者之间起着纽带性作用：一方面，销售人员是企业的象征，向消费者传递信息，并针对具体顾客展开推销；另一方面，销售人员可以归纳消费者的反馈信息，为企业制订营销策略提供依据。在这种长期的接触和沟通中，可以使买卖双方建立感情，增进了解，加强企业与消费者的联系，让消费者产生信任感，推动消费者采取购买行动。在实践中，人员推销是效果很好、花费很大的一种促销形式。推销人员在与消费者直接对话的过程中达到了传递信息、促销产品的目的，这要求推销人员不但素质要高，其行为举止也应规范。房地产企业不但重视对推销人员的选拔、培训和管理工作，对推销人员的工作程序也有严格的规定。一般来说，推销人员的工作程序有以下五步：

1. 寻找顾客

寻找客户是房地产销售人员工作的起点，销售人员只有不断寻找客户，然后通过资格审查，筛选出有诚意的准客户，才有接近客户并传达信息，直至达成交易的可能。在巩固老客户的同时，必须积极寻找新客户，寻找顾客是销售人员的经常性工作。

2. 接近前的准备

在正式与客户接触之前，为了提高成交率和推销工作的效率，销售人员应做好充分的准备，如待见客户的购买特征、可能出现的问题、推销材料等。此外，还应该就约见的时间、地点等事项与客户达成一致。

3. 接近顾客

接近客户是为了尽快地转入推销洽谈，因此，销售人员应引起客户的注意，激发客户对产品的兴趣，并给客户留下良好的第一印象。常见的接近技巧有产品接近法、利益接近法、问题接近法、馈赠接近法等。

4. 推销洽谈

推销洽谈是销售人员与客户面谈的过程，是整个推销的核心环节。销售人员应将产品的特色与客户的实际需求结合起来，在向客户传递产品信息的同时，根据客户的情绪随机应变来消除客户的顾虑，强化客户的购买欲望，直至达成交易。当然，在交流的过程中，难免会出现来自客户的各种异议，如价格异议、质量异议、服务异议等，销售人员应视其为客户的必然反应，冷静应对，弄清异议产生的原因，对症下药。

5. 成交、跟进和维护客户

当客户就产品和服务表示认可时，销售人员应抓住机会达成最终交易，并做好协议签订后的服务工作，如按揭贷款、房屋产权证的办理等。良好的售后服务是与客户建立信任的必要条件，有助于稳定老客户，争取新客户。

9.5.2 房地产广告策略

房地产广告是由房地产企业出资，通过媒体将企业的形象以及产品和服务的相关信息进行公开宣传，达到影响消费者行为、提高企业知名度、促进产品销售的目的。由于媒体能够巧妙地利用文字、图像、声音和色彩等手段，大量地复制信息，以非人格性的形式在广泛的范围里进行传播，因此广告是房地产营销策略中最有效的促销手段之一，房地产企业可以通过广告迅速扩大企业和产品在市场中的影响。据调查，60.2%的居民是通过报纸获取房地产信息，34.1%的居民经常注意户外广告。随着互联网的发展和普及，关注互联网传媒广告及相关信息的人会越来越多。

1. 广告策略遵循的原则

开发商在进行广告策划时，应遵循以下原则：

（1）时代性。广告策划观念应具有超前意识，并且符合社会变革和人们居住需求变化的需要。当前住宅建设模式强调的住宅空间的开放型、智能型、社交型、郊区幽雅型等概念，都是现代人的住房消费观念，是房地产广告策划应捕捉到并能恰当体现出来的。

（2）创新性。广告策划富有创意，能够塑造楼盘的独特风格，体现"把握特色，创造特色，发挥特色"的策划技巧。地段牌、绿化牌、房型牌、物业管理牌、人文牌、教育牌被称为房地产广告的"六张牌"，要根据物业的特点以及市场状况打好一张或多张牌，创造好的市场效果。

(3) 实用性。广告策划应符合营销战略的总体要求，符合房地产市场和开发商的实际情况，具有成本低、见效快和易操作的特点。

(4) 阶段性。策划围绕房地产营销的全过程有计划、有步骤地展开，并保持广告的相对稳定性、连续性和一贯性。

(5) 全局性。广告、销售促进、人员推销和宣传推广是开发商促销组合的四种手段，广告策划需要兼顾全局，考虑四种方法的综合效果。

2. 广告策略的决策程序

为了充分发挥广告的功效，房地产企业在广告策略的运用中应遵循如下的决策程序。

(1) 制定广告目标

广告目标是指房地产企业通过广告活动所要求达到的目的，或者目标市场接触广告后给出的反应。广告有多种类型，具有各不相同的作用、性质和诉求对象、区域、内容、目的。对企业而言，广告最终目标是扩大销售、增加盈利，直接目标则有告知、劝导和提醒三种。制定广告目标，就是要在企业经营目标和营销目标的指导下，明确广告的直接目标、诉求内容、诉求对象和区域。

(2) 确定广告预算

广告预算是房地产企业为了实现广告目标而在一定时期内投入广告的经费及其使用计划，是企业控制广告活动、规划经费使用、提高广告效率以及评价广告效果的依据，目的是以最小的投入来获得最大的销售额。确定广告预算的方法主要有四种：销售百分比法，即以一定时期内销售额的一定比例来决定广告的开支；销售单位法，即以每一个销售单位投入的广告费用来决定广告的开支；目标任务法，即根据广告目标来确定广告的开支；竞争对抗法，即以竞争对手的广告费用来决定本企业广告的开支。

(3) 进行广告设计

广告传播的信息都有赖于广告的创意、表现手法来表达出来，它们直接决定了广告的效果。房地产企业在进行广告设计时，应遵循真实性、独特性、针对性和艺术性的一般原则，力求打动消费者。为了达到目的，房地产企业可以按照韦伯·扬提出的"广告创意五阶段"开展广告的设计工作：一是调查阶段，了解消费者的需求和购买欲望；二是分析阶段，总结产品特色，并作为广告的诉求点；三是酝酿阶段，为广告创意做准备；四是开发阶段，列出多个供选择的创意；五是评价决定阶段，从供选方案中选择最理想的信息，并以一定的广告手法和风格表达出来。

(4) 选择广告媒体

广告媒体是房地产企业与目标消费群体联系的中介，是信息传播的载体。不同媒体具有各自的优缺点，房地产行业常用的广告媒体有报纸、电视、户外广告（如路牌、车厢广告、车站和广场广告）、销售点广告、直邮广告、传单海报广告、互联网传媒广告、杂志、广播、空中飞行物等。在广告媒体的选择上，房地产企业应考虑的因素主要包括下列几点：各种媒体的特点和对象；消费者接受媒体的习惯；产品和服务的特点及其优先满足的消费者的偏好层次、特征；销售的区域和媒体的费用等。

(5) 选择广告发布时间

广告的形式、语言固然是影响宣传效果的关键性因素，广告的发布时间也同样重要，它直接关系到产品是否能给媒体受众留下深刻的印象。通过媒体安排广告的发布时间，首先需要确定广告发布的节奏，即在集中发布、连续发布、间歇发布或混合型发布等方式中进行选择；其次是需要确定广告发布的周期，即从广告的筹备期、公开期、强推期到持续期的时间长短，确定的依据是产品的营销周期和楼盘的施工进度；最后要注意时机的确定，尽量优选收视率（或收听率）最高的"黄金时间"，优选同类物业购买的旺季，或者优选同类广告推出较少的时段。

（6）评价广告效果

及时对广告的心理效果、经济效果和社会效果进行评价，有利于改进广告活动策略、调整企业促销的手段。做好评价工作的关键，在于采用适当的标准和方法。比较常用的方法有广告费用占销率法、广告费用增销率法、单位费用促销法等。在实际工作中，有房地产企业尝试使用广告投放后的来电来访数量指标来进行衡量。

9.5.3 房地产营业推广策略

房地产销售促进又称营业推广，是房地产企业运用各种短期诱因，以刺激和鼓励消费者购买房地产产品和服务的促销活动。销售促进策略既可针对消费者，也可针对中间商或销售人员，最终都能对消费者发挥最直接的作用且效果显著，已经成为房地产企业的重要竞争手段。例如展销会，一般有固定的场所、时间，有大规模的宣传活动，往往会聚集众多参展的房地产开发公司和经销公司，相互对比、评价，竞争气氛浓厚；更重要的是会吸引大量的消费者，他们轻轻松松就可以观察了解到数十个楼盘的信息，通过沟通、交流和反复的比较，可以初步筛选出自己心仪的物业产品，然后可以有针对性地进行现场踏勘。因此，展销会是一种非常有效的推广形式，房地产企业都很重视每次参展的机会，不惜代价抢占有利的展示摊位，将展台布置得富有特色，并且综合运用电视录像、售楼书、模型等手段加强参展楼盘的宣传效果，其目的是引起消费者的注意和兴趣。

销售促进策略能够在短时间内对产品销售发挥较强的刺激作用，但这种效果持续的时间比较短，而且在建立长期品牌上基本没有什么帮助。相反，如果销售促进策略的使用过于频繁或者运用不当，还会让消费者对产品质量和价格产生怀疑。因此，房地产企业一定要慎重使用销售促进策略。

一般来说，销售促进的实施过程包括以下五个步骤：

1. 确定销售促进的目标

房地产企业运用销售促进策略，对消费者而言是鼓励购买，对中间商是加强对本企业产品的销售力度，对销售人员则是努力推销或开拓新的市场。对象不同，目标应该有所差别，最终目的都是扩大销售。

2. 选择销售促进的工具

选择销售促进的工具，要充分考虑销售促进的目标、市场环境以及各种工具的特点、成本和效益等因素。适用于对消费者的工具主要由现场展示样板房、赠品、价格折扣、先租后售或若干年后还本销售、包租售房、展销会等，适用于中间商的工具主要是价格折扣、推广津贴、合作广告、推销竞赛等，适用于销售人员的工具主要是销售竞赛和奖品等。

3. 制定销售促进方案

一个完整的方案其内容包括：确定该方案的成本费用，明确受众范围的大小，选择销售促进的媒体，确定合理的期限，确定总预算等。初步制定的方案应在小范围内进行测试，以确保效果。

4. 实施和控制销售促进方案

销售促进方案的实施过程包括两个阶段：前置时间，即实施前的准备；销售的延续时间，也就是从开始实施优待方法到大部分商品已经为消费者购买为止的时间。在实施的过程中，房地产企业应做好控制工作，即考虑选择的方式是否合适、期限是否合理，同时要注意中后期的宣传，不能弄虚作假等。

5. 评价销售促进的效果

可以采用多种方法对销售促进策略实施的效果进行评价，最简便的方法是比较策略实施前后的销售结果。

9.5.4 房地产公共关系策略

房地产公共关系是指房地产企业为改善与社会公众的关系，促进社会公众对本企业的认识、理解与支持，达到树立良好社会形象、促进房地产商品销售目标的一系列促销活动，如开展新闻宣传、主办专题活动、借助公关广告、开展公益服务活动等。公共关系策略是一种内求团结、外求发展的经营管理艺术，房地产企业有计划地与公众之间进行持久的双向沟通，可以协调企业上下、内外的关系，提高企业知名度和美誉度，树立企业形象，间接达到促进销售的目的。

与其他促销方式不同，房地产公共关系策略不是企业所实施的直接宣传活动，也就没有采用直接付款的方式，而是借助于公共传播媒体，由有关新闻单位或社会团体进行的宣传活动，因此容易获得公众的信赖和注意，达到潜移默化的良好效果。目前，房地产企业日益重视公共关系策略的运用，2004年，万科集团曾经在全国12个城市60个小区，同步举行了以"友情·亲情·真"为主题的HAPPY家庭节，聘请知名人士和小区居民担当现场司仪，内容包括家庭趣味竞技游戏、"情暖心"亲情故事征文、中秋晚会等。

房地产公共关系策略实施的步骤可归纳为以下五点：

1. 调查公共关系

通过调研，企业可以了解自身形象现状，分析产生问题的原因，为确立公共关系目标提供依据。

2. 确定公共关系目标

虽然从大目标来说公共关系就是为了促使公众了解企业，改善企业与公众之间的关系，但从具体目标来说，企业在公共关系上存在的问题就是在开展某项公共关系项目时的目标。公共关系的目标应具有可行性和可控性。

3. 编制公共关系

公共关系是一项长期的工作，必须有一个连续性的长期计划，计划中应该载明在一定时期内的工作目标、方案、具体的公关项目和策略等。

4. 执行与实施公共关系

计划企业可以根据计划的要求和不同的发展阶段，实施某一个具体的公共关系项目，包括项目主题的设计、沟通方式的选择和具体活动的开展等。

5. 评价公共关系效果

一般从三个方面评价，即曝光的频率、反响和促销前后销售额与利润的比较，评价企业与公众之间的联系情况，能否获取公众的信任，能否促进销售量及利润的增加。

复习思考题

1. 什么是房地产市场营销？
2. 简述房地产市场营销的 4P 理论、4C 理论。
3. 简述房地产企业市场定位的具体过程。
4. 简述房地产产品的定价策略。
5. 如何选择适合的房地产营销渠道？
6. 简述房地产企业的促销策略。

第 10 章 物业管理与运营

本章内容提要

本章从物业管理与物业运营两个大的方面，阐述了物业在建成后所涉及的维护与经营问题。本章是本书专门针对房地产经营所编章节，主要介绍了物业管理的概念与工作内容，针对收益性物业的类别与运营内容做了较为系统的描述，并以写字楼与零售商业物业为例，介绍了以租赁管理为核心的运营流程。通过本章的学习，应当能够较为熟练地掌握以下专业知识：

物业管理的概念与工作内容
早期介入与前期物业管理的区别与联系
入住与装修管理的工作流程
房屋及设施设备管理的工作对象与内容
物业环境管理的工作内容
公共秩序管理服务的工作内容
物业经营管理的概念
写字楼物业的类别
写字楼经营的租赁管理
零售商业物业的类别
零售商业物业的租赁管理

房地产开发是物业管理与运营的前提，物业管理与运营是房地产开发过程的延续。物业管理与运营的目的是使房产保值、增值，并为物业的所有人和使用人创造整洁、文明、安全、舒适的生活环境和工作环境。随着房地产市场的发展，无论是以居民住宅为对象的物业管理，还是以收益性房地产为对象的物业经营活动都显著增加。因此，相关物业企业在房地产建成后的活动中扮演着越来越重要的角色。

10.1 物业服务管理

随着我国城镇住房制度改革的力度不断深化，房屋的所有权结构发生了重大变化，公有住房逐渐转变成个人所有。原来的公房管理者与住户之间管理与被管理的关系，也逐渐演变为物业管理企业与房屋所有权人之间服务与被服务关系。物业管理作为一种专业行业，它综合运用多学科的知识，通过人员、场所、流程和技术的整合，来确保建筑环境的正常运行。物业管理的核心工作是对房地产资产进行日常的维护与维修，并向入住的客户或业主提供服务，以保障其始终处在正常的运行状态。对于居住物业，物业服务管理就是指业主通过选聘物业服务企业，由业主和物业服务企业按照物业服务合同约定，对房屋及配套的设施设备和相关场地进行维修、养护、管理，维护物业管理区域内的环境卫生和相关秩序的活动。

从物业管理的发展历史来看，近代意义的物业管理起源于19世纪60年代的英国。1908年，由美国芝加哥建筑物管理人员组织CBMO（Chicago Building Managers Organization）召开了第一次全国性会议，宣告了全世界第一个专门的物业管理行业组织的诞生。目前，美国的物业管理专业协会主要是全美物业（资产）管理协会IREM（Institute of Real Estate Management）与全国住宅管理者协会NARPM（National Association of Residential Property Managers）。20世纪80年代初到2016年年末，我国内地物业服务企业数量已达到15.62万家，从业人员为800余万人，管理面积为185亿m^2。

物业管理按照管理对象的类型可分为居住物业、商业物业、工业物业及其他用途物业几种，本节主要以居住物业为主讲述。居住物业是指具备居住功能、供人们生活居住的建筑，包括住宅小区、单体住宅楼、公寓、别墅、度假村等，同时也包括与之相配套的设备、共用设施和公共场地。住宅物业服务提供公共服务、专门服务和特约服务三种服务内容。公共服务是为全体业主和租户提供的经常性服务，是所有住户都可以享受到的，贯穿于物业管理的始终。专门服务和特约服务是针对专门的小区业主或者个别业主提供的额外服务，需另外收费。一般来说，物业公共服务主要包括房屋共用部位的维修、养护与管理；房屋共用设施设备的维修、养护与管理；物业管理区域内共用设施设备的维修、养护与管理；物业管理区域内的环境卫生与绿化管理服务；物业区域内公共秩序、消防、交通等协管事项服务；物业装饰装修管理服务；物业档案资料的管理；专项维修资金的代管服务等。

物业管理如按照服务阶段划分，可分为早期介入、承接查验、入住与装修管理、房屋与设施设备、环境安全等几个阶段。

10.1.1 早期介入与承接查验

早期介入是指新建物业竣工之前，建设单位根据项目开发建设的需要所引入的物业管理的咨询活动。物业管理的咨询活动，主要指从物业管理的角度对开发建设项目提出的合理化意见和建议，其可以由物业管理企业提供，也可以由物业管理专业人员提供。

早期介入对开发建设单位而言并非强制性要求，而是根据项目和管理需要进行选择。早期介入在项目的开发建设中有着积极的作用。物业管理企业通过早期介入活动，将长期积累的物业管理知识与经验应用于规划设计，并且在建设施工销售阶段同步跟进配合，协助开发建设单位及时发现和处理建设销售过程中存在的问题，不仅能从源头上堵住漏洞，避免或减少上述阶段问题的发生，减少房地产开发建设的纠纷，使房地产开发建设得以顺利进行，而且可以在物业开发建设初期把不利于物业管理、损害业主利益的因素尽可能消除或减少，使物业投入使用后，物业管理顺利开展，业主利益得到保障。

早期介入可以从房地产开发阶段的以下五个环节切入：

（1）可行性研究阶段。物业服务公司可以根据物业建设及目标客户群的定位确定物业管理的模式；根据规划和配套确定物业管理服务的基本内容；根据目标客户情况确定物业管理服务的总体服务质量标准；根据物业管理成本初步确定物业管理服务费的收费标准；设计与客户目标相一致并具备合理性能价格比的物业管理框架性方案。

(2) 规划设计阶段。物业服务公司就物业的结构布局、功能方面提出改进建议；就物业环境及配套设施的合理性、适应性提出意见或建议；提供设施设备的设置、选型及服务方面的改进意见；就物业管理用房、社区活动场所等公共配套建筑、设施、场地的设置、要求等提出意见。

(3) 建设阶段。物业服务公司与建设单位、施工单位就施工中发现的问题共同商榷，及时提出并落实整改方案；配合设备安装，确保安装质量；对内外装修方式、用料及工艺等从物业管理的角度提出意见；熟悉并记录基础及隐蔽工程、管线的铺设情况，特别注意那些在设计资料或常规竣工资料中未反映的内容。

(4) 销售阶段。物业服务公司完成物业管理方案及实施进度表；拟订物业管理的公共管理制度；拟订各项费用的收费标准及收费办法，必要时履行各种报批手续；对销售人员提供必要的物业管理基本知识培训；派出现场咨询人员，并在售楼现场为客户提供物业管理咨询服务；将全部早期介入所形成的记录、方案、图纸等资料，整理后归入物业管理档案。

(5) 竣工验收阶段。物业管理企业参与竣工验收，主要是为了掌握验收情况，收集工程质量、功能配套以及其他方面存在的遗留问题，为物业的承接查验做准备。在参与验收时，应随同相关验收组观看验收过程，了解验收人员、专家给施工或建设单位的意见、建议和验收结论。需要注意的是，竣工验收结束后，物业管理企业需要对新接管项目的物业共用部位、共用设施设备进行承接查验。承接查验不同于工程项目建设的竣工验收，是在物业建设单位竣工验收的基础上，对建设单位移交的物业资料，有关单项验收报告，对物业共用部位、共用设施设备、园林绿化工程和其他公共配套设施的相关合格证明材料，对物业公共部位配套功能设施是否按规划设计要求建设完成等进行核对查验。承接查验还应对设施设备进行调试和试运行，还应督促建设单位及时解决发现的问题。物业的承接查验是物业管理企业承接物业前必不可少的环节，其工作质量对以后的物业管理服务至关重要。

案例：某房地产项目物业管理的早期介入

某建设单位通过公开招标取得位于城乡接合部的物业项目，靠近高新技术工业区，占地面积为 54 万 m^2，建筑面积为 60 万 m^2。由于此项目为土地招标的"地王"，也是该城市拍卖史上最大的住宅项目，因此备受当地居民和政府的关注。按规划项目包含别墅、洋房、公寓、高层住宅以及 5 万 m^2 的商业配套，整个项目分四期建设，一期为多层、小高层；二期为别墅和宽景洋房；三期为别墅、公寓和高层；四期为别墅、高层。

建设单位结合该项目密度低、产品类型多样化、客户群定位的差异化特点，规划打造为居住、商业及公共配套与高新产业区形成的里程碑式综合社区，拟聘请有丰富客户服务经验的物业服务企业担任项目的物业服务顾问，帮助解决前期的物业服务问题。

一、可行性研究阶段早期介入的内容

在项目可行性分析阶段，物业服务企业就该物业的市场定位、业态定位、物业管理的基本思路和运作模式提出了建议并得到了建设单位的采纳。

（一）锁定城市未来居住方向，定位于城市的后花园，未来客户群为周边高新技术产业区中层管理人员和城市白领。

（二）考虑周边商业及配套水平，在业态定位方面以社区配套服务为目标，因地制宜配置临街和集中商业区域，引进品牌商家。

（三）从方便业主和安全的角度考虑，将住宅分为两大组团封闭管理，组团之间有市政路，与外界形成开放式衔接，将商业、泳池、幼儿园、会所沿开放性道路布置，社区居民到社区任何地方只有五分钟距离。

（四）考虑项目的区位，一期产品主要以情景洋房和小高层住宅组成，并设置商业风情街、广场等休闲娱乐场所，树立品牌形象，增强市场效应。

（五）确定了物业管理早期介入和前期管理的时间、方式和工作内容，明确了各配合方之间信息沟通的渠道，确定了分阶段物业管理的目标和要求。

二、规划设计阶段早期介入的内容

在规划设计阶段，物业服务企业多次参加项目设计方案沟通会，结合物业管理思路及运作模式，提出了具体的建议并被采纳，为后期项目管理打下基础。

（一）项目规划首先遵循"公共空间优先"的原则，把公共区域划分清楚，然后再沿公共区域布置房屋组团，前置考虑安全管理思路，结合安全防范智能化技术方案，使项目内外部实现有效隔离。

（二）对项目的人流、车流线路合理规划，强调街道的多功能性，采用"机动车道＋非机动车道＋绿化道＋人行道"的模式，道路网密度高，住户选择出行方向多。

（三）考虑到项目产品类型多样化，建议组团式管理的布局相对独立，这样有利于按服务对象的不同提供不同的服务内容，确定不同的收费标准，满足不同层次消费者的需求。

（四）考虑消防控制中心和监控中心规划合并，优化出入口的数量，减少后期物业管理的运营成本。

（五）考虑将小区垃圾收集站设置在方便运输、小区下风向的位置，设备机房有隔声降噪措施，减少对业主的影响。

（六）就项目整体设计方案及物业服务的运作模式，规划明确物业管理办公用房，物业服务人员宿舍、食堂、休息室、仓库以及清洁车的停放场地等。

此阶段还根据前期物业服务总体策划方案的思路，进行了详细物业服务方案的制定和实施进度表的确定，包括人员的编制及招聘、培训计划、费用测算等，这些都得到了开发商方面的支持和认可。

三、建设阶段早期介入的内容

在建设阶段，物业服务企业跟进了整个施工过程，召集或参与了多次专题讨论会，并提出了建设性的整改意见，这些意见大部分都在建设中被采纳，典型的介入内容如下：

（一）核实管理用房位置、出入口的设置、监控中心的布置是否与规划设计方案一致。

（二）对生活垃圾堆放、清运和处理方式提出了具体要求，要求设立足够的垃圾桶放置位置，地面采用防滑地砖，配备清洗水源和污水集排设施。

（三）注意单元门的安装方式，是否便于安装可视对讲系统，开门尺寸是否便于业主搬运物品进出，是否采用无限位地弹簧。

（四）园林绿化施工时，充分考虑浇水管道的铺设及计量要求，以及小区人行道路的排水。

（五）安排机电技术人员全程跟踪机电设施、设备的安装，提交建议并跟进整改情况。

（六）为前期管理做准备工作。陆续招聘物业服务人员并对其进行培训，组织编写各类管理服务文件和规章制度，准备业主入住资料等。

此阶段重点工作是跟进项目建设情况，特别是规划设计时的建议是否得到落实，参与设备安装调试，了解设备性能，熟悉设备操作流程，与机电设备安装单位建立良好的沟通关系，为后期设备运行管理打下基础。

四、销售阶段早期介入的内容

在此阶段主要介入了以下工作：

（一）在项目销售前，整理物业管理方案，将涉及业主买房应知的内容，以书面文件的形式确定下来。

（二）在项目销售前，对销售人员进行物业管理知识的培训，使他们对物业管理的基本概念和基本知识有所了解，对小区的物业管理内容和模式有统一的理解。

（三）在销售现场设立专职的物业管理咨询人员，接受购房者的咨询，这种咨询和宣传沟通起到了良好的效果，避免物业建设单位对物业管理的乱承诺，也使未来业主对物业管理有了信心，增加了购买的欲望。

（四）可通过对销售现场规范管理与服务，使业主对未来的物业管理服务有所了解，加深物业服务企业的印象。

10.1.2 入住与装修管理

入住与装修管理是物业管理前期服务中重要的基础工作，也是物业管理操作过程的难点和重点之一。入住是指建设单位将已具备使用条件的物业交付给业主，并办理相关手续。同时，物业管理单位为业主办理物业管理事务手续的过程。对业主而言，入住的内容包括以下两个方面：一是物业验收及其相关手续的办理；二是物业管理有关业务的办理。

入住过程涉及建设单位、物业管理单位以及业主，入住的完成意味着业主正式接收物业，物业由开发建设转入使用，物业管理服务活动全面展开。在房地产开发和物业管理实践中，物业入住操作的模式有多种形式。第一种形式是以建设单位为主体，由物业管理单位相配合的作业模式。第二种形式是建设单位将入住工作委托给物业管理单位，由物业管理单位代为办理入住手续。无论采用何种入住操作模式，物业入住运作的准备、内容、程序等都是一致的，但建设单位和物业管理单位各自的职责不同。从房产移交的角度而言，入住的实质均是建设单位向业主交付物业的行为，建设单位应承担相关法律责任和义务，物业管理企业只是具体办理相关手续。

入住服务是物业管理单位首次直接面对业主提供相关服务，直接关系到业主对物业管理服务的第一印象。因此，物业管理单位要从各方面做好充分细致的准备，全面有效地保障业主的入住工作。物业管理单位应提前完成资料准备，包括《住宅质量保证书》《住宅使用说明书》《入住通知书》《物业验收须知》《业主入住房屋验收表》《业主（住户）手册》及物业管理有关约定等文件资料。

办理入住一般按照以下程序进行：

（1）对购房合同、入住通知书等进行业主登记确认。

（2）房屋验收。建设单位或物业管理单位陪同业主一起验收其名下的物业，登记水、电、气表起始数，根据房屋验收情况、购房合同双方在《业主入住房屋验收表》上签字确认。对于验收不合格的部分，物业管理单位应协助业主敦促建设单位进行工程不合格整改、质量返修等工作。若发现重大质量问题，可暂不发放钥匙。

（3）产权代办手续，提供办理产权的相关资料，缴纳办理产权证所需费用，一般由建设单位承办。

（4）建设单位开具证明，业主持此证明到物业管理单位继续办理物业入住手续。

（5）业主和物业管理单位签署物业管理的相关文件，如物业管理收费协议、车位管理协议、装修管理协议等。

（6）建设单位或物业管理单位根据收费标准向业主、用户收取当期物业服务费及其他相关费用，并开具相应票据给业主、用户。

（7）领取提供给业主的相关文件资料，如《住宅质量保证书》《住宅使用说明书》《业主手册》等。

（8）业主领取物业钥匙。

（9）业主入住手续办理完结之后，及时将各项业主、用户资料归档，妥善保管，不得将信息泄露给无关人员。

物业装饰装修管理是通过对物业装饰装修过程的管理、服务和控制，规范业主、物业使用人的装饰装修行为，协助政府行政主管部门对装饰装修过程中的违规行为进行处理和纠正，从而确保物业的正常运行使用，维护全体业主的合法权益。

物业装饰装修是业主入住后必不可少的环节。随着人们审美情趣的不断变化，物业装修设计、施工、材料等的个性化程度越来越高。加之物业装饰装修过程长、点多面广、不确定因素多，管理控制难度增大。稍有不慎，一方面有可能危害物业安全，影响物业的正常使用，或对物业构成潜在的危险；另一方面，也可能引发物业服务双方的矛盾和冲突，影响物业管理和社区的和谐。因此，物业装饰装修管理是物业服务的重点和难点之一。装饰装修一般按照以下流程完成：

（1）备齐资料。资料由业主（或物业使用人）和施工队分别准备和提供。一般包括物业所有权证明，申请人身份证原件及复印件，装饰装修设计方案，装修施工单位资质，原有建筑、水电气等改动设计和相关审批，以及其他法规规定的相关内容。物业使用人对物业进行装饰装修时，还应当取得业主的书面同意。

（2）物业装饰装修申报。物业管理工作人员应要求和指导业主逐项填写装饰装修申报登记表，确保各项申请明确无误，涉及专业部门（如水、电、气等），建筑结构，消防等项目的，要写明地点、位置或改变的程度及尺寸等详细数据和资料，必要时装修人或装修单位还应向有关部门申报核准。

（3）物业装饰装修登记。物业管理单位在进行装饰装修登记时，以书面形式将装饰装修工程的禁止行为和注意事项告知装修人和装修人委托的装饰装修企业，并且督促装修人在装饰装修开工前主动告知邻里。

（4）签订《物业装饰装修管理服务协议》。

（5）办理开工的一般手续。业主按有关规定向物业管理单位（或指定方）缴纳装饰装修管理服务费；装饰装修施工单位应到物业管理单位办理开工证、出入证；装修人或装饰装修施工单位应备齐灭火器等消防器材。

（6）施工。物业管理单位应按照装饰装修管理服务协议做好管理和服务工作，加强现场检查，发现装修人或者装饰装修施工单位有违反相关规定的行为，应当及时劝阻和制止；已造成事实后果或拒不改正的，应及时报告有关部门依法处理。对装修人或者装饰装修施工单位违反《物业装饰装修管理服务协议》的，应追究违约责任。

（7）验收。物业管理单位应当按照装饰装修管理服务协议进行现场检查，对照装修申报方案和装饰装修实际结果进行比较验收，验收合格后应签署书面意见。对因违反法律、法规和装饰装修管理服务协议而验收不合格的，应提出书面整改意见要求业主和施工方限期整改。若发生歧义、无法统一意见或业主拒不接受情况的，应报请城市管理部门处理，并将检查记录存档。

10.1.3 房屋及设施设备管理

房屋及设施设备管理是指对房屋及配套的设施设备的日常运行维护和管理、大中小修及更新改造。房屋及设施设备管理涉及面广，技术含量高，关系到物业的正常运行和安全使用，是物业管理的重要内容之一。

1. 使用管理

房屋及设施设备的使用管理，一方面要通过物业使用说明书、业主公约及物业管理单位展开的其他宣传沟通工作，使业主和物业使用人在充分了解房屋及设施设备使用方法的基础上，正确使用房屋及设施设备。另一方面，物业管理单位应认真做好房屋及设施设备的维修保养、巡视检查工作，确保房屋及设施设备的稳定、可靠、安全使用和运行，从而降低维护费用，延长房屋和设施设备的物理寿命。

2. 维修保养

维修保养的主要内容包括：对房屋和设施设备进行的定期检查、维护、清洁及润滑；损耗或故障时的维修；必要情况下（如较为复杂的设备和系统）的专业测试；无法修理或无修理价值时的更新以及材料、结构和设计方面的改善等。

3. 安全管理

通过安全教育使员工和业主、物业使用人树立安全意识，了解安全防护知识和安全管理规定。建立健全各类安全管理制度并严格遵守。提供必要的安全和防护装置装备。

4. 技术档案资料管理

房屋及设施设备相关技术资料在归档前，物业管理单位的相关部门和人员要加强管理，妥善保管，避免遗失，确保物业管理档案资料的完整性。

5. 采购和零备件管理

一是加强计划采购，尽可能减少零星采购，建立符合实际情况的库存备件名录和最低库存量。二是对不设库存的零部件，建立畅通的采购和供应渠道。三是严把采购质量关。四是妥善保管设备供应商或安装单位采购文件，建立有效的备品备件合格供货商名录和相关资料。

6. 工具和维修用设备的管理

工具和维修用设备的管理应该责任到人，建立健全使用、保养制度，定期进行校验，以保证其使用性能。对于多人共用或价值较高的工具或仪器仪表，应指定责任人，固定保管地点，强化领用归还手续。对于普通的工具和维修用设备，则要求使用人和保管人会使用、会维护、会修理。

7. 技术支持

技术支持是对个别具体问题寻求外界的帮助，如故障诊断、维修方案等，多数情况下以聘请技术专家担任顾问的方式进行。技术支持是降低管理成本，提高管理效率和服务质量，培养专业技术人才的有效方法。

由于技术的不断发展，公用设施设备的技术含量、复杂化程度也越来越高，对物业管理企业的设施设备管理提出了更高的要求。为了达到最佳和最经济的管理状态，实现共用设施设备系统的维护、保养，物业管理企业可以通过外包的方式解决自身技术能力不足的问题。外包的形式有两种，一种是将某类设施设备的管理全部外包给专业公司，包括运行操作、维护保养和修理等项工作，如电梯、中央空调等；另一种是将某类维修（通常是大中修）、改造、更新工程外包。

10.1.4 物业环境管理

物业环境管理包括物业管理区域内物业共用部位、共用设施和场地等的清洁卫生、园林绿化和卫生虫害防治等管理服务。环境管理与业主、物业使用人生活工作密切相关，也是物业管理服务的直观体现，是物业管理的基本内容之一。

1. 清洁卫生服务

（1）建筑物外公共区域清洁

建筑物外公共区域的清洁主要包括道路清洁、游乐场等公共设施清洁、公共绿地清洁、各种露天排水井沟的清洁、水池景观清洁、露天停车场清洁等。室外公共区域的清洁方法主要包括扫、洗、捡等。

（2）建筑物内公共区域清洁

建筑物内公共区域的清洁包括大堂清洁、墙面清洁、电梯及公共楼梯走道清洁、卫生间清洁等。

（3）垃圾收集与处理

垃圾收集与处理工作包括收集公共区域及业主住户日常生活垃圾、清运装修及建筑垃圾、垃圾分类，以及将垃圾统一清运到市政垃圾填埋场填埋或焚烧等。

（4）管道疏通服务

管道疏通服务主要是对公共区域的雨水污水排水主管、排水沟及化粪池等定期进行清掏以确保其畅通不溢漏，同时为业主户内排水管道的堵塞提供上门疏通服务。

（5）外墙清洗

外墙清洗是指为了维护整个建筑的外观形象，减缓其老化而定期对建筑物的外墙进行清洗的保洁工作。它是清洁工作中安全风险较大、操作技术要求较高的一项工作。

（6）泳池清洁

泳池清洁包括了泳池水面漂浮物清理、池壁清洁、水质处理等，包括定期对泳池水的pH值、余氯含量、浑浊度、细菌含量等测试。经过清洁的泳池应确保水质达到国家卫生防疫部门要求的标准,确保泳客的健康安全。

(7) 上门有偿清洁服务

上门有偿清洁服务是为了满足业主(客户)的需求而提供的上门家居清洁及清洁拓荒、定期保洁、专项清洁等服务,它是常规物业管理清洁服务的延伸服务。

(8) 专项清洁工作

专项清洁是指清洁工作中技术要求较独特,需用专门的设备、药剂及技术进行的清洁工作,包括打蜡、晶面处理、洗地、地毯保洁、玻璃清洁及金属器具清洁等。

清洁卫生服务管理的基本方法大致可分为外包管理及自行作业两大类:外包是将清洁工作交由专业清洁公司具体实施。自行作业是由物业管理企业在物业管理区域内自行实施清洁服务工作。无论是外包管理或是自行作业,物业管理企业均应根据物业服务合同的要求,实施清洁服务相关工作。管理中,前者的重点是监督检查外包清洁公司的工作质量并对其进行考核与管理;后者则不仅要监督检查,更要强化清洁服务工作。

2. 绿化管理服务

物业绿化管理的内容包括对绿化植物及园林小品等进行养护管理、保洁、更新、修缮,使其达到改善、美化环境,保持环境生态系统的良性循环的效果。物业绿化管理除了日常管理工作外,还包括翻新改造、花木种植、环境布置、绿化有偿服务等工作。

(1) 日常管理

绿化的日常管理包括浇水、修剪造型、施肥、中耕除草、病虫害防治、绿化保洁等。另外,日常管理中还包括园林建筑及园林小品维护、绿化标识制作、园林观赏鱼喂养等。根据不同地点的园林,室内绿化与室外绿化的质量要求及环境条件也不相同,日常管理也有比较大的差别。

(2) 翻新改造

翻新改造内容包括草坪翻新与补植、绿篱翻新补植、林下绿地改造、园林建筑小品翻新、花坛植物更换等。另外,对于一些用时令花卉摆设的花坛也应根据不同时期及节庆要求及时更换翻新。

(3) 花木种植

花木种植包括苗圃花木种植及工程苗木种植。苗圃花木种植是物业管理企业为了方便绿化管理而自建花木生产基地,用于时令花卉栽培、苗木繁殖及花木复壮养护等。花场花木种植工作包括时令花卉栽培、阴生植物繁殖与栽培、苗木繁殖、撤出花木复壮养护、盆景制作等。

(4) 环境布置

环境布置是指节假日或喜庆等特殊场合对小区公共区域或会议场所等进行花木装饰等布置。

(5) 绿化有偿服务

绿化有偿服务是利用物业管理企业所拥有的园林绿化专业人才开展针对业主、物业使用人甚至是物业管理区域外其他单位的绿化有偿服务。此服务既可方便客户,充分利用资源,又可以增加收入。绿化有偿服务包括园林设计施工、绿化代管、花木出租出售、花艺装饰服务、插花及开办盆景培训班、花卉知识培训班等。

10.1.5 公共秩序管理服务

公共秩序管理服务是指在物业管理区域内，物业管理企业协助政府有关部门所进行的公共安全防范和公共秩序维护等管理服务活动，包括公共安全防范管理服务、消防管理服务和车辆停放管理服务等方面内容。公共秩序管理服务的实施，一要以国家相关法规为准绳，二要以物业服务合同的约定为根据，明确相关各方的责任和义务，不得超越职权范围，不得违规操作。

公共安全防范管理服务是物业管理企业协助政府相关部门，为维护公共治安、施工安全等采取的一系列防范性管理服务活动。内容包括：出入管理，安防系统的使用、维护和管理，施工现场的管理，配合政府开展社区管理等工作。

（1）出入管理

物业项目的出入管理应根据国家法规和物业管理服务合同的约定，区分不同物业的类型和档次，制定相应方案，实现人员、物品、车辆等出入的有效管理。

（2）安防系统的使用、维护和管理

物业管理安防系统是指物业管理区域内用于治安、消防、车辆管理及紧急呼叫等安全防范的技术设备系统。常用的安防系统有闭路监控系统、红外报警系统、自动消防监控系统、门禁系统、自动呼救系统、道闸系统、燃气自动报警系统和巡更系统等。

（3）施工现场管理

施工现场管理主要针对物业项目内的装修施工、房屋维修施工等现场是否采取必要的安全防护和消防措施，是否擅自动用明火和进行焊接等作业行为进行规范。

（4）配合政府开展社区管理

物业管理企业除做好各项物业管理服务工作外，还应协助公安机关、居委会等政府部门做好社区安全防范管理工作。物业管理企业在社区组织重大活动时，应及时知会辖区派出所及社区居委会，相互协调，避免发生意外事故。物业管理辖区内发生治安或意外事故时，应及时通知相关部门，并协助做好调查取证及善后处理工作。积极配合相关部门做好法律政策宣传教育。

消防管理是公共秩序管理服务的一项重要工作。为了做好物业的消防安全管理工作，物业管理企业应着重加强对辖区内业主的消防安全知识宣传教育及消防安全检查，并建立义务消防队伍，完善消防管理制度，加强消防设施设备的完善、维护和保养工作。消防管理主要包括物业消防安全检查，义务消防队伍组建，动火安全管理，消防安全预案制定，消防器材的配备、使用与维护等工作内容。

物业管理区域内交通管理与车辆停放服务是物业公共秩序管理的一项基本内容，也是体现管理服务水平的重要环节。为做好管理区域内车辆管理，提供安全有序的车辆停放管理服务，物业管理企业应根据小区车辆管理实际情况做好人员安排，包括小区车辆交通的疏导及管理人员、停车场维护人员和车辆收费管理人员等。

10.2 物业经营管理概述

10.2.1 物业经营管理的概念

物业经营管理又称物业资产管理，是指为了满足业主的目标，综合利用物业管理、设施管理、房地产资产管理、房地产组合投资管理的技术、手段和模式，以收益性物业为对象，为业主提供贯穿于物业整个寿命周期的综合性管理服务。物业经营管理突破了传统物业管理活动仅局限于"对房屋及配套的设施设备和相关场地进行维修、养护、管理"的局限，强调为业主提供价值管理服务，满足其物业投资收益或企业发展战略及主营业务发展目标的需求。

> **知识小贴士：设施管理**
>
> 设施管理，按照国际设施管理协会和美国国会图书馆的定义，是"以保持业务空间高品质的生活和提高投资效益为目的，以最新的技术对人类有效的生活环境进行规划、整备和维护管理的工作"，它"将物质的工作场所与人和机构的工作任务结合起来。它综合了工商管理、建筑、行为科学和工程技术的基本原理"。设施管理这一行业真正得到世界范围的承认还只是近年的事。越来越多的实业机构开始相信，保持管理得井井有条和高效率的设施对其业务的成功是必不可少的。设施管理服务除了基本的物业管理外，服务内容往往涉及设置或使用目的功能的"作业流程规划与执行、效益评估与监督管理"。物业管理与设施管理的区别在于：
>
> 首先，目标不同。物业管理是通过对客户生产经营现场的管理，以达到维持设施设备的正常运行，具体体现就是对现场的整顿、整理、清扫、清洁、维护和安全等。设施管理是从客户的需求出发，对企业所有非核心业务进行总体性策划，以达到降低运营成本、提高收益的目的，最终实现提升客户营运能力的目标，具有很强的战略性。简单地说，物业管理的工作目标具有"保值"的特点；设施管理在保证物业"保值"的基础上，还要实现物业的"增值"。
>
> 其次，内容不同。物业管理的主要工作内容为保安、保洁以及水、电、气、暖等设备的日常维护。设施管理基于信息化技术，运用科学的方法对客户的业务流程进行研究分析，从物业的成本分析、空间规划、标准制定、能源审核、风险许诺和发展策略方面为投资者提供专业化、精细化的服务，与建筑、经营、财务、心理、环境、信息等多个领域密切相关。
>
> 第三，关注对象不同。物业管理关注的是已建成的物业和已装备的设施设备，它是对物业"现状"所进行的管理和维护。设施管理关注物业的整个生命周期，提供策略性长期规划并贯穿物业或设施的可行性研究、设计、建造、维修及运营管理的全过程之中。
>
> 第四，技术手段的差异。物业管理的活动，如保安、保洁、设施设备的维护，以及能源控制、费用收取等，都是通过工作人员的现场作业完成的，属于劳动密集型产业，技术含量比较低。设施管理大量采用信息系统，通过信息化手段，在降低成本、提高效率的同时，保证了管理与技术数据分析处理的准确，属于知识密集型产业。

物业经营管理活动既包括了保证物业正常使用的运行操作管理，也包括了将物业作为一种收益性资产所进行的资本投资决策、市场营销、租赁管理、成本控制、物业价值和经营绩效评估等经营活动。写字楼、零售商业等收益性物业犹如一个一般的工商企业那样，通过物业经营管理活动，为业主或投资者创造利润和回报。

物业经营管理服务的目标,是从业主的角度出发,在物业经济寿命的全寿命周期内,持续满足租户正常空间使用需求,在实现物业各期净收益最大化的基础上,保持和提高物业的市场价值以及未来发展潜力。这里所说的物业业主既包括直接持有物业产权的企业或机构,也包括这些企业或机构背后的投资者。

物业经营管理企业的发展过程,通常是从物业管理起家,逐渐向上延伸,过渡到物业管理与资产管理并重的复合型企业。也有少量房地产资产管理企业,通过向下延伸,发展成综合的物业经营管理企业。实践中,大量的物业经营管理企业还是以物业管理企业的名义出现,但其管理能力已经大大突破了传统物业管理的范畴。

物业经营管理的内容与物业类型和业主持有物业的目的密切相关,通常将其分为物业管理或设施管理、房地产资产管理和房地产组合投资管理三个层次。其中,物业管理和设施管理以运行管理为主,房地产资产管理和房地产投资组合管理以策略性管理为主。物业管理与设施管理的内容在前文已有讲述。房地产资产管理从对物业、设施和租户的管理上升到聘用多个物业管理企业和设施管理公司来同时管理多宗物业。房地产资产管理公司负责管理物业管理企业和设施管理公司,监督它们的行为,指导它们为物业发展制订战略计划,以便使这些物业在所处的房地产子市场内实现价值最大化的目标,满足房地产组合投资管理者的要求。房地产组合投资管理的视野更加广阔,包括理解和执行物业业主的投资目标;评价资产管理公司的表现;审批资产管理公司为维护物业资产结构安全、功能先进,保持其市场竞争地位而提出的更新改造计划;以经风险调整后的组合投资回报最大化为目标来管理资产;以及在合适的时机购置和处置物业资产。物业经营管理三个层次工作的主要职责见表10-1。

物业经营管理三个层次工作的主要职责　　　　　　表 10-1

管理层次	物业管理或设施管理	资产管理	组合投资管理
主要职责	保持与租户的联系;收租;控制运营成本;财务报告和记录的保存;物业维护;资本性支出计划;危机管理;安全管理;公共关系	制订物业发展战略计划;持有/出售分析;物业更新改造等主要开支决策;监控物业绩效;管理和评价物业管理企业;协助物业管理的租户关系工作;定期进行资产的投资分析和运营状况分析	明确投资组合目标与投资准则;制订并执行组合投资战略;设计和调整物业资产的资本结构;负责策略资产的配置和衍生工具的应用;监督购置、处置、资产管理和再投资决策;负责投资组合的绩效;客户报告与现金管理

物业管理或设施管理、资产管理和组合投资管理的作用是相互关联的。在一个小型房地产投资组合里,某一种层次的管理可能同时扮演三种角色。其中,物业管理和设施管理定位在现场操作层面的管理,其主要作用是为租户提供及时的服务和保证物业的持续收入及现金流。

10.2.2 物业经营管理的常规工作

拥有和管理物业需要支出各种各样的成本和费用,这些支付不仅数额较大,而且是维持物业正常使用和保证其保值升值不可缺少的组成部分。物业业主希望让最终使用者承担尽可能多的费用,因此业主不仅尽量避免各种不确定性支出,还要节省发生在组织、管理和监管过程中的各种支出。但即使租户或者使用者承担了大部分的成本和费用,业主仍然有必要确保租户履行租约,保证物业收益达到预期的水平。物业经营管理的主要内容本质上就是对成本和收益的控制，主要包括对物业的物理形态和财务状况的管理。

从日常工作的角度看，要使物业处于正常并可以被接受的水平，要保持合理的开支，尽量减少给使用者带来的不便。在建筑物的经济寿命周期中，累积起来的维修成本很可能大大超过初始投资。虽然常规检查可以减少意外发生的概率和造成的损失，但仍需要必要的替代措施随时处理意外事件。技术手册、录像资料都非常重要，它们可以给维护队伍提供比较精确的信息和有效的指导。

1. 成本管理

支出的分配、组织和管理是本项工作的一个重要方面，它完成的质量好坏很可能会对物业的净运营收益和资本价值产生影响。物业经营期内支出的几个重要方面包括日常维修费用、计提维修准备金、设施维护费用、保险费、法律和财务费用、工作成本和地方性税收等。相对于总收入，物业业主或投资者更关心净运营收益。因为总收入还必须支付各种运营费用，这些费用不仅包括正常的工作费用和在时间与数量上不可预测的支出，还包括监督和检查工作的组织成本。

2. 租赁管理

租赁管理是针对包括写字楼、零售商业物业、出租公寓等在内的收益性物业租赁活动的管理，包括租约签订前、租约执行过程中和租约期满时共三个阶段。租约签订前，租赁管理的主要工作内容包括制定租赁方案与策略、租户选择、租金确定和租约谈判与签约管理。在租约执行中，租赁管理的主要工作内容是房屋空间交付、收取租金、租金调整、租户关系管理。租约期满时，租赁管理工作则主要集中在租金结算、租约续期或房屋空间收回管理。在租赁管理过程中，还始终贯穿着物业市场营销工作。

3. 日常维修和维护

日常维修和维护的开支来源，需要租约各方通过沟通来确定具体履行方式。业主会寻找能够全部承担各种维修成本的租户，这也是目前大多数出租活动处理这个问题的方法。如果物业已经比较陈旧或者破损较严重，租户一般都不愿意接受这样的条款。此时双方就会通过沟通来确定一个让大家都可以接受的解决方案，业主会尽可能地将这些修缮责任托付给租户承担。对于由业主承担维修责任的物业，很多机构投资者会拒绝参与投资。同时，从长远考虑，业主还必须关注租户的承租意图、用途和财务状况。如果租户承担了主要的维修责任，但是却没有履行或者没有很好履行，将给业主带来很多麻烦，这些工作可能会造成业主更沉重的工作负担和财务负担。

4. 未来维修和维护

物业管理的早期介入对于提高物业的完善程度、提高物业设备设施的稳定性和高质量使用非常重要。它可以对物业内部的装饰材料和布局提出建议。这些因素都将关系到未来资本金投入和租金水平，以及维护过程的成本，最终影响物业的经济寿命。每个建筑都应该有自己的维修计划。对于一个新建筑物来说，物业业主可以得到由建筑承包单位和分包单位提供的使用说明，作为对物业日常进行的维修、维护和安装等工作可能出现的各种问题提出的处理建议，还可以为相应的成本提供一个估算的标准。维修计划应该是全面且系统的，并从短期和长期两个方面考虑。

5. 物业保险管理

业主希望在事故发生造成损失时，能够获得补偿。这需要事先与保险公司签订合约，每年缴纳一定的保险费,保险公司会按照合同内容为必要的修缮或者重置提供支持。保险赔偿覆盖的范围一般与租约条款相对应。尽管租约中不会明确总额,但是会明确全部补偿需要的各种参数。如果发生投保额度过低的情况,投保方将承担自行支付全部补偿成本和保险实际补偿金额之间的风险。因此,大多数建议都会要求投保方对物业可能产生的损失进行全额保险。

10.3 写字楼物业经营管理

写字楼是为商务、办公活动提供空间的建筑,主要由作为办公空间的办公室部分和公用部分(如电梯、楼梯、卫生间、饮水间、走廊等)构成,包括企业自用写字楼、出租写字楼和自用出租复合型写字楼三种类型。政府办公楼虽然具有写字楼的功能,但在其使用和公共性方面,与一般写字楼有所区别。由于大多数服务型企业没有能力拥有写字楼或出于业务经营特性的原因不愿意拥有写字楼,所以存在着一个巨大的写字楼投资和租赁市场。由于写字楼的业主或投资者通常不是物业经营管理的行家,为了持续保持写字楼的市场竞争力,提升写字楼的市场价值,通常需要采购高标准、高质量、专业化的物业经营管理服务。

我国尚无统一的写字楼分类标准,专业人员主要依照其所处的位置、楼宇设计装修状况和收益能力等进行分类。国外通常将写字楼分为甲、乙、丙三个等级。

(1) 甲级写字楼

具有优越的地理位置和交通环境,建筑物物理状况优良,建筑质量达到或超过有关建筑条例或规范的要求,其收益能力能与新建成的写字楼建筑媲美。甲级写字楼通常有完善的物业管理服务,包括24小时的维护、维修及保安服务。

(2) 乙级写字楼

具有良好的地理位置,建筑物实物状况良好,建筑质量要达到有关建筑条例或规范的要求。但建筑物的功能不是最先进的(有功能陈旧因素影响),有自然磨损存在,收益能力低于新落成的同类建筑物。

(3) 丙级写字楼

物业已使用的年限较长,建筑物在某些方面不能满足新的建筑条例或规范的要求。建筑物存在较明显的实物磨损和功能折旧,但仍能满足低收入租户的需求并与其租金支付能力相适应。相对于乙级写字楼,丙级写字楼的租金虽然较低,但仍能保持一个合理的出租率。

写字楼分类在很大程度上依赖于专业人员的主观判断。人们很容易区分甲级写字楼和丙级写字楼,但如果要区分甲级和乙级写字楼就比较困难。实践中,对写字楼分类一般要考虑如下因素:所处的位置、交通方便性、声望或形象、建筑形式、大堂、电梯、走廊、室内空间布置、为租户提供的服务、建筑设备系统、物业管理水平和租户类型。此外,通常所说的5A写字楼(OA:办公自动化系统;CA:通信自动化系统;FA:消防自动化系统;SA:安保自动化系统;BA:楼宇自动控制系统),主要表示楼宇的自动化程度,与写字楼等级没有直接的关系。

10.3.1 写字楼经营的目标与内容

1. 经营目标

写字楼物业管理常规目标集经营、管理、服务三位一体,互相渗透。

(1) 经营目标:收益部分使用率最大化

租售型写字楼的空间,可以以是否取得直接收益为标准划分为收益部分(专用部分)和非收益部分(共用部分)。前者指办公室、店铺、租赁仓库、停车场等,后者指共用流线(门厅、电梯厅、走廊楼梯等),共用房间(洗手间、开水间、休息室等),物业管理用房,设备机房等。标准层使用效率受到核心筒的面积大小、布置方式、电梯数量、公共走道排布方式等诸多因素的影响,需要在设计阶段提前考虑,在不影响使用舒适性的前提下,使收益部分的使用率最大化。国内高层与超高层写字楼的标准层有效使用率应控制在70%~80%,整体有效使用率控制在60%~70%。

(2) 管理目标:物业资产保值率和升值率最大化

尽管地产价值的自然增长是导致物业升值的一方面原因,但优质的物业管理作为房地产开发系统工程中的一个重要环节,其创造价值增长的作用是巨大的。广义的房地产开发建设整个过程,包括前期的规划筹建、中期的租赁销售和后期的物业管理三部分。而业主获取利润的途径,除了通过第一次转化即销售实现之外,绝大部分价值是在其后40~70年的使用过程中实现的,即通过物业管理获得稳定的利润。更重要的是,高水平的物业管理可以使物业获得优良的市场形象、历久常新的楼宇质量和相对延长的使用寿命,而使其在产权的多次转让中为业主创造出远远超越物业本身的难以估量的价值。这种价值本身远大于销售和租赁所产生的资金回报率。国际上通用的写字楼保值与升值可以利用市场收益率、实际收益率、增值率、市场风险溢价、实际风险溢价等指标进行衡量。

(3) 服务目标:物业所有人与使用人满意率最大化

物业所有人与使用人,即业主与租户,他们的满意率是以租售为主的写字楼收益的主要来源。物业管理企业生产的产品就是"服务",向业主与客户出售的产品就是"服务",这个"服务"产品是按质论价,优质优价,不断提高"服务"产品的市场价值,使"服务"产品价格居高不下,使各类对优质服务的需求者源源不断地慕名而来,慷慨解囊。这是写字楼物业管理的第三个常规目标。写字楼物业管理关注的重点是租用建筑物的租户对其所使用的物业的环境感到满意,并希望继续租用本物业。所以,写字楼物业管理工作中的每一部分工作,都应以满足当前租户的需要,并吸引未来的新租户为中心。

2. 工作内容

写字楼物业管理的工作内容,包括制订管理计划、物业市场营销、制定租金收取办法、物业维修养护、安全保卫、协调业主与租户的关系、组织与控制等。这里仅对写字楼区别于一般物业管理的有关工作内容进行简要介绍。

(1) 写字楼物业市场营销

一般认为,只要租金相对于其他竞争性物业来说相差不大,则物业的特性和质量是吸引租户的主要因素。所以,推广物业的营销活动一般围绕着物业的特性来进行,如宣传物业所处的位置、周围景观、通达性和方便性等。在选定了进行物业宣传的主题后,还要选择适当的宣传媒介。一般来说,对于中低档写字楼物业选择网络和报纸上的分类广告或物业顾问机构的期刊比较合适,对于大规模的写字楼物业还可选择电视、广播来进行宣传。

此外，现场参观也是重要的宣传手段，通常要将拟出租部分整理好以供参观。物业本身的工作情况和服务效率给租户留下的第一印象非常重要。在向潜在的租户展示、介绍物业的过程中，能清楚地从顾客的反应中知晓他是否已经初步决定承租物业，及时进行引导，并尽可能用大众化的语言回答顾客的提问。

（2）制定租金收取办法

制定租金收取办法的目的是尽量减少由于迟付或拖欠租金而给业主带来的损失。租金收取办法要尽量考虑到租户的方便，在租赁双方间建立起良好的信任关系，尤其是在经济不景气或租户的业务发生困难时，这种弹性策略尤为重要。在制定租金收取办法的过程中，物业管理者通常对按时支付租金的租户实行一定额度的优惠，而不是对迟交者予以罚款。经验表明，激励比惩罚更为有效。此外，租金收取方式和时间的选择也很重要，要根据租户的收入特点灵活选择收租方式，合理确定收租时间。此外，物业管理还提倡主动的收租服务，通过电话、信件甚至亲临访问来提醒租户按时交纳租金，并让租户了解租金收取的程序。对于租户主动交纳租金的行为，要表示感谢和鼓励。

（3）协调与业主和租户的关系

及时沟通是建立业主、物业管理公司和租户三方之间良好关系的关键。通过物业管理公司这个中间媒介，使某方的希望、需要、抱怨能及时地让其他各方了解。业主与租户也可以建立起直接的联系渠道。

（4）组织与控制

从业主的角度来说，能否实现预期的物业管理目标是物业管理工作有效与否的标志。业主如果能够定期地对物业进行视察，则物业维修计划、保安计划的实施情况就很容易被识别。物业收入和费用支出的差异大小，也能体现物业管理组织与控制的有效性。

10.3.2　写字楼经营的租赁管理

1. 写字楼的租户选择

如同租户选择写字楼非常慎重一样，业主对于选择什么样的租户并长久与之保持友好关系也很重视。考虑的主要准则是潜在租户所经营业务的类型及其声誉、财务稳定性和长期盈利的能力、所需的面积大小及其需要提供的特殊物业管理服务的内容。

一宗写字楼物业的价值在某种程度上取决于写字楼的使用者即租户的商业信誉。首先，必须认真分析每个租户的信誉对其租住的写字楼物业的影响。潜在租户的经营内容应该与写字楼中已有租户所经营的内容相协调，其信誉应能加强或强化大厦的整体形象。其次，应当分析潜在租户在从事商业经营过程中的财务稳定性，因为这关系到潜在租户在租赁期限内能否履行合约中规定的按期支付租金的义务。对每一个潜在的租户，不管其规模或过去的信誉情况如何，都应进行仔细的审查，因为某些大型的跨国企业也可能会如一些小公司那样面临着转手或破产的厄运。通常，业主或物业公司可以通过控制招租渠道、深度查找客户真实背景与适当延长签约时间，对客户的信用实施一定的控制。

选择租户过程中最复杂的工作之一就是确定建筑物内是否有足够的空间来满足某一特定租户的需求。写字楼建筑内是否有足够的有效使用空间来满足寻租者对面积空间的特定需要，往往决定了潜在的租户能否成为现实的租户。在考察是否有合适的面积空间可以供寻租者使用时，常常要考虑以下三个方面的因素：第一，是可能面积的组合。同样大小的面积，在不同建筑物内其使用的有效性是不可能一样的。第二，是寻租者经营业务的性质与所属的行业。如设计、装饰、电子加工等行业，其面积需求一般在 $100 \sim 300 m^2$；贸易、律师行、会计行等行业，其面积需求一般在 $300 \sim 500 m^2$；制造业、物流、科技、服装展示等行业，其面积需求一般在 $500 \sim 1000 m^2$；投资金融等行业，其面积需求一般在 $1000 m^2$ 以上。第三，是寻租者将来扩展办公室面积的计划。如果一个公司在将来期望有较大规模的扩展，必须考虑在建筑物内是否或如何满足其未来业务发展的需要，尤其是寻租者希望将其办公室集中布置时。

在挑选租户的过程中，有些寻租者为了顺利地开展其业务，可能需要物业经营管理企业提供特殊服务。例如，寻租者可能要求物业经营管理企业提供更高标准的保安服务、对电力或空调通风系统有更高的要求、办公时间与大楼内其他租户有较大的差异、要求提供的服务与物业经营管理企业已提供的标准服务有较大差异。如果没有适当地考虑这些问题，在将来的物业管理过程中就可能会出现许多矛盾。然而，在接受或拒绝潜在租户的特殊要求之前，物业经营管理企业及业主应该考虑整个租赁期限内的实际费用支出以及费效比，以便在日后签订租约时确定由谁来承担特殊服务的费用。

2. 租金的确定与调整

写字楼租金常常以每平方米可出租面积为计算基础。如果承租部分的初次装修费由业主垫付，租金内还可能包括业主垫支资金的还本付息。物业的一些经营费用（如房产税、保险费、公共面积和公共设施的维护与维修）可以包括在租金内，也可以根据事先的协议另外收取，租户的电费可以根据其用电量由供电部门直接收取或由物业经营管理企业代收代缴。在确定写字楼租金时，一般要认真考虑以下三个方面的因素：

（1）计算可出租或可使用面积

在测量写字楼面积时有三个概念非常重要，即建筑面积、可出租面积和出租单元内建筑面积。根据国家有关规定，建筑面积按《建筑工程建筑面积计算规则》GB/T 50353—2013 计算，出租单元内建筑面积包括单元内使用面积和外墙、单元间分隔墙及单元与公用建筑空间之间的分隔墙水平投影面积的一半；可出租面积是出租单元内建筑面积加上分摊的公用建筑面积。

（2）基础租金与市场租金

租金一般是指租户租用每平方米可出租面积需按月或按年支付的金额。写字楼的租金水平，主要取决于当地房地产市场的状况。在确定租金时，一般应首先根据业主希望达到的投资收益率目标和其可接受的最低租金水平确定一个基础租金。当算出的基础租金高于市场租金时，物业经营管理企业就要考虑降低经营费用以使基础租金向下调整到市场租金的水平。在写字楼市场比较理想的情况下，市场租金一般高于基础租金，物业经营管理企业还可根据市场竞争状况来决定哪些经营费用可以计入租金，哪些经营费用可以单独收取。写字楼建筑内某一具体出租单元的租金则依其在整栋建筑内所处的位置有一定差异，尤其是对高层建筑而言。在许多城市的写字楼市场上，楼层高、视野或景观好的写字楼出租单元租金也较高。在确定各写字楼出租单元的租金时，常用位置较好的出租单元之超额租金收入来平衡位置不好的出租单元的租金收入，使整栋写字楼建筑的平均租金保持在稍高于基础租金水平上。在目前的市场上，也有按照以人数收取费用的办公空间服务模式。客户所支付的人头费用不仅仅包括写字楼的场地租金，还包括运营商配备的办公家具、办公设备以及专业的秘书团队和各种商务行政服务的服务费用。

(3) 出租单元的面积规划和室内装修

出租单元的面积规划，是通过综合考虑租户的规模、组织构架、偏好与品味、需要安装的设备和财务支付能力等，确定其所需承租的单元内建筑面积的大小，并在其所承租的出租单元内就房间布置、办公设备布置、内部通道的安排等进行设计。室内装修的费用由谁来支付，经常是租约谈判过程中的焦点问题。通常业主要就某些标准化装修项目支付一些费用，但也可能由业主笼统地提供一笔按每平方米单元内建筑面积计算的资金，补贴租户初次装修需支付的费用。除标准化装修项目的费用外，其他装修费用由谁来支付，一般视市场条件和写字楼内入住率水平而定。一般有以下选择：由业主支付、由租户支付、业主和租户分担、业主支付后由租户在租约期限内按月等额偿还本息。

(4) 租金的调整

由于写字楼市场中供求变化比较剧烈，租金和价格也往往处于波动之中，因此需根据市场状况经常对租金水平进行调整。对于租期较短的租户，可设定一租金水平，在租期中保持不变，而如果租户需要再次续租，需要按照当时的租金水平重新签订租约。对于租期较长的租户（例如3~5年以上），为保护业主和租户双方的利益，需要在租约中对租金如何调整给出明确的规定，以便使业主所收取的租金水平基本与市场状况相符。租金调整一般是基于消费者价格指数、零售物价指数或其他租赁双方商定的定期调整比率。

3. 写字楼的租约制定

通常情况下，业主会事先要准备好一个适用于写字楼物业内所有出租单元的标准租赁合约，业主和潜在的租户可在这个基础上，针对某一特定的出租单元就各标准条款和特殊条款进行谈判，以便在业主和租户间就某一特定的出租单元形成一份单独的租约。标准租约中的许多条款只需要稍加讨论即可，但有些重要问题就需要进行认真的谈判。谈判中双方关注的其他问题还包括租金及其调整、所提供的服务及服务收费、公共设施（如空调、电梯等）使用费用的分担方式等。

10.4 零售商业物业经营管理

10.4.1 零售商业物业的概念与类别

零售商业物业是用于零售商业经营活动的建筑，包括从小型店铺到大型购物中心的各种零售商业空间。无论一宗零售商业物业的产权是统一的还是分散的，为了实现业主总体利益的最大化，非常需要集中统一的专业化物业经营管理服务，以选择优良租户，优化零售商业物业空间内的零售商业的业态组合，保持和不断提升该零售商业物业对顾客的吸引力，增加商场人流以增加其营业额，并最终实现零售商业物业业主和投资者的收益目标。

零售商业物业的分类主要依据其建筑规模、经营商品的特点及商业辐射区域的范围三个方面进行划分。零售商业物业通常分为如下类型：

1. 区域购物中心

区域购物中心是指规模巨大，集购物、休闲、娱乐和饮食等于一体，包括百货店、大卖场以及众多专业连锁零售店在内的超级商业中心。其建筑面积在10万 m^2 以上，有效商业服务半径可达到200km，由专业购物中心管理集团开发经营，业态业种的复合度高（全业态、全业种/行业经营，高度专业化与高度综合化并存）、行业多、店铺多、功能多。

区域购物中心定位于家庭式消费，通过设置大面积百货和超市大卖场及大量不同行业的各类专卖店、家居家电、儿童及青年游乐设施、文化广场、餐饮，以覆盖老中青幼四代各个层次不同类型的顾客，再辅以针对各类消费者之需的各类专业店。此外，还设置各类特色店以吸引国内、国际游客，能满足各种顾客层次的一站式购物消费和一站式享受（文化、娱乐、休闲、餐饮、展览、服务、旅游观光）的需求。区域购物中心所包含的内容比较广泛，在服务功能上表现为复合性，在经营管理上表现为一致性，在服务设施上体现为完整性，在服务范围上面向商圈内所有居民。因此，区域购物中心不是各类商家简单的集合，而是一个高效运作的统一体。

2. 市级购物中心

市级购物中心的建筑规模一般在 3 万 m^2 以上，其商业辐射区域可覆盖整个城市，服务人口在 30 万人以上，年营业额在 5 亿元人民币以上。在市级购物中心中，通常由一家或数家大型百货公司为主要租户；男女时装店、家用电器设备商店、眼镜店、珠宝店、摄影器材商店、男女鞋店、体育健身用品商店等，通常也可作为次要租户进入中心经营；银行分支机构、餐饮店、影剧院、汽车服务中心等，也常常成为这些市级购物中心的租户。按所服务的对象不同，市级购物中心也有高档和中档之分。

3. 地区购物商场

地区购物商场的建筑规模一般在 1 万～3 万 m^2，商业服务区域以城市中的某一部分为主，服务人口为 10 万～30 万人，年营业额在 1 亿～5 亿元人民币。地区购物商场中，中型百货公司往往是主要租户，家具店、超级市场、图书及音像制品店、礼品店、快餐店、男女服装店和玩具店等常常是这类商场的次要租户。

4. 居住区商场

居住区商场的建筑规模一般在 3000～10000m^2，商业服务区域以城市中的某一居住小区为主，服务人口为 1 万～5 万人，年营业额在 3000 万～10000 万元人民币。居住区商场内，日用百货商店和超级市场通常是主要租户，自行车行、装饰材料商店、普通礼品店、音像制品出租屋、药店等，常常是这类购物中心的次要租户。

5. 邻里服务性商店

这些商店的建筑规模一般在 3000m^2 以下，且以 500～1000m^2 建筑面积者居多，服务人口在 1 万人以下，年营业额在 3000 万元人民币以下。方便食品、瓜果蔬菜、日用五金、烟酒糖茶及软饮料、服装干洗、家用电器维修等的经营者通常是这些商店的租户。

6. 特色商店

特色商店的特色主要表现在其所经营的商品或服务的特殊性，以及经营方式的灵活性。如专为旅游者提供购物服务的旅游用品商店、精品店商场、物美价廉的直销店或仓储商店、有较大价格折扣的换季名牌商品店等。这类商店的建筑规模、商业服务半径、服务人口、年营业额等差异较大。

除了上述区分零售商业物业的方法，人们还常从另一个角度来区分，即不管商场的规模多大，零售商业物业基本上有两种存在形式：一是只经营零售业的独立的建筑物或建筑群；二是某综合用途物业内的一部分。目前，国内外以办公、酒店、住宅或文化娱乐设施为主的综合用途开发通常将零售商店包括在内，成为整体开发的一部分。这种做法的优点是，整体开发的各种使用用途为这些零售商店提供了现成的市场。当然，综合用途物业内零售商场的规模往往受到一定的限制。

10.4.2 零售商业物业的管理内容

按照管理层面的不同，零售商业物业的经营管理可以分为策略与运行管理、现场管理这两个层次。

1. 策略与运行管理

策略与运行管理是零售商业物业经营管理的核心内容，这项工作最早可以在该物业尚处于可行性研究时就开始进行，并在物业的生命周期内一直持续，包括市场需求分析、选址分析、经营业态和租户的选择及更替、租金和租约的确定及调整等。这些工作正是从资产管理的角度出发，其目标是实现零售商业物业的收益最大化。

从管理层面上来看，策略与运行管理是零售商业物业经营管理的更高层次，对于零售商业物业的成功运营也更为关键，是零售商业物业管理的发展方向。能否找到合格的、能承担商业物业策略和整体运营管理的商业物业管理企业，是成功的关键。

2. 现场管理

现场管理则是在物业建成投入运营之后，对物业的清洁卫生、安全保卫和公共空间的维护，以及为租户提供日常的管理和服务。现场管理是对物业"硬件"的管理。目前，一些大型现代商业物业的现场管理在管理组织形式上通常采取"门里门外"的做法，即门里小物业，门外大物业。小物业是指商业经营单位所属的后勤和总务部门中单独设立一些岗位，其人员负责商业经营面积区域内的物业保洁，工程小修（如接电源、安插座等）、内部保安工作（如歇业封门、监控等）。大物业是指在商业经营面积区域外的工作由专业物业公司承担，如负责与商业经营有关联的工程大系统的运行和保养、门前三包、外部清洁、消防系统及停车场管理等。还有一些大型商业物业的产权人或经营者根据物业管理各个专业的特点，将关键专业和费用开支大的专业（例如消防工程和安全监控等）留给自己负责，而将一些简单、劳动密度大和费用可被控制的专业（例如保洁和保安警卫等）对外实施分包。有的是将所有的专业全部发包给一家物业管理企业；有的则是分别分包，对外签订几份甚至十几份专业委托合同。

10.4.3 零售商业物业的租赁管理

制定租赁方案和租赁策略是零售商业物业策略与运行管理的核心内容，其目的是实现物业收益的最大化。

1. 租户选择

选择零售商业物业的租户需要对许多因素进行权衡。除了消费者的自然习惯外，必须预计有哪些因素可以主动地吸引消费者的光顾。理想的租户要能提供货真价实的商品和服务，且与其他零售商业物业中的同类商家相比具有竞争力。理想租户所经营的商品种类应该配合整个物业的统一协调规划，避免在同一零售商业物业内部出现多个经营同类型商品的商家而引起不必要的竞争。还要对零售商的信誉和财务状况进行了解和分析，因为除了租户所提供的商品与服务的质量及其对消费者所承担的责任外，还要看它是否有支付租金的能力。物业管理企业还要了解潜在租户欲承租的面积大小、经营商品或服务的类型及其对物业的特殊要求，因为这将影响到能否在本物业内安置该零售商以及在哪个具体位置安置更合适。

声誉是选择零售商作为零售商业物业租户时首先要考虑的因素。由于声誉是对商家公众形象的评估，所以要注意了解零售商对待消费者的态度如何。这对于一些大型百货公司、连锁店或准备改变经营地点的零售商来说，很容易通过退换货服务等指标对其声誉作出评估。除了顾客服务质量外，柜台中商品更迭频率、售货员对所销售商品的了解程度、服务人员着装、广告宣传投入等也可以用来评估其商誉。

除了租户的声誉外，物业管理企业还要认真分析可能租户的财务状况。低于预期的资本回报水平，是商业经营失败的最大原因，这就要求对租户开展每一项新的商业经营项目进行认真的分析研究。经营零售业的经营成本不仅包括租金、公共设备设施使用费和建筑物内营业空间的维护费用，还包括存货和流动资金占用利息、职员工资、货架及收款设备折旧、商店设计和广告费用等支出。对于转移经营地点的零售商，迁移成本和迁移过程中的停业损失也考虑在经营成本之中。潜在租户是否有足够的储备基金来应付开业初期营业额较低的压力，也是衡量租户财务能力大小的一个方面。

2. 租户组合与位置分配

一宗零售商业物业内经营不同商品和服务的出租空间组合构成了该物业的租户组合。以一个大型百货公司为主要租户的购物中心将以其商品品种齐全、货真价实吸引购物者，以仓储商店或折扣百货商店为主要租户的商场将吸引那些想买便宜货的消费者。主要租户的类型决定了每一零售商业物业最好的租户组合形式。次要租户所经营的商品和服务种类不能与主要租户所提供的商品和服务的种类相冲突，两者应该是互补的关系。与租户组合相关的另外一个问题，是在考虑零售商业物业内所经营的商品和服务的种类时，同时满足有目的性的购物和冲动性购物的需求。良好的租户组合应该很好地满足目的性和冲动性购物的需要，以提高整个零售商业物业的总营业额。

当购物中心内有两个或两个以上的主要租户时，应该注意他们各自提供的商品种类是否搭配合理，且与次要租户所提供的商品类型互为补充。将每一个独立的零售商都作为整个购物中心内的一部分来对待，是使租户组合最优化的有效方法。合理确定各租户在整个购物中心中的相对位置非常重要，位置分配的目标是，在综合考虑各零售业务之间的效益外溢、效益转移与比较、多目标和冲动性购物行为等因素的前提下，实现购物中心整体利润最大化。

3. 租户需要的服务

零售商作为零售商业物业内的租户，非常关心是否有足够的楼面面积来开展自身的经营活动、其所承租部分在整个物业内的位置是否容易识别、整个购物中心的客流量有多大。除此之外，某些租户还有一些特殊的要求，例如，餐饮店需要解决营业中的垃圾处理和有害物排放问题、家具店需要特殊的装卸服务、超级市场需要大面积的临时停车场等。是否提供以及在多大程度上提供这些特殊服务，是租赁双方进行租约谈判时要解决的重要问题。

一个商业项目的经营能否成功，经营寿命能否持久，在很大程度上取决于租金方式的选择。在各行各业的商业业态上，对于不同的业态在租金方式的选取方面也存在着很大的差异，例如，服装类业态在运营方式上存在纯租金、纯扣点、租金加扣点的几种形式，而生活服务、娱乐休闲类则采用纯租金的租金方式。因此，不同的业态商户会选取不同的租金方式，而不同的租金方式也适合不同的商业业态。做好租金定位，需要考虑本地的商业发展水平、业态分布状况、承租者的心理价位等诸多因素。这些信息需要通过周密的调研计划和精准的调研而得来。

一般情况下，租金的调研与分析按照从整体到项目的思路展开。例如，首先从本地商业物业整体市场概况、市场供需水平分析、主要商圈开始，对主要竞争项目，对包括项目位置、规模、招商条件、每层商户组合、每层典型客户等方面，调查其具体租赁条件。然后，通过对目标商场案例租金水平对比分析，以及不同行业承受租金水平及承租面积对比分析等，形成本地商铺未来租金趋势及本项目初步租金确定的发展建议。最后，完成本项目商户组合布局租金条件、影响商场租金的主要因素、各楼层商户组合布局及业种分配比例、各楼层商户目标客户，最终确定本项目各楼层的租金方案。

需要注意的是，零售商业物业的标准租约是根据该类物业的特点制定的，其目的在于就容易引起租赁双方矛盾的问题和今后若干年中可能出现的不可预见因素给出具体约定。租约中除了对租金及其他费用的数量、支付方式、支付时间等进行具体规定外，还要对每一独立承租单元的用途、限制经营内容相似的租户、限制租户在一定地域范围内重复设店、营业时间、公用面积的维护、折让优惠、中止租约等给出详细的规定，以规避风险和维护大多数商家的利益。

复习思考题

1. 物业服务管理的含义是什么？
2. 早期介入对于物业的作用是什么？
3. 业主入住需要完成哪些准备工作？
4. 简述物业服务公司装修管理的工作流程。
5. 简述房屋及设施设备管理的工作内容。
6. 简述物业管理与设施管理的区别。
7. 简述物业经营管理的三个层次间的区别与联系。
8. 简述写字楼与零售商业物业的类别划分。
9. 如何确定与调整写字楼的租金？
10. 如何考察商业零售物业承租人的信誉？

参考文献

[1] 谭术魁. 房地产开发与经营 [M]. 上海：复旦大学出版社，2006.
[2] 谭荣伟. 房地产前期开发与报批资料精选：第2版 [M]. 北京：化学工业出版社，2013.
[3] 任宏. 房地产开发经营与管理 [M]. 北京：中国电力出版社，2008.
[4] 周小平，熊志刚. 房地产开发与经营 [M]. 北京：清华大学出版社，2010.
[5] 刘洪玉，郑思齐. 城市与房地产经济学 [M]. 北京：中国建筑工业出版社，2007.
[6] 朱亚兵. 房地产开发经营与管理 [M]. 上海：立信会计出版社，2007.
[7] 何红. 房地产开发经营与管理 [M]. 北京：化学工业出版社，2008.
[8] 谭术魁. 房地产开发与经营：第2版 [M]. 上海：复旦大学出版社，2008.
[9] 刘秋雁. 房地产投资分析：第5版 [M]. 大连：东北财经大学出版社，2017.
[10] 周小平，熊志刚，王军艳. 房地产投资分析 [M]. 北京：清华大学出版社，2011.
[11] （挪威）拉斯·特维德. 逃不开的经济周期 [M]. 董裕平译. 北京：中信出版社，2008.
[12] 王宏胜. 土地一级开发业务指南 [M]. 北京：中国大地出版社，2007.
[13] 王宏新，王昊，伍松林. 土地一级开发实务指南 [M]. 北京：化学工业出版社，2007.
[14] 李燕华，姚建军. 房地产开发经营 [M]. 北京：清华大学出版社，2008.
[15] 瞿富强. 房地产开发与经营 [M]. 北京：化学工业出版社，2006.
[16] 樊志全. 土地确权理论与制度 [M]. 北京：中国农业出版社，2006.
[17] 张红，殷红. 房地产金融学 [M]. 北京：清华大学出版社，2007.
[18] 王巍. 房地产信托投融资实务及典型案例 [M]. 北京：经济管理出版社，2012.
[19] 徐盛华，刘彤. 项目管理 [M]. 北京：清华大学出版社，2011.
[20] 陈关聚. 项目管理 [M]. 北京：中国人民大学出版社，2011.
[21] 符启林. 房地产建设工程 [M]. 北京：北京大学出版社，2007.
[22] 孙林. 房地产法律实用全书 [M]. 北京：法律出版社，2007.
[23] 刘瑛，乔宁. 房地产开发 [M]. 北京：北京大学出版社，2007.
[24] 中国林业出版社编委会. 房地产基础知识 [M]. 北京：中国林业出版社，2007.
[25] 龙胜平，方奕，徐钢. 房地产金融与投资 [M]. 上海：上海人民出版社，2005.
[26] 法律出版社编委会. 中国建筑与房地产法律法规 [M]. 北京：法律出版社，2007.
[27] 刘鹏忠，苏萱. 房地产市场营销 [M]. 北京：人民交通出版社，2007.
[28] 胥和生，沈蕙帼. 房地产策划 [M]. 上海：东华大学出版社，2006.
[29] 范方华. 房地产销售·策划·传播管理模式 [M]. 广州：广东经济出版社，2006.
[30] 龙胜平，方奕. 房地产金融与投资概论 [M]. 北京：高等教育出版社，2006.
[31] 邓扬威. 房地产全程营销宝典 [M]. 广州：广东旅游出版社，2006.
[32] 孔凡文，张沈生. 房地产开发与管理 [M]. 大连：大连理工大学出版社，2006.
[33] 栾淑梅. 房地产市场营销 [M]. 北京：机械工业出版社，2006.
[34] 王晓川. 城市规划对房地产开发的调控 [M]. 北京：中国电力出版社，2006.
[35] 章伟杰. 中国房地产开发策划流程设计 [M]. 广州：暨南大学出版社，2006.
[36] 余源鹏. 房地产市场调研与优秀案例 [M]. 北京：中国建筑工业出版社，2006.
[37] 赵延军，薛文碧. 房地产策划与开发 [M]. 北京：机械工业出版社，2006.
[38] 莫宏伟. 房地产全程策划与实战教程 [M]. 北京：中国电力出版社，2005.
[39] 唐海洲. 房地产法律实务与典型案例 [M]. 北京：中国物价出版社，2005.
[40] 李海峰. 中国房地产项目开发全程指引 [M]. 北京：中信出版社，2008.
[41] 中国科学院研究生院房地产发展战略研究小组，中国科学院预测科学研究中心. 2008中国房地产

市场回顾与展望［M］．北京：科学出版社，2008.

［42］汤鸿．房地产策划技术与案例分析［M］．南京：东南大学出版社，2008.

［43］王学发，戴烽．实用评估及房地产估价业经验案例［M］．北京：人民出版社，2006.

［44］王希迎，丁逢臣，陆桂娟．房地产企业融资新解［M］．北京：中国经济出版社，2005.

［45］王幼松．土木工程项目管理［M］．广州：华南理工大学出版社，2005.

［46］车春鹂，杜春艳．工程造价管理［M］．北京：北京大学出版社，2006.

［47］中国物业管理协会．物业管理实务［M］．北京：中国建筑工业出版社，2006.

［48］叶剑平，谢经荣．房地产业与社会经济协调发展研究［M］．北京：中国人民大学出版社，2005.

［49］刘水杏．房地产业关联特性及带动效应研究［M］．北京：中国人民大学出版社，2006.

［50］刘洪玉．房地产开发：修订第3版［M］．北京：首都经济贸易大学出版社，2006.

［51］李延荣，周珂．房地产法：第2版［M］．北京：中国人民大学出版社，2005.

［52］泛华建设集团．建筑工程项目管理服务指南［M］．北京：中国建筑工业出版社，2006.

［53］张华明，杨正凯．建筑施工组织［M］．北京：中国电力出版社，2006.

［54］张建坤，周虞康．房地产开发与管理［M］．南京：东南大学出版社，2006.

［55］陈文．房地产开发经营法律实务［M］．北京：法律出版社，2005.

［56］谢经荣，殷红，王玉玫．房地产金融［M］．北京：中国人民大学出版社，2002.

［57］建设部住宅产业化促进中心．居住区环境景观设计导则（2006版）［M］．北京：中国建筑工业出版社，2006.